지리
대전

지리 대전

일촉즉발
남중국해의
위험한 지정학

로버트 D. 캐플런 지음
김용민 · 최난경 옮김

글항아리

프롤로그_ **참파 유적**

문명의 만남과 충돌

　더위로 가라앉은 적막 속에서 밀림을 걷는다. 까맣게 변해버린 붉은 벽돌들이 비구름 속으로 잠겨버린 가파른 산을 등진 채 나뭇잎들 사이로 듬성듬성 널려 있다. 나는 지금 남중국해에서 내륙으로 40마일쯤 떨어진 베트남 중부의 미선● 유적지에 있다. 녹나무와 향냄새가 퍼져 있고, 예전에는 제단祭壇과 등燈, 남근상들이 놓여 있었을 기념물의 표면마다 꽃과 잡풀만이 무성하게 자라고 있다. 이곳은 동남아시아 내륙 깊숙이 자리해 있지만, 이끼가 끼어 희푸르스름하게 변색된 기둥들 사이에 파묻혀 있는 반쯤 무너져내린 조각상들은 나에게 인도를 연상시켰다. 머리가 없는 신상神像들과 오래되어 얼룩덜룩해진 춤추는 조각상들은 벌레들에 의해 무참하게 훼손되어버렸다. 듬성듬성 느슨하게 놓여 있는 벽돌들은 마치 이빨이 빠진 듯했다. 한마디로 유물들은 너무

● 3세기부터 12세기까지 미선은 참파 왕국의 중심지였다.

낡고, 심하게 훼손되어 현대 조각가들의 추상 작품을 연상케 한다. 오직 시바●의 남성성을 상징하는, 이끼로 뒤덮인 남근석만이 외롭게 서서 파수꾼마냥 세월에 맞서고 있다.

유적의 규모와 그 구성의 풍성함으로 볼 때, B그룹 유적과 C그룹 유적의 사원은 단연 베트남의 앙코르와트로 인정받을 만하다. 그러나 다른 그룹의 사원에는 고대 후기부터 중세의 절정기까지 이어진 900여 년의 종교 문명이 거의 하나도 남아 있지 않다는 걸 알게 되었다. 예컨대 A그룹 유적에는 미군 헬리콥터의 파괴를 증언하고 있는 돌더미 말고는 아무것도 없었다. 동남아시아의 미래가 아닌 오직 이 폐허들 그리고 폐허들이 말해주는 것과 더 관계 깊어 보이는 전쟁에 참여한 미군 헬리콥터 말이다.

프로이트의 언어를 사용한다면, 가장 강렬한 민족주의는 작은 차이들에 대한 나르시시즘에서 비롯된다. 베트남을 가장 남쪽의 중국 문화 이상으로 만들어준 것은 크메르와 인도 문명의 유산이다. 그것은 중국 문명과 한때는 매우 유사했으나 지금은 매우 다른 독특한 조합을 만들어냈다. 4세기부터 13세기까지의 참파를 거론하는 것은, 동남아시아를 여전히 동아시아와 태평양 지역에 묶어두려는 미국 정부가 선호하는 냉전적 연구방법론의 거짓을 드러내기 위해서다. 사실 이 지역은 유기적으로 연결된 인도-태평양의 일부에 해당된다. 그 핵심은 바로 남중국해이고, 참파는 그 해상에서 벌어진 해적들 간의 경쟁을 의미했다. 베트

● 힌두교의 주요 신 가운데 하나로 파괴와 재건, 위대한 고행과 관능을 동시에 상징하는 복합적인 존재다.

남의 중부 산악지대와 해변 사이의 좁은 지역에 살았던 참파 사람들은 무수한 강과 자연적으로 형성된 항구들을 이용해 목재, 향신료, 섬유, 꿀, 왁스, 금속 등을 거래하면서 인도양과 서태평양 사이의 무역을 주도할 수 있는 위치에 있었다. 프랑스인들은 이 지역을 동남아시아가 아닌 인도차이나라고 정확하게 표현했다.

중세에 인도 남부에 자리 잡고 있던 힌두타밀족의 촐라제국은 이 해역을 따라 중국까지 함대를 보냈었다. 고대 중국의 도자기들이 남쪽 멀리 자바에서 발견되기도 했고, 당나라와 원나라에서 보낸 선박들이 인도 동북부에 위치한 오디샤까지 탐험을 갔었다. 베트남은 냉전 시기에 북부와 남부로 분열되기 훨씬 전부터, 문명의 단층선과 고대와 근대라는 시간의 틈을 가로질러 남부 베트남과 북부 베트남으로 나뉘어 있었다. 1000년 이상 중국의 한 지방으로 존재했던 북부에는 새로 들어선 불안정한 다이비엣이, 남쪽에는 크메르 왕조와 참파가 자리 잡고 있었다. 특히 참파는 다이비엣의 남진을 막아선 가장 큰 적이었지만, 결국은 북쪽의 다수를 차지하고 있던 킨족에 의해서 거의 잿더미가 되었는데, 참파의 소멸은 이후 북부 베트남이 남부 베트남에게 죄의식을 느끼는 계기가 되었다. 역사적, 문화적으로 남부 베트남을 대표하는 참파는 중국화된 북부의 다이비엣보다는 언제나 크메르, 말레이 세계와 더 밀접하게 연결되었다.

베트남은 17~18세기에 이르러, 레 왕조가 지배한 북쪽의 통킹과 응우옌 왕조가 지배한 남쪽의 코친차이나로 또다시 나뉜다. 이 모든 것은 결국 베트남이 거의 1000마일에 이르는 해안선을 따라 인도와 중국이라는 두 개의 거대한 문명으로부터 영향을 받았기 때문이다.

여정旅程

몇 년 전 우연히 하노이의 한 서점에서 장프랑수아 위베르가 쓴 『참파의 예술The Art of Champa』이라는 책을 발견하면서 참파가 내 의식 안으로 들어왔다. 꼭 소장하고 싶은, 삽화가 들어간 아름다운 책이었다. 위베르는 참파가 "시대를 초월해서" 존재한다고 썼다. 그는 19세기와 20세기에 프랑스국립극동연구원● 고고학자들에 의해 미선을 비롯한 여러 유적지에서 발굴된 유물들이 중국 역대 왕조의 공식 기록이나 대사관 보고서의 기록에 관한 구체적인 증거들이라고 봤다. 곁들여진 사진만큼이나 우아한 위베르의 문장을 통해서 나는 힌두교와 불교가 절묘하게 융합된 산스크리트 문화를 접하게 되었다. 위베르는 힌두교에 훨씬 호감을 보였지만 말이다. 위베르에 따르면, "참파는 8세기에 북쪽 안남의 문턱으로부터 동나이강 유역까지 뻗어나왔는데", 그곳이 바로 예전의 비무장지대DMZ부터 남쪽의 사이공까지와 일치한다. 따라서 위베르가 그린 중세 베트남 지도는 냉전시대의 지도와 무척 닮았다. 문명들이 충돌하는 지역에 위치한 대가로, 그랑귀뇰●●과도 같은 전쟁과 침

● École Française d'Extrême-Orient. 아시아 연구를 위해 프랑스 식민 정부가 1900년 베트남 하노이에 세운 연구기관. 원동박고원遠東博古院이라 번역되기도 한다.
●● 폭력, 공포 등을 소재로 한 프랑스 파리의 옛 단막극 형식.

략으로 인해 참파의 힌두 문명은 결국 베트남 역사의 뒤안길로 사라졌다.[1] 우리가 오늘날 알고 있는 베트남이 독특하게 비중국적인 문화적 정체성을 갖게 된 것은 바로 이 힌두 문명의 유산 덕분이다.

위베르의 책은 베트남전 당시 가장 분주한 공군기지였던 옛 비무장지대 인근의 다낭으로 나를 이끌었다. 그러나 책 속에 존재했던 그 옛날은 이제 사라졌다. 미국식 개인 주택가와 명사들이 운집하는 골프장 그리고 다낭 남쪽 중국 해변가에 반쯤 지어진, 최고급 휴양 호텔 겸 카지노의 입구에 걸려 있는 성조기 아래에 묻혀버렸다. 생태휴양지도 생겨났다. 과거 미군들의 지옥이었던 정글은 이제 배낭여행자들의 천국으로 변했고, 한 세대에 걸쳐 전쟁을 상징했던 베트남은 웃음과 흥분으로 들떠 있었다.

그 다낭의 중심부에 겨자색 건물의 참파조각박물관이 자리잡고 있다. 프랑스 식민지였던 1915년에 지어진 그 박물관에는 고고학자 앙리 파르망티에와 샤를 카포가 1903년부터 1904년까지 미선을 비롯한 여러 유적지에서 발굴한 수백 개의 조각상이 전시되어 있었다. 조명은 좋지 않았다. 날이 너무 더워 창문을 열어두었는데, 거리의 시끌벅적한 차량들이 뿜어내는 매연이 들어와 유물들이 검게 그을리고 있었다. 고대 참파에 대한 내 관심은 이곳에서 더욱 깊어졌다. 조각상들 옆쪽으로 전시된 두 명의 고고학자가 찍은 누르스름한 흑백사진들이 그 어떤 컬러사진보다 훨씬 더 생생하게 참파조각박물관의 주제를 잘 표현하고 있었다.[2] 어떤 조각상들은 뚜렷이 구별하기 어려운 희끄무레한 우윳빛 회색을 띠고 있는가 하면, 다른 것들은 옅은 황토색이었는데, 주변을 둘러싼 어두움과 대조를 이루면서 그 어떤 원색보다 훨씬 더 아름다웠다. 내 눈에는 모든 조각상이 마치 스튜디오에서 사진가들에게 포즈를 취하고 있는 것처럼 생동감 있게 느껴졌다. 인도인들은 춤을 신성하게 여기는데, 이곳의 많은 조각상이 마치 춤을 추다가 한순간에 멈춰버린 듯했다.

그곳에는 코끼리의 머리와 사자의 몸으로 신의 지혜와 왕의 힘을 상징하는 가자심하가 있었다. 가자심하의 머리 위에 앉아 있는 시바신은, 비록 코는 완전히 부러졌지만 우주의 모든 창조와 파괴를 받아들일 듯한 강렬한 눈빛을 내뿜고 있었다. 수호자인 비슈누도 있었다. 오랜 시간이 흘러 그 형체는 이미 많이 무뎌졌지만, 희미하게 남아 있는 눈에서는 여전히 공포스러운 눈빛을 내뿜고 있었다. 보통 네 개의 머리를 갖고 있는 창조의 신 브라흐마는 세 개의 머리만 남아 있었는데, 각각의 머리는 우주의 서로 다른 방향을 가리키고 있었고, 네 개의 팔로는 여러 권의 베다●를 들고 있었다. 자연의 정령인 약사와 비슈누의 화신化身인 발라라마, 죽음의 신인 칼라 등 힌두의 모든 신이, 그들이 1000년 가까이 지배했던 이곳 다낭에 모두 모여 있는 것이다. 미선의 사원에서 프랑스인이 옮겨온 가장 생생한 부조浮彫는 유명한 유대계 독일 지식인인 발터 벤야민이 남긴 유명한 역사관을 떠올리게 했다. 그는 역사란 사건과 사고들이 남긴 잔해가 한없이 쌓인 거대한 산더미이고, 진보란 단지 또 다른 잔해들의 발생을 의미할 뿐이라고 했다.

● 고대 인도 브라만교의 최고 경전.

나는 거기서 멈출 수 없었다. 참파의 조각상들이 한 방 가득 전시되어 있는 사이공의 역사박물관에도 가야만 했다. 디오라마를 통해 그리고 송나라, 원나라, 명나라의 약탈 행위에 관한 전시물들을 통해 2세기부터 17세기에 걸친 참파의 유물들을 확인할 수 있었다. 중국에 대한 베트남의 저항 노력은 베트남 역사의 핵심이었으며, 두 문화의 압도적인 유사성에도 불구하고, 그 전시물들은 베트남 문화를 중국 문화로부터 뚜렷이 구별시켜주고 있었다. 그리고 그것은 상당 부분 인도의 영향 때문이다. 인도가 없었다면 베트남은 문화적으로나 미학적으로나 존재할 수 없었다. 나는 통통한 젖가슴과 잘록하면서도 요염한 허리를 가진 네 개의 팔로 춤추는 커피색의 여신상들로 고개를 돌렸다. 그녀들은 인도 뭄바이 동부 엘로라의 동굴들에서 봤던 조각상들과 그대로 일치했다. 거기에는 10세기에 만들어진 부와 관능의 상징 락슈미가 있었다. 현실주의 표현 양식을 뛰어넘는 15세기의 시바는 호방한 추상예술이라 할 만했다. 특히 시바는 반만 새겨진 부조임에도 불구하고 돌을 뚫고 뛰쳐나올 것처럼 생동감이 넘쳤다.

　바로 옆방에서는 참파의 조각상들을 불교와 브라만교의 융합으로 이뤄진 12세기의 크메르 조각상들과 비교할 수 있었다. 베이지 갈색의 크메르인 얼굴은 자신의 운명에 순응하는 신비로운 모습으로 생생하게 살아났다. 옅은 눈썹, 납작한 코, 넓고 두툼한 입술 그리고 감은 듯이 뜬 눈에서, 그 어디서도 볼 수 없는 평화로운 모습을 봤다. 크메르 문화도 참파 문화와 마찬가지로 인도 문명과 중국 문명의 충돌 및 융합의 또 다른 산물이다. 그러나 때로는 서로 다른 문화 간의 유사성이 너무나 커서 한 문화가 다른 문화로부터 영향을 받았음을 분명하게 드러내 보이기도 한다. 예를 들면, 10세기에 만들어진 베트남 중부 흐엉 꾸에의 여신상 데비는 뚜렷한 아리아인의 외형적 특성과 아름다운 초콜릿 빛깔의 오렌지색으로 조각되었다. 그 조각상은 오롯이 인도 스타일이다. 그리고 유일하게 흑백보다는 컬러 색감이 더 잘 어울리는 작품이기도 하다.

역사의 교훈

남중국해의 지정학에 관한 연구를 인도의 아름답고 신비로운 유산에 대한 언급으로 시작하는 것은 기묘한 일이다. 하지만 그것이 핵심이다. 참파는 내가 중국의 증대하는 영향력에 대한 이 보고서를 작성하는 동안 절대 잊을 수 없는 교훈이기 때문이다. 나는 참파의 예술을 일부러 풍부한 것으로 묘사했다. 중국의 시선이 압도적일 때에도 지구의 이 한구석에서 인도가 생생하게 존재했었다는 사실을 결코 잊으면 안 되기 때문이다. 내가 이 글을 쓰고 있는 지금도 남중국해에서 그 인구 규모와 경제적인 중요성을 증명이라도 하듯 중국의 존재가 점점 크게 부각되고 있다. 내가 중국의 부상을 마주하지 않는다면, 그래서 최근 수십 년간 내게 전해진 움직임들을 마주하지 않는다면, 내가 관찰해온 것들이 아무런 의미를 가질 수 없을 것이다. 하지만 누구도 미래는 알 수 없기 때문에, 지금 우리가 할 수 있는 것은 현재에 대해서 쓰는 일이다. 하지만 미래를 알 수 없다는 것은 모든 가능성이 열려 있음을 의미한다. 내부의 경제적, 사회적 압박으로 중국공산당이 극적으로 약해지거나 심지어 붕괴되는 상황이 올 수도 있다. 그러므로 참파는 겸손을 가르친다. 현재란 덧없이 짧은 순간이기 때문에 내가 아무리 훌륭한 분석을 한다 해도 그것 역시 짧은 순간일 뿐이라는 점이다. 이제부터는 참파에 대해서 거의 언급하지 않을 테지만, 참파에 대한 내 짧은 소개가 독자들의 마음속에 오래 남아 있기를 바란다. 참파는 우리에게 역사를 보는 커다란 관점을 제공한다. 과거를 되짚어봄으로써 미래를 내다보게 해주기 때문이다. 현재는 중국의 그림자가 커 보이지만, 조만간 중국이 크게 흔들린다면 남중국해는 프랑스 제국주의자들이 지칭한 '인도차이나'라는 이름을 되찾게 될 것이다. 그리고 그 인도차이나에서 중국은 더 이상 지배자가 아니라, 인도 또는 다른 세력이나 문명들과 동등하게 경쟁하게 될 것이다.

또한 내 연구는 미국과 중국 사이의 군비 경쟁에 초점을 맞추고 있지만, 미래는 분명 군사적으로든 경제적으로든 베트남이나 말레이시아, 호주 또는 싱가포르와 같은 나라가 서로 경쟁하는 다극 체제가 될 것이다. 미국은 북부 공산주의자들에 의해 베트남이 통일되는 것을 막기 위해 전쟁을 했지만, 통일이 현실로 된 지금은 새롭게 성장하는 베트남이 미국보다는 공산주의 중국에 훨씬 더 큰 위협이 되고 있다. 그것이 바로 역사의 아이러니다. 참파는 가장 강한 권력을 가진 국가와 새로이 떠오르는 국가에 관한 이야기를 해주기 때문에, 전통적인 연구자들의 눈에는 보이지 않는 놀라움과 가능성의 상징이 되었다.

시끄러운 술집과 환락가로 가득했던 미군의 사이공은 이제 번쩍번쩍 빛나는 구치, 라코스테, 베르사체 간판 아래로, 그리고 사람들의 기억 속으로 사라져버렸다. 하지만 먼지로 가득한 박물관 창고에 숨어 있는 경이로운 수수께끼 같은 조각상들은 조용히 빛을 발하고 있다.

이로쿼이스 뱅크
(더글러스 뱅크)

리드 뱅크

파가사섬 (A)

수비 암초

샌드케이 (A) (A)

이투아바섬 (A)
신코우섬

스프래틀리 군도

사비나 모래톱

미스치프 암초 (A)

하사하사 모래톱

팔라완

스왈로 암초

류

베 트 남

하노이 하이퐁

라 오 스

비엔티안

우돈타니
콘깬

다낭
미

관

(B)

타 이

나콘랏차시마
우본라차타니

방콕

라용

캄 보 디 아

프놈펜

칼란만

동나이성

호찌민
(사이공)

서부고등
지방

안 다 만 해

미 얀 마

타이만

메콩강
삼각주

(B)

(1)

(9)

해상선
-···-①-··· 확립된 해상유치권
— ②— 브루나이 대륙붕 주장권
■■③■■ 중국 해역(타이완 해역)
—④— 1979년 말레이시아 대륙붕 경계

-···-⑤-··· 필리핀(칼라야인)
—⑥— 해양 관할권 경계
■■⑦■■ 말레이시아-베트남 연합
     CLCS 남부제안지역

—⑧— 배타적 경제 수역

-···-⑨-··· 12해리(영해)
Ⓐ 스프래틀리 군도의 영해

-★-Ⓑ- 직선기선과 전환점

케다

페낭
페라크
만중
(딩딩)
셀라고르
쿠알라룸푸르
푸트라자야 네게리셈빌란
말라카

말레이반도

파항

말 레 이 시

(1)

③

(9)

(1)

(1)

(9)

수 마 트 라

싱 가 포 르

창이

카리마타 해협

0   마일   500
0 킬로미터 500

일러두기
 · 하단에 부연 설명한 것은 모두 옮긴이 주다.

제1장
인본주의자의 딜레마

바다의 세기

유럽이 육지의 풍경이라면 동아시아는 바다의 풍경이다. 바로 그 점이 20세기와 21세기의 중요한 차이다. 지난 세기 동안 지구상에서 가장 치열한 경쟁은 유럽의 건조한 땅에서 펼쳐졌다. 특히 독일의 동쪽과 서쪽을 인위적으로 갈라놓은 경계선을 중심으로 군사력이 집중되었다. 하지만 냉전이 끝나갈 무렵부터 인구, 경제, 군비 측면에서 세계의 중심은 주로 바다를 사이에 두고 국가 간의 경계선이 그어져 있는 유라시아 대륙의 반대쪽으로 분명하게 이동해왔다. 여기서 바다는 해상, 항공, 우주 공간 모두를 가리킨다. 20세기 초반 항공모함의 등장 이후 바다와 하늘에서의 전투는 분리시킬 수 없게 되었고, 인공위성을 통해 배와 비행기에 항해 정보를 제공하는 등 우주 공간으로까지 해양 개념이 확대되고 있다. 따라서 해군naval이라는 단어는 여러 차원에서 펼쳐지는 군사활동을 함축하게 되었다. 그리고 해군이 가장 중요한 단어라는 데는 의문의 여지가 없다. 전략의 우선순위를 가려내고 결정하는 것이 지정학이라는 점을 감안하면, 동아시아의 지리적 윤곽은 지금이 해군의 시대임을 나타내고 있다. 한반도에서 벌어진 육상전은 매우 드문 예외였을 뿐이다.

동아시아는 쿠릴열도부터 뉴질랜드까지 북극과 남극 사이의, 거대한 바다와 공간으로 나뉜 수많은 섬과 복잡한 해안선을 가진 광활한 공간이다. 기술의 발전으로 공중 급유가 가능한 전투기나 미사일이 공간감을 극도로 축소시킨 덕에 지구상의 그 어떤 지역에서도 폐쇄공포증을 느낄 정도이기는 하지만, 바다는 적어도 육지가 제공하지 못하는 방어막 역할을 하고 있다. 육지와 달리 바다는 확실한 경계선의 역할을 하기 때문에 충돌을 감소시킬 수 있는 잠재성을 가지고 있다. 그리고 속도의 문제도 고려해야 한다. 가장 빠른 군함이라도 시속 35노트 정도로 비교적 느리게 움직이기 때문에, 오판의 가능성을 낮추고 외교관들이 결정을 재고할 수 있는 더 많은 시간을 제공한다. 게다가 해군과 공군은 육군처럼 영토를 점령할 수도 없다. 20세기에 비해 21세기에 대규모의 돌발적인 군사적 충돌을 피할 수 있는 가능성이 훨씬 큰 이유는 바로 동아시아를 둘러싼 바다 때문이다.

물론 20세기의 동아시아에는 바다가 막을 수 없는 큰 군사적 충돌이 많았다. 러일전쟁(1904~1905), 청나라 붕괴 이후 거의 반세기 동안 지속된 중국의 내전, 일본이 일으킨 태평양전쟁과 뒤이은 제2차 세계대전, 한국전쟁(1950~1953), 1950년대부터 1970년대까지 프랑스와 미국이 개입된 캄보디아 전쟁, 라오스 전쟁 그리고 두 번의 베트남 전쟁. 이 모든 군사적 충돌의 공통점은 각각의 전쟁이 국가나 제국의 형성

또는 탈식민화 과정의 한 부분이었다는 것이다. 이중 상당수는 정규군과 비정규군이 모두 참전한 내전으로 해군은 극히 제한적인 역할만 했을 뿐, 바다를 중심으로 형성된 동아시아 지정학의 특성이 이 전쟁들에는 큰 영향을 미치지 못했다. 나는 한국전쟁도 이 범주에 포함시킨다. 1910년부터 1945년까지의 일본 점령 이후 남북의 분단 국가 형성 과정에서 발생한, 주로 육상에서 벌어진 전쟁이기 때문이다. 하지만 이제 동아시아에서 국가 통합의 시대는 지났다. 동아시아의 군대들은 이제 재래식 무기로 내전을 준비하기보다는 첨단 과학기술로 무장한 공군과 해군으로 바깥세계를 겨냥하고 있다. 그러나 나중에 자세히 설명할 텐데, 러일전쟁이나 태평양에서 벌어진 제2차 세계대전과 같은 큰 규모의 해상 충돌이 재현될 것으로 보이지는 않는다.

러일전쟁과 제2차 세계대전 동안 태평양에서 벌어진 충돌은 상당 부분 바다가 아무런 방어막을 제공하지 않았던 일본의 군사주의에서 비롯되었다. 사실 바다는 자국에서 멀리 떨어진 해안선에서 광적인 전쟁을 수행하고 있는 자국 군대에 다량의 석유를 제공해야 하는 섬나라 일본의 팽창 과정에 필수적인 요소였다. 하지만 지금 태평양에서 군사력을 증강시키고 있는 중국은 메이지유신 이후의 일제보다 훨씬 낮은 수준의 공격성을 보이고 있다. 중국의 군사력이, 특히 해군이 강력해지더라도 일본의 파시즘과 같은 것이 등장할 가능성은 거의 없다. 많은 학자가 현재의 중국과 제1차 세계대전 이전의 독일제국을 비교하는데, 독일은 유럽의 지리적 조건 때문에 기본적으로 지상 병력을 보유하고 있었던 반면, 동아시아의 지리적 조건에서 중국 군대의 중심은 해군이 될 것이다. 다시 말하자면, 이것이 해군의 성장을 가능하게 하는 지정학으로서, 그 자체로 걱정스럽기는 하지만 20세기 초반 유럽 대륙에서의 군비 증강만큼 우려스럽지는 않다.

군사력이 아시아로 이동 중인 것은 사실이다. 하지만 시카고대학의 정치학자 존 미어샤이머가 주장하는 '물의 억지력stopping power of water'[1] 덕분에 20세기에 겪었던 최악의 상황은 피할 수 있을 것으로 보인다. 미어샤이머는 해군을 양성해서 바다를 가로질러 이동할 수는 있겠지만, 적국의 해안으로 상륙해 저항하는 적들을 항구적으로 제압하는 것은 훨씬 더 어려울 것이라고 설명했다.

예를 들면, 폭이 100마일에 불과한 타이완 해협은 서태평양에서 가장 좁은 물길이지만, 연합군의 노르망디 상륙작전이 있었던 영국해협보다 거의 4배나 넓다. 미국이 타이완을 지원한다 해도 중국은 10여 년 안에 타이완을 무너뜨릴 수도 있을 것이다. 그러나 중국이 타이완을 지속적으로 장악하는 것은 훨씬 힘들기 때문에, 그런 일은 시도하지도 않을 것이다. 만약 타이완이 중국 본토에서 100마일이나 떨어져 있는 섬이 아니라면 이는 아무런 문제가 되지 않을 것이다. 바다에 의해 나뉜 일본과 한반도 간의 거리, 남한과 중국 간의 거리, 일본 오키나와 제도와 중국 간의 거리, 중국 하이난섬과 베트남 간의 거리 등도 마찬가지다. 탈식민 전쟁이 기억에서 사라진 현재, 중국이 아무리 호전적이라 하더라도 제국주의 시대의 일본만큼은 아니며 해상에서의 군사적 경쟁은 가능해도 인구 밀집 지역으로의 상륙은 어렵게 만드는 것이 동아시아 해상의 지정학이다.

순수한 해상에서의 경쟁은 과연 어떻게 전개될 것인가? 그 답을 얻기 위해서는 동아시아의 지정학을 좀더 자세히 살펴봐야 한다.

남중국해 쟁탈전

동아시아는 한반도를 중심으로 한 동북아시아와 남중국해를 중심으로 한 동남아시아로 나뉜다. 동북아시아는 공산주의와 민족주의적 파시즘이 결합된 전체주의 은둔 국가인 북한의 운명에 따라서 움직인다. 만연한 자본주의와 전자통신이 지배하는 세상에서 그런 국가의 미래는 매우 불투명하다. 만약 북한이 붕괴된다면 중국과 미국 그리고 남한의 육상 병력이 인도적 개입이라는 명분으로 한반도의 북쪽 지역에서 만나게 될 것이다. 심지어 그 과정에서 기아 문제를 해결하기 위해 북한의 영토를 분할하게 될지도 모른다. 해군은 단연 부차적인 문제다. 하지만 궁극적으로 한반도가 통일되어 통일한국과 일본, 중국이 각각 황해와 동해, 발해만으로 나뉜 한반도 인근 해상에서 미묘한 균형을 이루게 된다면, 해군이 가장 중요한 이슈로 부각될 것이다. 결론적으로, 북한이 존재하기 때문에 동북아시아의 냉전의 역사는 아직 끝나지 않았고 해군보다는 육상 병력에 관한 이야기가 이 지역 뉴스의 헤드라인을 장식하게 될 것이다.

대조적으로 동남아시아는 이미 냉전 이후의 역사에 깊숙이 자리잡고 있다. 그 점이 매우 중요하다. 남중국해의 서쪽 해안선을 점령하고 있는 베트남은 한때 미국 내부를 혼란스럽게 만든 가장 상징적인 외부 요인이었지만, 최소한 최근까지는 자본주의를 발전시켜나가는 동시에 중국과의 군사적 균형을 위해 미국과 군사 협력을 추구하고 있다. 마오 쩌둥에 의해 왕조국가처럼 단단해진 중국은 수십 년간의 내부 혼란 이후, 덩샤오핑의 자유화 정책으로 세계에서 가장 역동적인 경제를 갖게 되었다. 그리고 지금은 서태평양에서 제1열도선● 쪽으로 해군 세력을 늘리고 있다. 또한 냉전 시기 수십 년 동안 좌우파 권위주의 정권에 의해 통치된 무슬림 대국 인도네시아가 있다. 인도네시아는 활발하고 안정적인 민주주의를 바탕으로 경제성장을 통해 정치적 영향력을 증대시켜나가는 제2의 '인도'로 부상할 가능성이 크다. 반면, 싱가포르와 말레이시아는 민주주의와 권위주의를 다양한 방식으로 결합하면서 '도시국가-무역국가 모델'을 통해 경제를 발전시키고 있다. 따라서 전체적으로 볼 때 이들 동남아시아 국가는 내부적인 정통성과 국가 건설의 문제보다는 자신들의 영토 주권을 현재의 해안선 바깥으로 확장시키는 데 더 많은 관심을 가지고 있다. 외부로 향한 이런 힘들이 모이는 곳이 바로 전 세계에서 해로를 통해 수많은 경제 조직을 연결시키는 '목구멍'과도 같은 역할을 한다. 말라카, 순다, 롬복, 마카사르 해협으로 둘러싸인 유라시아 해상 항로의 심장에 해당된다. 매년 화물 적재 상선의 50퍼센트 이상, 전 세계 해상 교통의 3분의 1이 이러한 남중국해의 요충지들을 통과하고 있다.[2] 인도양으로부터 말라카 해협과 남중국해를 경유

● 중국이 해양 전략상 설정한 개념으로, 일본-오키나와 제도-타이완-필리핀-보르네오를 잇는 선을 말한다. 제2열도선은 일본과 괌, 호주를 연결한 선이다.

하여 동아시아로 수송되는 석유가 수에즈 운하를 경유하는 것보다는 3배, 파나마 해협을 경유하는 것보다는 15배가 많다. 대략 한국이 사용하는 에너지의 3분의 2가, 일본과 타이완은 60퍼센트 정도가 그리고 중국 원유 수입량의 80퍼센트가 남중국해를 통해 공급되고 있다.[3] 또 페르시아만으로는 오직 에너지만 유통되나, 남중국해로는 에너지뿐만 아니라 완제품과 산업 부품 등도 이동하고 있다.

그 지리적인 중요성 외에도, 남중국해에는 70억 배럴의 석유와 900조 입방피트의 천연가스가 매장되어 있는 것으로 밝혀졌다. 남중국해에서 전체적으로 1300억 배럴의 석유(이 추정에 대해 심각한 의문이 제기되고 있기는 하지만)를 채굴할 수 있다는 중국의 계산이 정확하다면, 남중국해는 사우디아라비아를 제외하고는 지구상에서 가장 많은 석유를 보유하고 있는 지역이 된다. 일부 중국의 전문가들은 남중국해를 '제2의 페르시아만'[4] 으로 부르는데, 실제로 남중국해에 그렇게 많은 석유가 매장되어 있다면 중국은 필요한 에너지의 상당량을 중동으로부터 좁고 위험한 말라카 해협을 통해 수입하는 문제, 이른바 '말라카 딜레마'를 완화시킬 수 있을 것이다. 중국해양석유총공사CNOOC는 남중국해에 실제로 그만한 양의 석유가 있다고 믿고 이미 200억 달러를 투자했다.[5] 중국은 전 세계 원유 생산의 10퍼센트를 소비하고 있으며 전 세계 에너지 사용량의 20퍼센트를 차지하고 있지만, 원유 보유량은 1.1퍼센트에 불과하기 때문에 새로운 에너지원이 절실하다.[6]

남중국해가 전략적으로 중요한 이유는 단지 지리적인 위치나 에너지 보유량 때문만은 아니다. 남중국해에는 200개가 넘는 작은 섬과 바위,

산호초가 있다. 물론 언제나 수면 위에 떠 있는 것은 수십 개에 불과하다. 그러나 늘 태풍에 시달리곤 하는 이 작은 땅덩어리들은 인근 바다 밑에 복잡하게 얽혀 있는 암석층 사이에 존재할지도 모르는 석유와 천연가스 때문에 문제가 복잡해진다. 브루나이는 스프래틀리 군도의 남쪽 암초에 대한 영유권을 주장하고 있고, 말레이시아는 그 군도의 세 개 섬에 대한 권리를 주장하고 있다. 필리핀도 스프래틀리 군도의 여덟 개 섬과 함께 남중국해의 상당 부분에 대한 영유권을 주장하고 있다. 베트남, 타이완, 중국도 각각 스프래틀리 군도, 파라셀 군도 그리고 남중국해의 상당 부분에 대한 권리를 주장하고 있다. 2010년 중반 중국이 남중국해를 '핵심 이익'으로 규정하면서 큰 파문이 일었다. 중국 당국이 직접 그렇게 말한 적은 없는 것으로 드러났지만 그건 중요한 문제가 아니다. 중국 정부가 제시하는 지도에는 언제나 그들이 소유권을 주장하는 이른바 '역사적 선'이 분명하게 그려져 있기 때문이다. 그 '역사적 선'이란 소의 혓바닥처럼 생긴 거대한 고리 모양으로 중국의 하이난 섬에서 남쪽으로 1200마일이나 떨어진 싱가포르와 말레이시아 인근의 섬들까지, 남중국해 거의 전체를 포함하고 있다. 그 결과 남중국해를 둘러싼 동남아시아 국가들은 한편으로는 중국에 대치하면서 다른 한편으로는 미국의 외교적, 군사적 지원에 의존하고 있다. 예를 들면, 베트남과 말레이시아는 동남아 대륙과 보르네오섬의 말레이시아 영토 사이에 위치해 있는 남중국해의 남쪽 부분에 있는 모든 해저 자원과 지하 자원을 나눠 가질 방법을 모색 중인데, 이는 중국으로부터 격렬한 외교적 반응을 불러일으켰다.7 이렇게 서로 대립하는 영유권 주장은 아시아 개발도상국들의 에너지 소비가 현재의 2배(그 증가분의 절반은 중국이 차지할 것이다)에 이를 것으로 예측되는 2030년경에는 더욱 격렬해질 것이다.[8]

"글로벌화가 포스트모던 시대를 지배하고 있지만, 역설적으로 교역로와 에너지 보유처럼 글로벌화를 지탱하고 있는 모든 것은 경쟁으로 가득 차 있다"라고 영국의 해양 전문가 제프리 틸은 주장한다. 교역로 문제를 보면, 글로벌화가 진행되면서 대륙 간에 운송되는 모든 상품의 90퍼센트가 바다를 경유하고 있다. 동남아시아에 들어선 상대적으로 새롭고 독립적인 국가들도 바다의 중요성을 깨닫고 있는데, 왕실의 권위가 여전하고 자유무역과 자유 항행을 강조한 대영제국이 바다를 지배하던 시절에는 전혀 문제가 없었다.[9] 그러나 최근 바다에서 자신의 힘을 과시하는 이들은 모두 상대방을 향해 자신의 영유권을 주장하고 있다. 특히 이런 힘자랑은 군함 파견의 '일상화'와 무력 충돌의 가능성으로 이어지고 있다.[10]

남중국해 인근 국가의 한 고위 관료는 2011년 나와 가진 비공개 대화에서 솔직한 심정을 토로했다. 그는 "중국은 철저하게 중화사상을 보유하고 있기 때문에 결코 자신들의 주장을 법정으로 가져가 입증하려 하지 않을 것"이라고 말했다. 또 "동남아시아 국가들의 대륙붕에 대한 권리를 인정하지 않고 있으나, 우리는 티베트나 신장과 같은 대접을 받지는 않을 겁니다"라고 덧붙였다. 그는 중국이 베트남을 대하는 방식 못지않게 필리핀과 같은 나라도 거칠게 대하고 있다고 말했다. 베트남은 역사적으로나 지리적으로 중국과 지속적으로 치열하게 경쟁해온 반면, 필리핀은 약한 국가라서 쉽게 위협할 수 있기 때문이다. 그 관료는 대답을 이어나갔다. "남중국해에 대한 권리를 주장하는 나라가 너무 많고, 문제가 지나치게 복잡해서 전체적인 해결책을 찾기 어려운 상태죠. 중국은 자신들이 좀더 강대해지기만을 기다리고 있는데, 점차 동남아시아의 모든 국가가 경제적으로는 중국에 의해 지배될 것입니다." 물론 중국 경제가 파탄나지만 않는다면 말이다. 향후 중국이 하이난섬에 지하 잠수함 기지를 완공하면, "중국은 자신이 원하는 것을 수행할 능력이 높아지는 반면", 더 많은 미 군함이 이 지역을 순찰하게 되고 "영토 분쟁은 한층 더 국제화될 겁니다". 어떤 뚜렷한 정치적 또는 법적 해결책이 없기 때문에 "우린 현상유지status quo를 원하죠".

"만일 그게 실패하면 중국에 대한 플랜 B는 뭔가요?"라고 나는 물었다.

"플랜 B는 미 해군의 태평양 사령관이죠. 하지만 우린 공식적으로는 미국과 중국의 분쟁에 대해 중립적입니다." 자신의 의사를 좀더 정확하게 전달하기 위해 그 고위 관료는 다음과 같이 덧붙였다. "중국을 견제하려면 미군이 필요하긴 하지만 우리는 그 점을 공식적으로 요구하지는 않을 겁니다." 미국이 항공모함 전단 하나만 서태평양에서 철수하더라도 그것으로 '판도가 역전'될 수 있다.

그사이 암초 쟁탈전이 거의 끝나면서 남중국해는 군사기지로 변하고 있다. 남중국해의 섬과 암초 같은 지형물 중 중국이 열두 개, 타이완이 하나, 베트남이 스물하나, 말레이시아가 다섯 개 그리고 필리핀이 아홉 개를 장악했다. 다시 말하자면, 이미 실질적인 장악이 이뤄지고 있다. 원유와 천연가스 지대를 나눠 갖는 협정이 가능할 수도 있다. 하지만 베트남과 중국처럼 다툼의 여지가 크고 외교적 긴장감이 높은 국가들 중 누가 그런 협정에 동의할 수 있을지는 불분명하다.

　스프래틀리 군도를 보자. 중국과 타이완, 베트남은 상당량의 원유와 천연가스가 매장된 스프래틀리 군도 전체에 대한 영유권을 주장하고 있으며, 말레이시아와 필리핀, 그리고 브루나이도 그 일부를 요구하고 있다. 중국은 이미 일곱 개의 섬과 암초에 헬기 착륙장과 군사 시설물을 건설했다. 1990년대에 필리핀 해군기지 코앞에서 점령한 미스치프 암초에 중국은 순수 군사 목적으로만 사용될 3층짜리 건물과 팔각형 콘크리트 구조물 다섯 개를 세웠고, 존슨 암초에는 고성능 기관총을 배치한 건축물을 세웠다. 타이완은 이투아바섬을 장악해 그 위에 수십 동의 군사용 건축물을 세우고, 수백 명의 부대와 20문의 해안포로 방어하고 있다. 베트남은 스물한 개 섬을 점령해 그 위에 활주로와 부두, 막사, 저장 창고, 포병 진지를 구축해놓았다. 앞서 말한 대로 말레이시아와 필리핀은 각각 다섯 개와 아홉 개의 지형물에 해군을 파견해서 점령하고 있다.[11] 글로벌화의 결과로 국경과 영토 분쟁이 더 이상 의미 없다고 생각하는 사람들은 남중국해를 돌아봐야 할 것이다.

　남중국해에 대한 중국의 입장은 19세기와 20세기 초의 카리브해에 대한 미국의 입장과 유사하다. 미국은 카리브해에서 유럽 강대국들의 존재와 그들의 주장을 인식하고 있었지만, 그럼에도 불구하고 카리브해 지역을 장악하기 위해 노력했다. 초강대국으로서 미국의 등장을 상징하는 사건이 바로 쿠바를 두고 벌인 1898년 스페인-미국 전쟁과 파나마 운하 건설(1904~1914)이다. 전쟁은 우연히 발발한 것이 아니었다. 1890년 인디언과의 마지막 전투를 끝내고 이른바 미국의 '경계선 frontier'이 사라지면서 카리브해로 눈을 돌릴 여유를 갖게 된 것이다. 게다가 미국은 카리브해 연안을 지배함으로써 서반구를 효율적으로 장악하게 되자, 동반구에서의 세력균형에도 영향을 미칠 수 있게 되었다. 21세기의 중국도 비슷해질지 모른다.

중국은 타이완을 겨냥해 1500기의 단거리 탄도미사일을 배치시켜놓았으며, 매주 270편에 이르는 민간 항공기가 타이완을 왕래하고 있다. 그러니 해상 공격을 통한 정복 없이 우회적인 방법으로 타이완의 주권을 가져올 수도 있을 것이다. 미국의 '경계선' 철폐와 마찬가지로 중국도 향후 타이완을 효과적으로 장악하게 된다면, 중국의 해양 전략가들은 좀더 넓은 남중국해로 관심을 집중시킬 수 있게 된다. 남중국해를 통한 원유 수송로 보호를 위해, 중국도 해군 파견의 야심을 갖고 있는 인도양의 바로 옆까지 다가갈 수 있게 된다. 만약 중국이 남중국해의 지배 세력으로 미 해군을 능가하거나 또는 대등해지기만 하더라도, 미국이 카리브해를 장악하면서 이룬 것과 유사한 전략적·지정학적인 가능성들이 열릴 것이다.

물론 남중국해는 카리브해가 아니다. 사실, 그 점이 더 중요하다. 카리브해는 주요 해상 교통로에서 멀리 떨어져 있지만 남중국해는 해상 교통로의 핵심에 위치하고 있기 때문이다.

도덕적 저항이 없는 새로운 전선

남중국해가 아프리카의 뿔●과 한반도의 동해를 연결하는 해상 교통로가 만나는 지점에 있기 때문에, 남중국해를 지배하는 국가는 동반구 연안지역의 주요 항해로를 장악하게 된다. 물론 그 반대로 될 가능성이 더 크다. 즉 어떤 나라도 남중국해를 장악하지 못할 수도 있다. 남중국해가 중요한 또 다른 이유는 바로 세계에서 가장 치열한 경쟁이 벌어지는 수역으로 변해가고 있기 때문이다.

현재는 미 해군이 남중국해를 지배하고 있지만 그 상황은 바뀔 것이다. 우선 레이건 행정부 때는 600척에 달했던 군함의 규모가 클린턴 때는 300여 척으로 그리고 현재는 300척 이하로 줄어드는 등 미 해군의 규모는 지속적으로 감소하고 있다. 현재 보유하고 있는 잠수함 및 해상 함정들의 퇴역, 과도한 비용 및 미래의 예산 감축에 따르는 대규모 재정 적자로 2020년까지 미 해군의 규모는 더 작아질 수 있다. 반면 세계에서 두 번째로 강력한 전력을 갖춘 중국의 해군은 빠르게 성장하고 있다. 중국은 일률적인 군함 구입보다는 수중전에 적합한 틈새 기술과 미 항공모함처럼 바다에서 움직이는 목표를 맞출 수 있는 탄도미사일 기술(DF-21 미사일)을 개발하고 있다. 중국이 계획대로 잠수함 함대를 2020년까지 78척으로 증가시킨다면 미 해군과 양적으로 동등해질 것이다.[12] 미 해군이 보유하고 있는 것은 모두 핵추진 잠수함이기는 하

● 소말리아가 위치한 아프리카 동북부의 뾰족한 지역.

지만, 동아시아에 도착하기 위해서는 우선 지구를 반 바퀴나 돌아와야 하는 반면, 중국의 디젤 잠수함은 매우 조용하기 때문에 동아시아의 혼잡한 해안선에서 비밀스러운 작전 수행에 훨씬 더 적합하다. 향후 어느 순간에 이르면 중국은 미 해군의 자유로운 남중국해 통행을 효과적으로 차단할 수 있게 될 것이다.

따라서 중국이 경제력을 이용해 해군을 육성하고 남중국해에서 자신의 지도를 기준으로 영유권을 주장하는 동시에 동남아시아 국가들의 주장을 배척한다면, 이들은 어쩔 수 없이 자신들의 해군력 향상과 함께 점점 더 미 해군에 의존해 중국을 견제하려 할 것이다. 미 해군은 상당한 전력을 중동지역에 배치하고 있지만, 상대적으로는 여전히 최상의 전력을 갖추고 있다. 전 세계적으로 외교와 경제 영역에서는 이미 다극화가 주요한 특징이 되었다면, 남중국해는 군사적 측면에서 다극화가 무엇인지를 보여줄 것이다. 냉전 시기 독일의 영토에서 군사적 대치가 이뤄졌듯이, 향후 수십 년간은 남중국해의 여러 수역에서 전선이 형성될 것이다.

이 새로운 전선은 전혀 낭만적이지 않다. 제2차 세계대전이 파시즘에 대항한 도덕적 저항이었고, 냉전이 공산주의에 대항한 도덕적 저항이었으며, 탈냉전 시대에는 발칸반도, 아프리카, 레반트에서 벌어진 대량학살과 테러리즘에 대항한 도덕적 저항 및 민주주의에 대한 지지가 펼쳐졌다면, 남중국해는 인본주의자와 지식인들을 강력하게 사로잡은 도덕적 저항이 없는 21세기의 세계가 어떤지 우리에게 보여줄 것이다. 냉전의 유물인 북한의 공산주의 전제 정권 외에는 동아시아 전체가 인본주의자들에게 제공할 수 있는 것이 거의 없게 되었다. 맞서야 할 철학적인 적이 없어졌기 때문이다. 동아시아는 무역과 비즈니스만을 중요시하게 되었고, 반체제 인사들이 겪는 고통에도 불구하고 이제 중국마저 도덕적 분노의 대상이 되지 않는다.

중국의 정치체제는 자본주의에 기반하고 있으나, 이렇다 할 통치 이데올로기는 거의 없는 낮은 수준의 권위주의라 할 수 있다. 게다가 중국은 향후 좀더 열린 사회가 될 가능성이 크다. 중국의 지도자들은 안정적인 경제발전을 위해 헌신해온 유능한 엔지니어이고 지방의 리더 출신들이다. 이들은 정해진 은퇴 연령도 위반하지 않는다. 민중에 의해 쫓겨난 아랍세계의 부패하고 경직된 리더들과는 다르다. 중국은 파시즘이나 군국주의는 아니지만, 동아시아의 다른 국가들처럼 철 지난 민족주의를 고수하고 있다. 그것은 19세기 중반 이후 자유주의적 인본주의자들을 사로잡아온 그런 사상은 분명 아니다.

19세기 유럽의 민족주의는 제국의 지배를 반대하는 도덕적 공동체를 의미했다. 현재 지식인과 언론인들이 열망하는 도덕적 공동체는 보편적이어야 하며, 인류 전체를 아울러야 한다. 따라서 인간에 대한 관심을 특정 그룹으로 한정시키는 그런 민족주의는 수구적인 것으로 간주된다. 이 점은 지난 수십 년간 언론 매체들이 개별 국가의 주권을 넘어서는 방향을 제시하는 국제연합UN, 유럽연합EU 또는 북대서양조약기구NATO와 같은 국제기구에 관심을 가져온 이유이기도 하다. 그러나 동남아국가연합ASEAN과 같은 지역 협력 기구의 결성에도 불구하고, 아시아에서 정치를 움직이는 가장 주요한 동력은 전통적인 민족주의이며 앞으로도 그럴 것이다. 그리고 그 민족주의는 주권 보호와 분쟁의 대상이 되고 있는 해양 자원에 대한 권리 주장을 위해 필요한 군대, 특히 해군과 공군의 현대화로 이어지고 있다.

이 새롭고 다소 삭막한 21세기의 풍경에서 숙고해야 할 철학적인 문제는 없다. 오직 힘, 특히 힘의 균형뿐이다. 아시아 국가들 정상 간의 대화는 부드럽겠지만, 분쟁 해역으로의 군함 배치는 강경하게 이뤄질 것이다. 육상에서의 군사적 개입은 종종 민간인 지역에 대한 점령과 인권 유린으로 이어지기 때문에, 외교 정책이 민간인 학살Holocaust 연구의 일부가 되기도 한다. 그러나 바다에서 힘의 사용은 온전히 군사력의 문제다. 해안에 폭탄을 투하하지 않는 한 전사자는 모두 해군이고 따라서 순수한 '희생자'는 없는 셈이 된다. 21세기 초반의 남중국해는 20세기의 중부 유럽을 연상케 하는 지정학의 핵심 지역으로 남아 있을 것이다. 하지만 중부 유럽과는 달리 지식인이나 언론인들의 초점의 대상이 되지는 않을 것이다.

20세기 유럽에서는 하나로 결합되어 있었던 인권과 지정학이 분리되고, 해상 영역을 둘러싼 추상성이 더해져 남중국해는 지식인과 미디어 엘리트보다는 정책과 안보 전문가들의 영역이 될 것이다. 이 천박한 세계에서는 가치보다는 이해관계에 초점을 맞추는 비도덕적인 현실주의가 승리하게 될 것이다. 이렇게 남중국해는 인본주의자들의 딜레마를 상징하게 된다.

이런 식의 주장에서 가장 큰 예외는 환경 문제다. 2004년 12월 인도양의 쓰나미가 남중국해 부근을 강타해 이라크 전쟁보다 더 많은 희생자가 발생했다. 지구온난화가 아니더라도 남중국해 연안 인구의 지속적인 증가와 함께 자연재해에 취약한 지역에서는 일상적인 기상 변화와 지진활동만으로도 주기적으로 많은 인명 피해를 불러오는 재난을 겪게 될 것이 분명하다. 그러면 해군들이 대응에 나서게 되는데, 인도양의 쓰나미에 미국은 항공모함 전단의 주도로 거창하게 대응함으로써 연성 권력soft power을 이용해 경성권력hard power을 증가시킬 수 있었다. 즉, 인도네시아에 대한 인도적 지원을 통해서 오랫동안 진전이 없던 인도네시아 군부와의 외교관계를 회복할 수 있었다. 인도양 쓰나미에 대한 뉴스 보도는 남중국해가 미디어의 왜곡된 거울을 통해 전 세계에 어떻게 전달되는지 알려주기도 한다. 군사 전문가들이 남중국해에서 해군의 움직임을 지켜보는 동안, 미디어는 자연재해가 발생할 경우에나 황금시간대를 이용해서 이 지역에 대한 관심을 아끼지 않을 것이다. 하지만 심지어 그런 재해의 경우라도 20세기 유럽과 비교하면 인권 측면의 관심은 사그라들 것이다. 희생자들은 있지만 대자연의 순리 말고는 비난의 대상이 따로 없기 때문이다. 악당이 없으니 선과 악을 구분하는 도덕적 선택이 불가능하고, 따라서 철학적인 측면에서는 상대적으로 할 얘기가 많지 않다.

향후 남중국해에서 발생할 만한 도덕적 드라마라면 많은 지식인과 언론인을 망연자실케 할 험악한 패권 정치의 형태가 될 것이다. 우선 투키디데스의 『펠로폰네소스 전쟁사』 5권에 나오는 아테네인과 멜로스인의 대화를 떠올려보자. 멜로스 남자들이 살해되는 것과 아이와 여자들이 노예로 끌려가는 비극적인 얘기를 제외한다면, 21세기의 맥락에서 그 대화의 핵심은 그리스의 탁월한 해양 세력이었던 아테네가 멜로스인들에게 아테네는 강하고 멜로스는 약하기 때문에 마땅히 복종해야 한다고 말했다는 점이다. 투키디데스는 "강자는 그들이 할 수 있는 모든 것을 하고, 약자는 그들이 겪어야만 하는 고통을 겪는다"고 말했다.[13] 그리고 멜로스는 저항 없이 항복하고 만다. 이것이 공표되지 않은 중국의 전략일 것이고, 동남아시아의 약한 국가들은 멜로스인의 운명을 피하기 위해 미국에 의존하게 될 것이다. 다시 말해 전쟁 없는 패권 외교가 거의 정확하다.

  냉전을 예외로 하면, 남중국해는 제1차 세계대전부터 이라크 전쟁과 시리아 내전에 이르기까지 우리에게 익숙한 것들과는 매우 다른 형태의 충돌을 예고하고 있다. 20세기가 시작된 이후 우리는 한편으로는 대규모의 전형적인 육상 군사활동과 지저분하고 예측 불가능한 작은 규모의 충돌로 인한 정신적 트라우마에 시달려왔다. 두 형태의 전쟁 모두 엄청난 민간인 희생자를 발생시키기 때문에, 앞서 언급한 바와 같이 전쟁은 장군들뿐만 아니라 인본주의자들의 관심사였다. 그러나 미래에는 최소한 동아시아에서만큼은 학술 논문에서 차근차근 논의될 만한 내용이 별로 없는, 좀더 순수한 형태의 충돌을 목격할지도 모른다. 미국과 구소련 간의 갈등과 유사하지만 육상에서의 교전 가능성이 없는 순수한 해상에서의 충돌 말이다. 인간이 처한 조건에서 갈등을 완전히 제거할 수 없다는 점을 고려하면 이는 긍정적인 시나리오라 할 수 있다. 마키아벨리의 '리비에 대한 담론Discourses on Livy'의 핵심은 갈등이 적절히 조절될 경우 경직된 안정보다는 인류의 진보를 이끌어낼 가능성이 크다는 점이다. 군함으로 가득 찬 바다는 아시아를 위한 인류의 위대한 진보의 시대와 모순되지 않는다.

중국 요인

하지만 남중국해에서의 갈등이 적절히 조정될 수 있을까? 결국 이 주장은 다음과 같은 가정을 전제로 한다. 남중국해에서 모든 나라가 경쟁적으로 천연자원에 대한 권리를 주장하면서 전함을 바다로 내보내 좋은 자리를 차지하기 위해 신경전을 벌이지만 대규모 전쟁이 발발하지 않아야 한다. 그리고 심지어는 천연자원을 공평하게 분배하기 위한 협상에 모두 합의해야 한다. 하지만 중국이 예상을 깨고 타이완을 공격하면 어떻게 될까? 오랜 역사 속에서 치열하게 경쟁해온 중국과 베트남이 1979년의 충돌보다 훨씬 더 치명적인 무기를 갖추고 전쟁을 일으키면 어떻게 될까? 중국뿐만 아니라 동남아시아 국가 대부분이 군사력을 향상시키고 있다. 2000년 이후 인도네시아, 싱가포르, 말레이시아의 무기 수입이 각각 84퍼센트, 146퍼센트, 722퍼센트 증가하는 지난 10년간 유럽의 국방비 지출은 감소한 반면, 동남아시아 국가들의 국방비는 약 30퍼센트 이상 늘었다. 그 돈은 고성능 미사일 시스템을 장착한 군함과 잠수함, 장거리 전투기 등 해군과 공군의 군사력 강화에 쓰였다. 베트남은 최근 러시아제 최첨단 킬로급 잠수함 6척을 구입하는 데 20억 달러를, 역시 다수의 러시아제 전투기를 구입하는 데 10억 달러를 지출했다. 중국이 남중국해 북쪽의 하이난섬에 20척의 핵잠수함 수용이 가능한 지하 기지를 건설하고 있음에도 불구하고, 말레이시아 역시 최근 보르네오섬에 잠수함 기지를 건설했다.[14] 미국이 중동의 육상전에 관심을 두는 동안, 군사력의 중심은 유럽에서 민군 합동으로 산업단지들을 건설하고 있는 해군 중심의 아시아로 조용히 이동하고 있다.

남중국해의 지정학은 적어도 한 측면에서만큼은 무척 단순하다. 남중국해는 제1차 세계대전 이전의 유럽처럼 복잡하고 변화무쌍한 다극적 제국주의 동맹이 존재하는 그런 세계가 아니다. 이 해상에서 이른바 토착 강대 세력은 중국 하나뿐이다. 중국은 그들의 지도에서 보여주는 것처럼 미국의 카리브해 지배와 같은 통제권을 남중국해에서 행사하려 한다. 그러나 중국의 현 지리적 상황과 그들의 19세기, 20세기 역사를 고려하면 영토에 대한 집착이 터무니없는 것은 아니다.

남중국해의 북쪽 경계선은 모두 중국 본토가 차지하고 있다. 사실 남중국해의 중국 쪽 해안선 중 베트남과의 경계선부터 동쪽의 타이완 해협까지는 중국의 주요 경제권 중 하나이자 인구 밀집 지역인 광둥성 廣東省과 광저우廣州 도시권 그리고 홍콩이 자리잡고 있다. 또한 중국에서 가장 큰 경제특구인 하이난섬이 에너지가 풍부한 통킹만을 장악한 채 북부 베트남의 남중국해 접근을 차단하고 있다.

중국 지도를 보면, 해안선의 절반은 남중국해를 향해 있고, 나머지 절반은 발해만과 황해, 동중국해를 향해 있다. 따라서 중국은 시계 방향으로 보면, 타이완, 필리핀, 보르네오섬(말레이시아·인도네시아), 말레이 반도(말레이시아·타이), 기다란 뱀처럼 늘어진 베트남의 해안선을 따라 형성된, 중국보다 약한 국가들로 이뤄진 '물 분지'를 마주하고 있는 것과 같은 형국이다. 작은 섬나라들이 점점이 박혀 있고 대륙 규모의 미국에 둘러싸인 카리브해처럼, 남중국해 역시 땅덩어리 큰 국가들에 둘러싸인 채 권력의 각축전이 벌어질 지역임에 틀림없다. 남중국해가 중국의 대외 팽창을 위한 완벽한 공간을 제공하기도 하지만, 중동에서 수입하는 중국의 에너지 대부분이 인도네시아의 여러 해협을 통과하기 때문에 객관적으로도 중국에게는 큰 관심의 대상이다. 사실, 남중국해의 말라카 해협과 동일한 역할을 하는 파나마 운하의 건설로 미국도 동부 해안선에서 태평양으로 진출할 수 있었던 것처럼, 서태평양과 인도양을 연결하는 남중국해는 중국에게 사하라 사막에서 인도네시아로 이어지는 이슬람 문화권으로의 진입로 역할을 한다. 이 진입로는 상당수의 이슬람 인구를 보유하고 있는 필리핀, 인도네시아와 같은 약한 국가들과 인접해 있어 어느 정도 해적과 테러의 위협에 노출되어 있다. 지리적 요인 때문에 중국이 남중국해에 강력한 해군을 파견해야 한다는 점은 충분히 이해할 만하다. 남중국해를 장악하게 되면 중국은 정말로 두 개의 대양, 즉 서태평양과 인도양을 지키는 해군을 갖게 된다. 지금 당장은 타이완과 한반도에 초점을 맞춰야겠지만 남중국해는 중국의 미래 전략의 열쇠가 될 것이다.

그러나 중국이 남중국해와 태평양의 제1열도선으로 확장하려는 좀 더 중요한 이유가 있다. 그것은 중국이 지난 수백, 수천 년 동안 세계적인 대국이자 문명의 중심이었지만, 근대에 이르러 서방 세력에 의한 부분적인 붕괴를 경험했기 때문이다. 지난 150년 동안 중국에 일어난 일들을 적당히 얼버무리고 넘어갈 수는 없다. 누구든 중국이 근현대에 겪었던 일들을 잘 모르고 있다면, 현재 남중국해에서 중국에 동기를 부여하는 것이 무엇인지 이해할 수 없을 것이다.

청나라가 동아시아의 병자가 된 19세기에 중국은 영토의 상당 부분, 즉 남쪽의 조공국이었던 네팔과 버마를 영국에, 인도차이나를 프랑스에, 타이완과 조공국이었던 한국 및 사할린을 일본에, 몽골과 아무르강 유역 및 우수리강 유역을 러시아에 잃었다.[15] 20세기에는 일본이 피비린내 나는 전쟁을 통해 중국 본토의 산둥반도와 만주를 빼앗아갔다. 19세기와 20세기 초반, 이른바 개항지라는 이름으로 중국 일부 도시에 대한 통제권을 서방에 강제로 빼앗긴 치외법권 협정은 중국에게 모욕 그 이상이었다. 예일대학의 역사학자인 조너선 D. 스펜스는『현대 중국을 찾아서The Search for Modern China』에서 "청 제국으로 통합되었던 거대한 영토가" 이러한 약탈과 더불어 공산당과 국민당의 내전에 의해 1938년까지 "열 개 단위로 분열되었다"며, "중국이 해체되고 소멸되어 4000년의 역사가 한순간에 사라져버릴지 모른다"는 우려가 잠재되어 있었다고 말했다. 아니면 기원전 3세기의 전국시대戰國時代와 같은 상황으로 돌아가거나, 3~6세기까지●나 10~13세기●●까지 중국사의 전형적인 모습처럼 "동맹과 권위의 잦은 교체가 이뤄지는" 시기로 복귀하는 것이 아닌가 하는 우려도 있었다.[16] 중국은 이제 그러한 악몽으로부터도 벗어났고, 16세기의 명나라와 18세기 후반의 청나라 이후로 육상

●　위진남북조魏晉南北朝 시기.
●●　남송南宋과 북송北宋 시기.

병력의 힘과 영토의 안정성 측면에서 최고조에 달했기 때문에, 이제 중동 지역과의 해상 교통로를 확보하고 나아가 그들의 방대한 인구의 경제적 복지를 향상시키기 위해 바다로 힘을 확장시키려 하고 있다. 중국이 남중국해에서 전략적 공간을 확대하려는 것은 바로 지난 2세기 동안 외부 세력에게 이용당했던 것들을 다시는 허용하지 않겠다는 선언인 셈이다.

미국 쇠퇴의 지표

동남아시아에서 중국의 부상을 이해하기 위해서는 베트남전을 떠올려보는 것이 좋겠다. 베트남전은 투키디데스의 『펠로폰네소스 전쟁사』 7권에서 묘사된, 기원전 5세기 후반 불행하게 끝난 아테네의 시칠리아 원정과 종종 비교된다. 아테네가 처음 시칠리아를 공격한 시점부터 그곳에서 최후의 재앙을 맞기까지 총 14년이 걸렸는데, 케네디 정부가 베트남을 공격하기 시작한 때부터 제럴드 포드 대통령이 마지막으로 후퇴할 때까지도 비슷한 시간이 걸렸다. 미국은 베트남의 동맹국들에 의해 지구 반대편에 있는 베트남으로 끌려들어와서 결국은 공산주의 세력에게 포위되었는데, 아테네 역시 시칠리아의 동맹국들에 의해 시칠리아로 유인되어 들어간 후 자신의 적이자 스파르타의 동맹인 시라쿠스에 충성했던 시칠리아의 여러 도시국가로부터 위협을 당했다. 케네디 정부가 처음에는 제한된 규모의 특수작전부대만을 베트남으로 보냈으나 린든 존슨 정부에 이르러 50만 명 이상의 정규군으로 증가시켰듯이, 아테네는 시라쿠스에 대항하는 동맹군을 지원하기 위해 20척의 배로 시칠리아에 개입하기 시작했으나 곧 100척의 군함과 무수한 수송선, 5000명의 중무장 보병까지 파견했다. 이렇게 되자 결국 해양대국 아테네의 위신이 멀리 떨어진 시칠리아에서의 군사적 승리에 달려 있는 것처럼 보였다. 아테네는 계속해서 병력을 투입했지만, 시칠리아 원정은 4만 명의 아테네 군대의 전멸로 종결되었다. 그중 6000명은 살아남아 시라쿠스의 채석장 노동자가 되기도 하고 노예로도 팔렸다. 미국의 베트남전 개입은 북부의 공산주의 세력이 남부를 장악하고, 사이공 미 대사관의 지붕 위로 마지막 미국 헬기가 탈출해 사라지면서 끝났다.

비관주의와 비난이 팽배한 상황에서 아테네가 다시 스파르타와의 대결에 본격적으로 나서기까지는 얼마간의 시간이 필요했다. 미국 역시 베트남에서의 대실패 이후 심각한 신뢰의 위기를 겪는 동안, 구소련과 그 동맹국들이 미국의 동맹국들을 위협하고 있었다. 미국은 니카라과와 앙골라, 에티오피아, 아프가니스탄에서의 정권 붕괴를 방관하고 있었다. 이제 미국의 운명 앞에 베트남이 다시 한번 나타났다. 베트남 사람들은 다시 한번 미국의 도움을 요청하고 있다. 이번 요청은 교묘하고 은밀하며, 지상군을 포함하지도 않는다. 이번에 베트남이 미국에 원하는 것은 전쟁이 아니라, 단지 힘의 균형일 뿐이다. 베트남은 향후 수십 년간 미국의 공군과 해군이 지속적으로 남중국해에 나타나주기를 원하고 있다. 베트남과 베트남의 운명은, 중국의 종속 국가처럼 되든 아니면 중국의 패권에 대한 다부진 저항자가 되든, 미국이 쇠퇴하거나 또는 고립주의로 회귀할 경우 위험에 처한 세계를 위해 미국이 무엇을 제공할 수 있는지를 보여주는 하나의 적절한 사례가 될 것이다.

다들 알다시피 중국 경제는 어려움을 겪고 있다. 하지만 미국의 쇠퇴 가능성 또는 전 세계 어느 곳에서든 부분적인 철군의 가능성을 고려해야 한다. 미국 경제는 대공황 이후 최악의 위기에서 벗어나고 있다. 반면 공군과 해군의 군사력을 유지하는 비용은 눈덩이처럼 불어나고 있다. 신형 제럴드 포드급의 항공모함 가격은 부속 전투기나 장비를 제외해도 120억 달러, 최신형 줌월트급 구축함의 가격은 40억 달러에 이른다. F-22 랩터 한 대는 2억 달러, F-35 전투기는 1.35억 달러다. 미국이 동아시아를 포함해 전 세계적으로 공군과 해군을 운용하는 비용 외에도 아프가니스탄과 이라크에서의 전쟁이 초래한 재앙적인 수준의 인명 손실, 위신의 추락과 금전적 대가에 대해 미국의 대중과 워싱턴의 몇몇 영향력 있는 국방 및 외교 엘리트들은 심각한 피로를 느끼고 있다. 베트남전처럼 큰 군사적 모험이었던 이라크 전쟁은 아직 수치스러운 패배나 베트남전과 유사한 인명 피해를 입히지는 않았지만, 한편으로는 역시 아테네의 시칠리아 원정과 비교할 수 있다. 미국이 베트남에서처럼 그리고 시칠리아에서 실패를 겪은 아테네처럼 이번에는 아시아에서 겁을 먹지는 않을 것인가?

베트남전에 이은 냉전 체제에서 미국은 소련의 위협에 대응해 전 세계적인 관여 정책을 지속해왔다. 하지만 이제 그 위협은 매우 모호해졌다. 남중국해에서 가장 위험한 세력인 중국을 예로 들어보자. 서구 세력에 의한 굴욕의 시대가 "오늘날 중국 학생들의 교과서에 뚜렷이 새겨

저 있기는 하지만, 중국인들이 반드시 자신들의 과거에 갇혀 있어야 하는 것은 아니며 미국과 정치적으로 타협점을 찾아야 하는 경제적인 요인이 엄청나게 많다"고 케임브리지대학의 역사학자 피어스 브랜든은 말했다.[17] 하지만 문제가 그렇게 간단하지만은 않다. 브랜든에 대한 가장 강력한 반론은 『강대국 국제정치의 비극』을 집필한 존 미어샤이머에 의해 제기되었다. 그는 현재의 세계 체제는 무질서하고 누구도 법을 강제할 수 있는 '야경국가'가 될 수 없는 상황이라, 현상유지를 할 수 있는 세력이 거의 없다고 설명한다. 따라서 내부적으로 민주주의 정치체제를 보유하고 있는지의 여부와 관계없이 모든 강대국의 목표는 "전 세계 권력 지형에서 자신들의 몫을 극대화하는 것이기 때문에 특히 힘있는 국가들은 지역 패권을 추구한다".[18] 중국의 정치체제가 좀더 개방적으로 되든 아니든 상관없이 당연히 지역 패권을 추구하게 된다는 뜻이다. 취약해진 경제는 중국을 더 민족주의적으로 만들 뿐이다.

사실 브랜든과 미어샤이머가 모두 맞을 수도 있다. 중국은 지역 패권을 추구하기 위해서라도 미국과의 정치적 타협을 원할 가능성이 있다. 중국은 계속해서 항공기와 미사일 전력을 갖춘 대양해군을 육성할 것이다. 이러한 전략 자산은 지역 패권을 현실화할 수 있도록 남중국해를 겨냥하고 있다. 동시에 베이징은 워싱턴과의 우호적인 정치적·경제적 관계를 만들기 위해서 부단히 노력할 것이다. 미국 입장에서는 다양한 방면에서 중국과 협력할 수는 있겠지만 중국이 지역 패권으로 등장하는 것은 막으려 할 것이다. 남중국해는 동중국해와 한반도만큼이나 이런 긴장되고 모순적인 관계가 투영되는 장소가 될 것이다. 베트남을 제외하면 상대적으로 약하고 분열된 국가들을 마주하고 있는 남중국해에서 중국이 패권 국가의 길로 나아가는 것은, 북한의 미래에 관한 불확실성이 큰 한반도에서 중국이 패권을 장악하는 일만큼 어렵지는 않다. 따라서 다시 말하지만, 남중국해는 지구상의 다른 어떤 지역보다 미국의 세력 약화가, 심지어 미군 기지로부터의 부분적인 철군조차 어떤 대가를 지불해야 하는지를 가장 잘 설명해준다. 이처럼 남중국해는 세계가 정말로 공군과 해군의 군사력이라는 측면에서 다극화할 경우, 미국이 위기에 처한 세계를 위해 무엇을 할 수 있는지 또 세계에 어떤 나쁜 일들이 발생할 수 있는지를 보여주고 있다.

미국은 서반구를 장악하고 있고 동반구 여러 지역에서의 세력균형에 영향을 미칠 여력을 가지고 있다. 따라서 지구촌 여기저기서 발생하는 소규모 전쟁들을 제외하면, 미국은 평화를 유지하고 있을 뿐만 아니라 국제 무역을 위한 해상 교통로와 같은 지구상의 공동 자산을 지키고 있다. 러시아가 중부와 동부 유럽 국가들에 대한 심각한 주권 훼손 시도는 자제하고 있다는 사실, 중동이 적어도 국가 간의 대학살과 같은 상태는 피해왔다는 사실, 인도와 파키스탄이 지난 수십 년간 전면전이나 핵무기 사용은 피해왔다는 사실, 북한이 한국과 일본에 대해서 대규모 군사 공격 위협은 가하지만 실행에 옮기지는 않고 있다는 사실 등은 모두 상당 부분 미국의 전 세계적인 안보 우산 덕분이다. 이스라엘이나 조지아처럼 작고 곤경에 처한 국가들이 생존할 수 있는 것도 궁극적으로는 미군의 지원 덕분이다. 사실 미국의 외교에 무게감을 더해주는 것은 전 세계에 배치되어 있는 미 공군과 해군의 존재로서 전 세계 어디서든 민주주의와 좀더 자유로운 사회라는 가치를 전파하는 데 사용된다. 미 주둔군의 대폭적인 감축이 이뤄진다면 전 세계, 특히 남중국해는 전혀 다른 곳으로 변할 것이다.

미국은 중국을 견제하고 있다. 중국의 부당한 침범은 지도 위에서만 가능하게 제한시키고, 중국의 외교관과 해군이 이성적으로 행동하도록 견제한다. 물론 그것이 미국의 행동은 순수하고 중국은 자동적으로 악당이 된다는 뜻은 아니다. 예를 들면 미국은 서태평양에서 중국을 겨냥해 주기적인 비밀 정찰활동을 수행하고 있다. 다른 나라가 미 본토 근해에서 같은 일을 한다면 미국은 묵인하기 어려울 것이다.[19] 미국이 남중국해 지역의 국가들에게 제공하는 것은 민주적 가치라기보다는 중국에 대항할 수 있는 원초적인 힘이다. 결국 타이완과 베트남, 말레이시아, 필리핀, 인도네시아, 싱가포르를 자유롭게 만들고 두 거대 세력이 서로 견제할 수 있는 것은 바로 미국과 중국 사이의 세력균형 덕분이다. 그 자유로운 공간에서 아세안ASEAN이라는 형태의 지역주의가 그 자체로 힘을 가질 수도 있다. 하지만 그러한 자유가 당연한 권리는 아니다. 최근 성장률이 낮아지고는 있으나 중국 경제는 엄청나게 빠른 속도로 성장하고 있고, 지리상 동아시아와 서태평양의 중심에 위치해 있기 때문에, 사이버 전쟁부터 국제 무역, 기축통화 경쟁 그리고 상대방 군사력에 대한 감시에 이르기까지 수많은 복잡한 문제를 수반하는 미중 양국의 팽팽한 교착 상태는 향후 중국에게 유리하게 변할 수도 있다.

워싱턴에 위치한 전략 예산 평가센터Center for Strategic and Budgetary

Assessments의 회장인 앤드루 크레피네비치는 서태평양의 국가들이 중국에 의해서 서서히 '핀란드화'될 것이라고 믿는다. 형식적으로는 독립을 유지하지만 결국 중국이 결정한 외교 정책을 따르게 된다는 뜻이다. 중국 인민해방군이 보기에는 "목표물 인식과 공격 통제 그리고 '유도탄' 지휘를 위해 위성과 인터넷에 지나치게 의존하는" 미국의 전투 네트워크가 오히려 스스로의 '아킬레스건'이라고 그는 지적했다. 크레피네비치는 또 중국이 이미 2007년에 대위성 미사일을 시험 발사했고, 미국의 위성을 일시적으로 무력화시키는 레이저를 사용하기도 했으며, 수년째 미군에 대한 사이버 공격을 진행하고 있다고 덧붙였다. 이에 더해 중국은 아시아에 있는 미국의 전진기지를 약화시키기 위해 엄청난 수의 탄도미사일과 순항미사일 그리고 '반접근/지역 거부 전략Anti-Access/Area-Denial'에 따른 무기들을 편성해왔다.[20] 캘리포니아에 있는 클레어몬트 연구소의 마크 헬프린 선임연구원에 따르면, 미국의 항공모함을 공격할 수 있는 1500기의 단거리 탄도미사일에 육해공 연합으로 실시간 종말 유도 신호를 보낼 수 있는 기술을 비롯해 전통적인 위성은 물론 수많은 크고 작은 위성들을 운용할 수 있는 중국이 이 분야에서 "가장 앞선 기술을 보유하고 있다".[21] 그 목표는 전쟁이 아니라 전력 배치의 조정을 통해, 타이완에서와 마찬가지로 서태평양 전역에서 미군의 능력에 점점 더 큰 의구심을 갖도록 만드는 것이다. 이러한 신뢰의 약화는 미국의 태평양 동맹 약화를 동반할 것이다. 사실, 동남아시아의 핀란드화는 군사적 측면에서 다극화의 어두운 면을 보여주는 것일지도 모른다.

군사적 측면에서의 실질적인 다극화가 진행되면, 동아시아에서의 중국처럼 지리적으로 특정 지역의 중심에 위치한 국가가 이득을 본다. 군사적 능력이 동등하다면 지리와 인구 요소가 강점으로 작용하기 때문이다. 다시 말해서 군사적으로 다극화된 아시아는 중국이 지배하는 아시아가 될 것이며, 중국이 지배적인 아시아는 미국이 지배적인 힘을 행사한 아시아와는 매우 다를 것이다. 중국은 미국처럼 지구의 반대편에 있지 않을뿐더러, 인구, 지리, 경제 등 여러 면에서 실질적으로 이 지역의 중심을 차지하고 있기 때문에, 중국의 지배는 본질적으로 훨씬 더 압도적일 것이다. 물론 다른 많은 독재 정권보다 가혹하지도 않고 오히려 더 유능한데도 불구하고, 중국의 권위주의 체제가 미국 스타일의 정부보다 덜 유화적이라고 말하려는 것은 아니다.

그러나 군사적 측면에서의 다극화를 세력균형과 혼동하지 말아야 한다. 중국의 인구 그리고 지리적, 경제적 이점을 고려하면 아시아에서 세력균형을 유지하기 위해서는 미국이 군사력에서 앞서야 한다. 그것은 지난 수십 년 동안 지속된 것과 같은 미국의 압도적인 우위를 의미하는 것이 아니다. 향후 미국의 방위비 예산 감축을 고려하면, 아시아 지역에서 미국의 군사적 지위가 과거보다 어느 정도 약해져도 받아들일 수 있다. 핵심 영역에서 중국의 군사력에 비해 확실한 우위를 유지할 수 있다면 그것으로 세력균형은 유지될 것이다.

다극 체제는 외교적·경제적 측면에서는 훌륭하다. 분명히 말해서, 동아시아가 세계 경제의 발전 과정에서 중요한 역할을 하는 한, 아시아에서 미국의 지위는 결국 동아시아 지역의 새로운 자유무역 질서와 다자경제협력체에 얼마나 '진심으로' 참여하기를 원하는가에 달려 있다.[22]

미국이 이 지역의 무역에 더 깊이 개입해야만 서태평양의 해상 교통로 확보를 위한 동기가 생겨날 것이다. 하지만 모든 영역에서 완전한 다극화가 진행되면 남중국해는 중국의 카리브해가 되고, 나아가 서태평양과 인도양 모두에서 중국이 지배적인 위치를 차지하게 될 것이다. 이 지역에서 미 해군이 힘의 균형을 유지시키는 역할을 맡는 전제라면, 기본적으로 해양에 의존하는 유라시아의 무역 시스템에서는 중국이 조금 앞서나가는 것도 괜찮을 것이다.

미국은 자리를 비켜줄 것인가

아시아의 새로운 지정학적 환경에 대한 가장 종합적인 전망은 워싱턴이나 베이징이 아닌 캔버라에서 제시되었다. 호주국립대학의 전략 전공 교수이자 과거 호주 정부에서 정보 전문가로 일했던 휴 화이트는 71페이지 분량의 「권력 이동: 워싱턴과 베이징 사이에서 호주의 미래」라는 문서에서 호주를 전형적인 '현상유지' 세력으로, 즉 현재 상태가 그대로 유지되기를 간절히 원하는 국가로 묘사한다. 중국은 지속적으로 성장해서 호주와 점점 더 많은 거래를 하는 한편, 미국은 여전히 '아시아에서 가장 강력한 세력'으로 남아 호주의 '수호신ultimate protector'이 돼주는 것이다. 하지만 화이트에 따르면, 문제는 이러한 상태가 언제까지나 지속될 수는 없다는 것이다. 정치적·전략적 변화 없는 지속적인 경제성장도 불가능하기 때문이다. 즉 속도는 둔화되겠지만 중국이 예상대로 경제성장을 계속한다면 미국을 추월해 세계에서 가장 부유한 국가가 될 것이고, 자연스럽게 아시아에서 미국의 군사력 우위에는 만족하지 않게 될 것이다.[23]

화이트는 우리 모두 당연하게 생각해온, 수십 년에 걸친 아시아의 행복한 상황이 사실은 리처드 닉슨 대통령과 그의 국가안보 보좌관이었던 헨리 키신저가 주도한 '탁월한 전략적 외교'의 결과였다고 설명한다. 닉슨과 키신저는 1972년 베이징으로 가서 당시 중국의 지도자였던 마오쩌둥과 협상하여 "미국은 타이완의 민족주의 정권을 중국 정부로 인정하는 태도를 멈추고, 그 대가로 중국은 아시아에서 미국의 지위를 위협하거나 (적어도 어느 정도는) 공산주의 반란에 대한 지지를 중단하는" 데 합의했다. 중국은 또한 소련과 경제적으로 재부상하고 있던 일본에 대해 미국의 보호를 받았다. 몇 년 지나지 않아 중국은 국가 안보에 대한 걱정 없이 경제를 자유화시킬 수 있었고, 동아시아 지역 전체에 커다란 이익을 가져다주었다. 평화가 도래하자 '간섭받지 않게 된' 동남아시아의 국가들도 결국 크게 성장할 수 있었다.[24]

중국은 서방 세계보다 한 세기나 늦은 1979년에 덩샤오핑의 주도로 마르크스주의 경제학을 포기하고 결국 세계 경제에 편입되었다. 일단 변화가 시작되자, 방대한 인구를 가진 중국은 세계에서 가장 강력한 경제를 보유한 국가가 되었고, 닉슨과 키신저가 만들어놓은 평화와는 다른 방향으로 아시아의 안보 상황을 변화시키고 있다.[25]

그렇다면 지금 중국이 원하는 것은 무엇인가? 화이트는 중국이 남중국해를 지배하게 되면, 미국이 카리브해 연안에 대한 지배를 확고히

한 후 운영했던 것과 같은 새로운 스타일의 제국을 아시아에서도 갈망하고 있을 것이라 생각한다. 화이트의 표현에 따르면, 이 새로운 스타일의 제국에서는 미국의 관점이 '충분히' 그리고 '서반구 외부의 누구보다' 먼저 고려되면서도 카리브해 인근 국가들이 '비교적 자유롭게 자신의 국가를 운영하는 것'을 의미한다. 이 모델에서 문제는 일본이다. 정도에 관계없이 중국의 헤게모니 자체를 받아들이려 하지 않을 것이기 때문이다. 그렇다면 아시아에서 중국, 미국, 일본, 인도 그리고 아마도 다른 한두 국가가 동등한 참여자로 협상 테이블에 앉게 되는, 19세기의 유럽협조체제Concert of Europe 모델이 가능하다. 하지만 문제는 아시아의 번영과 안정으로부터 자신의 우월성을 주장해온 미국이 그러한 온건한 역할에 만족할 것인가 하는 점이다. 중국이 부상하고 있는 아시아에서 미국의 지배적인 역할은 불안정한 미래를 의미한다고 화이트는 주장한다. 미국의 지배적인 역할은 중국이 국내 정치적으로 권위주의이기 때문에 "해외에서는 용납할 수 없게" 행동할 것이라는 관념에 근거한다. 하지만 화이트는 그렇지 않을 수도 있다고 주장한다.[26]

다시 말하자면, 미래에는 중국이 아니라 미국이 문제가 될 수도 있다. 우리, 특히 우리 지식인과 언론인들은 중국이라는 체제의 내부 성격에 지나치게 신경을 쓰고 있는지도 모른다. 하지만 중국은 국내적으로는 가증스러운 행동을 쉽게 하면서도 해외에서는 책임 있게 행동할 수도 있다. 이런 식의 아시아의 부상은 세계 각국의 인본주의자들을 할 말 없게 만드는 또 다른 이유이기도 하다. 앞서 말했듯이 미국의 목표는 지배가 아니라 균형이어야만 한다. 어떤 경우든 아시아의 향후

40년이 지난 40년만큼 안전하지는 않을 것이기 때문에, 화이트는 호주가 "국가 안보를 위해 더 많은 예산을 투입해 더 강한 군대를 건설해야" 될지도 모른다고 말했다.27 아시아의 다른 모든 국가도 마찬가지다. 바다가 점점 더 무기들로 가득 차게 될 것 같다.

민주가 아니라 권력

해군이 왜 필요한가? 21세기 초반 50년의 남중국해가 미국인들에게 그 답을 제공할지도 모른다. 미 해군은 미국인들에게 그들의 임무를 설명하기 위해 한동안 애를 써왔다. 해군기지 근처에 살지 않는 평범한 미국 시민에게는, 평생 한번 보기도 힘들고 뉴스를 통해 많이 접하지도 않는 수백 척의 군함을 위해 수천억 달러를 써야 하는 이유에 대한 설명이 필요하다.

물론 지난 10년 동안 이라크와 아프가니스탄에서 미국의 지상군이 끔찍한 전쟁에 참여하고 있다는 뉴스 헤드라인은 많았다. 전쟁에 참여한 군인들의 온갖 시련과 고난이 언론 매체들을 사로잡았다. 상륙작전을 위해 투입된 해병대도 결국 그 두 중동 전쟁에서는 지상군의 일원이 되었다. 하지만 미국의 입장에서 그 두 전쟁이 끝나고, 중국의 부상으로 인해 동아시아에서 전과 다른 좀더 불안정한 안보 환경이 만들어지면 상황은 바뀔 것이다. 그리고 아시아가 주로 바다로 이뤄져 있기 때문에 미 해군은 전에 없던 매력적인 임무를 부여받을 것이다. 하지만 문제는 동아시아 바다의 심장과도 같은 남중국해 인근 국가들의 '핀란드화'를 막을 수 있도록 그 임무가 시의적절하게 부여될 수 있을 것인가 하는 점이다. 전 미 해군 중장 존 모건은 미국의 국방 예산 감축으로 인해, 타이완이나 베트남과 같은 국가들의 자유를 보장하는 세력균형을 유지해야 한다는 목소리가 가장 높은 시점에서, 미 해군을 철수시켜버리는 중대한 "해양에서의 전략적 실수"를 범하지나 않을까 걱정하고 있다. 특히 지난 세기에 미국과 베트남의 역사를 생각하면, 베트남을 군사적으로 보호하는 것은 미국인들이 원하는 바가 아닐지도 모른다. 하지만 베트남과 같은 나라가 상징하게 될 자유는 결국 미국 스스로의 미래에도 매우 중요하다. 다시 말하면, 문제는 우리의 가치만이 아니라, 그 가치들을 뒷받침해줄 수 있는 군사적 힘이다.

국제관계에서 모든 윤리 문제의 이면에 힘의 문제가 놓여 있다는 것은 사실이다. 1990년대 발칸반도에서 인도주의적 개입이 가능했던 이유는, 세르비아 정권이 핵무기도 없고 강대국도 아니었기 때문이다. 반대로 같은 시기 체첸에서 비슷한 규모의 잔혹 행위를 저지른 러시아에 대해서 서방 세계는 아무것도 하지 않았다. 러시아의 영향권 아래에 있는 코카서스 지역에서 인종 청소가 벌어졌을 때도 마찬가지였다. 향후 수십 년간 서태평양에서의 윤리는, 지역 안정을 위해서 우리가 가장 소중히 여겨온 이상들을 포기해야 함을 의미하게 될 것이다. 그렇지 않고서야 어떻게 준권위주의 체제인 중국의 군사력 확대를 어느 정도 용인할 수 있겠는가? (내부적으로 사회경제적 붕괴를 막기 위해서라도 중국의 군사력은 계속 팽창할 것이다.)

자유를 지켜내는 것은 때때로 서방의 민주주의적 가치들이 아닌, 세력균형 그 자체다. 그리고 그 점 역시 인본주의자들이 별로 좋아하지 않을, 21세기의 남중국해가 우리에게 가르쳐주는 또 하나의 교훈이다.

제2장
중국의
카리브해

아시아의 군비 경쟁과 중국의 위협

자본주의적 번영이 군사력 증강으로 이어지는 것은 냉혹하지만 엄연한 현실이다. 급속히 발전하고 있는 국가들은 외부 세계와 더 많은 교역을 하게 되고, 결과적으로 물리적인 수단을 이용해 보호해야만 하는 세계적 관심사에도 눈을 뜨게 된다. 19세기 후반 남북전쟁 이후, 미국의 경제적 부상은 강력한 해군력의 구축으로 이어졌다. 20세기로 진입하던 시기에 유럽 산업 발전의 정점은 제1차 세계대전을 초래한 군비 경쟁이었다. 현재 유럽 군사력의 상대적인 약화는 순전히 미 해군과 공군의 해상 교통로 보호에 무임승차해왔기 때문이다. 마찬가지로 중국과 다른 아시아 국가들도 미 해군과 공군이 제공하는 경찰 서비스에 무임승차하고는 있지만, 그들의 상황은 21세기 초반의 유럽 국가들과는 완전히 다르다. 아시아 국가들은 주권 문제에 관해 서로 대립하는 주장을 펼치고 있지만, 북대서양조약기구나 유럽연합과 같은 통합의 도구는 부족하다. 앞 장에서 본 바와 같이, 많은 아시아 국가는 그들의 역사에서 처음으로 강력하고 결집력 있는 정치체제를 다지고 있으며, 결과적으로 큰 자긍심을 느끼고 있다. 수십, 수백 년 만에 처음으로 지상에서 안정을 누리게 되자 영토 주권에 관한 요구를 바다로까지 확장시키게 되었다. 제2차 세계대전 직후의 유럽이 지겹고 메스껍게 생각했던 근대적인 민족주의를, 이들 아시아 국가는 오히려 새롭게 받아들이고 있다. 그렇게 힘의 정치가 아시아를 지배하고 있다. 그것은 아시아인들이 싸워 이겨야 하는 이념이 아니라, 지도 위에 그려져 있는 현실 공간이다. 아시아의 지도자들이 군사력을 과시할 수 있게 된 것은 1970년대부터 2000년대까지 지속된 급속한 경제성장, 그리고 특히 최근까지 지속된 중국의 경제성장 덕분이다. 18세기 후반 이후 산업혁명 기간에 대영제국이 1인당 국민소득을 2배로 증가시키는 데 60년이 걸렸고 남북전쟁 이후의 미국은 50년이 필요했지만, 중국은 20세기 후반 경제 도약을 시작한 이후 1인당 국민소득을 2배로 증가시키는 데 10년밖에 걸리지 않았다. 아시아 전문가인 빌 에모트 전 『이코노미스트』 편집장에 따르면, 아시아의 1인당 국민소득은 1950년 이후 60년도 안 되는 기간에 7배나 증가했다.[1]

아시아의 군비 증강은 경제성장과 나란히 진행되었다. 호주국립대학 전략국방연구센터 교수인 데즈먼드 볼은 1980년대 후반부터 1990년대 후반까지 아시아의 국방비 지출이 급격히 늘어, 전 세계 국방비 지출 가운데 아시아의 비중이 11퍼센트에서 20퍼센트로 거의 2배 증가했다고 말했다. 전 세계 무기 수입 가운데 아시아가 차지하는 비중도 15퍼센트에서 41퍼센트로 증가했다. 중국 경제가 1997~1998년의 아시아 금융 위기 때에도 건재했기 때문에, 중국의 국방 예산은 1988년 이후 거의 매년 두 자릿수의 증가율을 기록해 지난 20년간 8배로 늘어났다.[2] 2011년에도 중국의 국방 예산은 전년 대비 12.7퍼센트 증가해 거의 1000억 달러에 이르렀다. 미국의 국방 예산이 7080억 달러에 이르기는 하지만, "두 나라는 반대 방향으로 움직이고 있다".[3] 나아가 미 국방부는 중국의 전체 국방 관련 지출이 2009년 기준으로 1500억 달러에 달한다고 추정했다. 그리고 분명한 것은, 그 이후 계속 증가하고 있다는 점이다.[4] 중국은 이제 전 세계에서 국방비 지출이 두 번째로 많은 나라가 되었으며, 이미 중국과 일본의 국방비 지출은 독일과 러시아를 한참 앞서 있다.[5]

볼은 아시아 국가들의 방위비 지출이 '위협적이지 않은' 일반적인 전력 강화 및 현대화 단계에서 '도발action-대응reaction' 단계로 이동해왔다고 봤다. 동남아시아 연안의 여러 나라는 특히 군함과 잠수함, 탄도 미사일과 크루즈 미사일, 미사일 방어 체제 그리고 모든 종류의 전자전과 사이버전에서 열띤 군비 경쟁을 벌이고 있다. 이것이 바로 포스트모던 민족주의다.

더 우려스러운 점은 이 새로운 아시아의 군비 경쟁 및 그와 연관된 지역 안보의 판도가 양극단으로 나뉘었던 냉전 시기보다 '훨씬 더 복잡'해지는 데 있다고 볼은 지적한다. 상호작용의 접점이 훨씬 더 많아지면서 오판과 그에 따른 불안정성도 높아지기 때문이다.[6]

해상의 군함이 미사일 공격에 점점 더 취약해지면서 잠수함 구매를 서두르는 상황에 특히 주목할 필요가 있다. "잠수함은 누구나 원하는 새로운 사치품이죠"라고 싱가포르의 라자랏남 국제연구원의 버나드 루 푹 웽이 내게 말했다. 잠수함은 해저에서 정보 수집 활동을 하며 이동 한다는 점에 유의해야 한다. 예를 들면, 인도적 구호를 포함한 다양한 임무 수행에 유용한 항공모함은 그 자체로 한 나라의 위상을 드높이기 도 하지만, 잠수함은 오로지 공격용이다. 상대국의 의도와 능력에 관한 정보를 수집하고 제공해 정세 안정의 목적으로 사용된다 해도 마찬가 지다. 다른 한편, 잠수함은 물 아래로 들어가는 순간부터는 누구도 그 위치를 정확히 알 수 없기 때문에, 잠수함 구입은 군사적 균형에 위험 한 불확실성을 증가시킨다. 잠수함은 그 존재를 숨긴 채 마음대로 해역 을 순찰할 수도 있다.

중국은 현재 60척 이상의 잠수함을 보유하고 있고, 향후 수년 안에 75척 수준까지 늘어날 것이다. 이는 미국이 보유한 잠수함보다 약간 많 은 수치다. 미 해군 해상작전센터의 제임스 버서트와 미국 해전대학의 브루스 엘러먼에 따르면, 미 해군의 대잠수함ASW 전력이 감소하고 있 는 상황에서 중국은 2000년 이후로 "미국보다 4배나 많은 신형 잠수 함을 건조하고 있으며", 2005년 이후로 보면 그 차이는 8배로 늘어난 다.7 중국이 보유하고 있는 것은 대부분 디젤 잠수함인 데 반해 미국은 모두 핵추진 잠수함인데, 중국의 최신 위안급 디젤 잠수함은 핵추진 잠수함보다 훨씬 더 조용하다. 또한 중국에게 서태평양은 앞마당과 같 기 때문에, 중국의 잠수함들은 미국처럼 아시아의 작전 지역에 도착하 기 위해 지구 반 바퀴를 돌아와야 할 필요가 없다. 중국의 거침없는 군 사력 증강은 역설적으로 향후 중국이 유화적인 외교 정책을 채택할 수 있음을 의미한다. 시간은 중국의 편이기 때문이다. 현재의 전함 건조와 퇴역의 속도로 볼 때, 2020년대 후반에 이르면 중국은 서태평양에서 미국의 태평양 함대보다 더 많은 전함을 보유하게 될 것이다.

인도, 한국, 베트남은 2010년대 말까지 각각 6척의 잠수함을 구입할 것으로 예상된다. 호주는 향후 20년간 12척의 새 잠수함을 구입할 예정이다. 물론 예산 상황에 따라 그 수치를 하향 조정할 수도 있다. 싱가포르, 말레이시아, 인도네시아는 조만간 각각 2척의 잠수함을 구입할 것이다. 말레이시아의 국방비 지출은 2000년 이후 2배 증가했는데, 2005년에서 2009년 사이의 재래식 무기 배치가 그 전 5년에 비해 722퍼센트나 증가했다. 말레이시아는 원래 1980년대에 스프래틀리 군도의 앰보이나 산호초를 합병한 베트남에 대항하기 위해서 잠수함 도입을 고려했는데, 중국이 부상하자 이들 잠수함의 다른 가치를 발견하게 되었다. 남중국해의 남쪽 끝에 위치한 작은 도시국가인 싱가포르는 이제 전 세계에서 열 손가락 안에 드는 무기 수입국이 되었다. 반면에 호주는, 다시 말하지만 예산이 허락하는 한, 향후 20년 동안 2790억 달러라는 엄청난 돈을 새 잠수함과 구축함 그리고 전투기 구입에 지출할 것으로 예상된다. 각국 정부와 조선업체들에게 시장조사 서비스를 제공하는 AMI 인터내셔널에 따르면, 한국과 일본에서 진행되고 있는 군 현대화 프로그램을 포함해 아시아 국가들은 2030년까지 111척의 잠수함을 구입할 것으로 예상된다.[8]

한국은 아시아태평양 지역의 이 미친 듯한 군비(특히 해군) 경쟁의 가장 좋은 예가 될 것이다. 2006년에 한국은 2015년까지 국방비 지출을

2배가 넘는 1조2400억 달러까지 증가시키기로 결정했다. 한국은 잠수함이나 호위함 같은 것은 물론 특히 128발의 미사일을 장착한 6척의 세종대왕급 이지스함에 투자하고 있다. 그런 다음 F-15K 슬램 이글 전투기들과 4대의 보잉 737 조기경보기AWACS 그리고 F-35 통합전투공격기도 구매했다. 일본은 2009년 말 대잠수함 전쟁에 필수적인 최신예 헬리콥터 모함인 22DDH 건조를 승인했다.9 아시아의 군비 경쟁은 지난 수십 년간 주요 언론 매체들이 가장 적게 다룬 주제들 중 하나일 것이다.

미 해군에 비하면 왜소해 보이는 아시아 국가들의 해군은 모두 그 규모를 증대시키고 있지만, 미국의 군함 수는 향후 수십 년에 걸쳐 차츰 줄어들 것이다. 경제적, 외교적 다극화가 결국 앞 장에서 말한 군사력의 다극화를 초래할 것이다. 이 군사력의 다극화는 서구 제국주의 세력이 아닌 각 지역의 국가들이 자신의 자원을 통제할 수 있는, 좀더 자유롭고 정의로운 세계를 의미한다. 중국은 최근에 자신의 첫 항공모함을 바다에 띄워놓았는데, 과장을 조금 보태면 그것은 미국의 항공모함 같은 것이라기보다는 러시아와 우크라이나의 '고철'을 수리해놓은 듯한 수륙양용의 전투함정이었다.10 미국의 해군 관료들은 별로 걱정하지 않았을뿐더러 그럴 필요도 없었다. 중국의 승무원들이 항공모함전단을 적절히 운용하기까지는 적어도 수년, 수십 년의 훈련이 필요할 것이다. 만약 중국이, 비록 '가정'이기는 하지만, 해군의 현대화와 해군력 증강에 지속적으로 힘을 기울인다면, 2050년에는 서태평양과 인도양 주변에 9척의 항공모함을 갖게 될 것이다. 반면 미국은 같은 수의 항공모함으로 전 세계를 순찰하게 될 것이다.

미래를 단선적으로 예측하는 것은 분명 위험하다. 과거부터 현재까지의 추세가 미래에도 반드시 지속되는 것은 아니다. 하지만 중국이 지난 수천 년의 역사에서 어떻게 거대한 제국을 만들어왔고 또 어떻게 거대한 세계 문명을 형성해왔는지를 생각해본다면, 지난 150년 동안의 추락이 오히려 예외적이며 지금은 원 상태로 바로잡고 있다고 보는 것이 합리적이다. 중국의 경제성장률이 낮아지고 있고 내부적 긴장감은 높아지고 있다 해도 그렇다. 게다가 최근의 항공모함 출항은 해안선을 보호하는 '해상억지sea denial' 유형에서 좀더 강력한 '해상통제sea control' 유형으로, 즉 자신의 해군을 대양해군으로 발전시키려는 중국의 야심을 잘 보여준다.[11] 실제로 중국은 2012년에 최대 800명의 병력과 호버크라프트,● 장갑차, 중형 수송 헬리콥터를 탑재할 수 있는, 자신의 네 번째 071형 상륙함을 출항시켰다. 전체적으로는 8척을 건조하려고 계획하고 있다. "거대한 수륙양용 돌격함대를 보유한다는 것은 분명 힘을 과시하고자 하는 욕망을 나타냅니다"라고 런던의 국제전략문제연구소IISS의 연구원 크리스티앙 르미에르가 말했다. 중국은 또한 일군의 연안작전용 056형 스텔스 호위함을 출항시켰다. 한편 중국은 2010년에 한국을 제치고 세계 최대의 조선 국가가 되었으며, 그들의 최신예 잠수함과 해상군함은 이제 선진적인 대공 방어 무기들과 장거리 대함 방어 미사일도 갖추고 있다.[12]

● 선체 아래쪽에서 강한 압축공기를 수면으로 내뿜어 추진력을 얻는 수송 수단. 공기부양정이라고도 한다.

글로벌 정보 기업인 스트랫포의 부사장이자 동아시아 전문가인 로저 베이커에 따르면, 중국은 충분한 경험을 쌓기 위한 훈련과 실전 배치에 박차를 가하고 있으나, 함대 운용에 필요한 여러 기능을 제어할 수 있는 통합 시스템을 충분히 개발해 실행하지는 못하고 있다. 하지만 남중국해나 동중국해와 같은 근해에서의 억지와 방어만을 위해서라면 통합적인 편대 운용이 필수적인 것은 아니라고 그는 덧붙였다. 예를 들면, 육지에 배치된 공군 및 미사일에 의존하는 벌떼작전이 가능하기 때문이다. 중국은 또한 이른바 '복합 펀치combination punch'도 이용할 수 있다. 2012년 말 동중국해의 센카쿠열도(중국명 댜오위다오)에 대한 일본의 실효 지배에 반발해, 중국은 "해군과 공군 그리고 전략미사일 부대의 합동작전 개시"와 더불어 국내적으로는 반일 시위를 독려하는 한편 도쿄에서 열린 주요 금융 관련 회의 참석을 거부하는 등 경제 보복 위협을 가했다.[13] 그 외에 또 다른 국가 기관을 통해서도 외교적으로 상대방에게 압력을 가할 수 있다. 그렇다면, 해군 함대가 군이 잘 싸워야 할 필요는 없다. 중국이 해안경비대와 같은 다수의 해상민병대를 중시하고 있다는 점을 주목해야 한다. 그들은 미국의 대응 조치를 걱정하지 않고 이웃 국가들을 괴롭힐 수 있다. 남중국해와 동중국해에는 미국의 해안경비대가 없기 때문이다.

미국은 국내총생산GDP의 4.7퍼센트를 방위비로 쓰는 반면, 중국은 2퍼센트 정도에 불과하다는 점도 기억해야 한다.[14] 국방 예산을 계속 증가시킬 여지가 있는 것이다. 마찬가지로 동아시아 국가들은 전반적으로 지난 수십 년간 극적인 경제성장에 성공함으로써 국내총생산에서 차지하는 국방 예산의 비중을 크게 늘리지 않고서도 군사력 강화가 가능했다.

전략의 측면에서 볼 때, 해군과 공군은 분리될 수 없기 때문에 2011년 1월 11일 당시 미국의 국방부 장관이었던 로버트 게이츠가 베이징에서 후진타오 주석을 만나기 불과 몇 시간 전에 중국이 J-20 스텔스 전투기 테스팅 모델의 시험 비행을 실시한 것은 특히 상징적인 의미를 갖는다. J-20은 현재 전 세계에서 유일하게 실전 배치된 미국의 F-22 랩터와 경쟁하기 위해 고안되었다. "F-22보다 본체와 연료 탱크가 크기 때문에 더 높고 빠르게 비행할 수 있으며, 적에게 감지될 위험도 훨씬 적다."[15] 중국은 2000년 이후 전체 전투기를 3000대에서 2000대로 줄였지만, 현대적인 4세대 전투기는 50대에서 500대로 늘렸다.[16] 군사력의 현대화란 사실 규모는 작지만 최신의 전력 구조를 갖추는 것임을 보여주는 훌륭한 사례다. 그렇다. 아시아 국가들은 많은 배와 비행기를 구입하고 있다. 그러나 좀더 중요한 것은 그들이 차세대 위성 정찰 시스템, 현존 미사일 체계 및 전자전과 사이버전 능력과 결합시킬 수 있는 최고의 무기들을 구매하고 있다는 점이다.

미 국방부에 따르면, 중국은 "전 세계에서 가장 기민한 육상 탄도미사일과 크루즈미사일을 가지고 있다."[17] 중국의 새로운 육상 대함 탄도미사일은 위성이 제공하는 위치추적 시스템의 정보를 이용하여 미국의 군함, 특히 항공모함을 위협할 수 있다. 미국은 여전히 대규모로 보복할 수 있는 힘을 가지고 있긴 하지만, 자신들의 항공모함, 순양함, 구축함, 호위함이 전과는 달리 더 이상 불가침의 영역이 아니라는 바로 그 점이 미국의 항공모함 전단 배치에 영향을 미칠 수 있다. 경쟁자의 행위에 영향을 미치는 것이 바로 힘의 본질이다.

예일대학의 정치학 교수인 폴 브래큰에 따르면, 중국은 미국의 해군과 공군을 동아시아의 해안선으로부터 밀어내는, 적의 '해군에 대응하는' 전통적인 해군 육성에는 그다지 힘을 쏟지 않고 있다. 중국 무인기에 장착된 레이저 탐지기나 중국 잠수함의 수중음파탐지기의 신호들, 중국 스마트 기뢰의 소음과 같은 것은 모두 미 전함에게 베이징이 너희의 움직임을 파악하고 있으니 만약 중국 해역에 접근할 경우 위험에 직면하게 될 것이라는 점을 알려주기 위해 고안되었다. "군사적 충돌로 위태롭게 만들기에는 중국과의 관계가 몹시 중요하기 때문에" 이러한 접근 차단 전략anti-access strategy은 정치적으로 워싱턴에 큰 영향을 미친다. "중국의 이런 영리한 전략은 군사적 힘의 균형을 아직 중국 쪽으로 기울게 하지는 않았지만, 미국의 정책 결정에 새로운 위험 요인을 증가시키죠"라고 브래큰은 덧붙였다.[18]

미국의 군사전략가들은 이런 변화를 빠짐없이 감지하고 있다. 북아프리카와 중동의 중요한 사건들에도 불구하고, 미국은 아시아 또는 인근 태평양과 인도양, 북극해에 압도적인 규모의 해군을 유지하고 있다. 미국은 현재 11개의 항공모함 전단을 운영하고 있는데, 그중 여섯을 태평양과 인도양에 집중 배치하고 있다. 미 태평양 함대 해병대는 미국의 해병부대 중 가장 규모가 크고, 태평양 공군 사령부는 미 공군 사령부대 중 가장 크다. 기술적으로 말하자면, 이 공군과 해군이 전 세계 50퍼센트의 지역에 펼쳐져 있지만, 실제로는 주로 중국과의 세력균형에 초점을 맞추고 있다. 왜냐하면 중국은 잠수함과 전투기 외에도 75척의 주요 전함을 보유하고 있으며, 비록 중고이긴 하나 항공모함도 한 척 가지고 있기 때문이다. 그리고 머지않은 미래에 4~6척의 항공모함을 추가로 도입할 계획이다.[19]

미 국방부가 대외적으로 부인할지는 몰라도, 태평양에서 미군의 배치가 중국을 겨냥하고 있다는 건 피할 수 없는 현실이다. 애런 프리드버그 프린스턴대학 교수에 따르면, 그것은 중국이 여러 척의 잠수함과 군함, 전투기를 보유하고 있기 때문이 아니라, 중국이 "지리적으로 아시아의 중심에 위치해 있고, 인구·경제 규모 그 자체로 모든 인접 국가에 잠재적인 위협이기" 때문이다. 동시에 "미국과는 달리 중국은 남중국해에서 물러날 수도 없다. 이 사실 하나만으로도 중국의 의지를 거스르려 하는 작은 국가들은 좀더 망설이지 않을 수 없을 것이다"라고 그는 덧붙였다.[20] 중국은 "전 세계적인 차원에서는 천천히 개입을 확대"하고 있지만, 우선 아시아를 포위하고 있는 것만은 확실하다.[21] 미 해군대학 교수인 앤드루 에릭슨의 견해에 따르면, 미 해군과 공군은 전 세계에 넓게 퍼져 있지만, "중국은 기본적으로 남중국해에 집중할 수 있는 여건을 가지고 있다".[22] 이는 군사적인 측면만이 아니라, 경제적인 측면에서도 사실이다. 중국의 국방 예산이 크게 치솟았는데도 불구하고, 아세안 회원국들과의 무역은 2000년 이후 10년간 640퍼센트 급증했다.[23] 다른 말로 하자면, 남중국해 연안의 국가들은 핀란드화를 피하기 위해서는 지금과 같은 미국의 방위비 예산 감축의 시대에도 미 해군과 공군의 변함없는 지원에 의지해야 한다. 아니면 중국의 갑작스런 경제적,

국내적 불안정성의 증대가 베이징의 국방 예산 증가에 영향을 미칠 가능성을 기대해야 한다. 분명히 말하지만, 다른 아시아 국가들, 특히 남중국해 지역 국가들의 실질적인 독립을 위협하는 것은 중국 공군과 해군의 급성장과 함께 아시아 국가들 간의 무역 급성장이 결합되었기 때문이다.

논쟁할 수 없는 주권

동북아시아에서는 미군 부대가 배치된 일본과 한국 그리고 중국이 대략적인 세력균형을 이루고 있지만, 남중국해에서는 중국이 훨씬 더 커다란 위협이다. 군사화가 빠르게 진행되고 있는 지금 시점에서, 미국의 군대와 정치권은 베트남이나 말레이시아, 필리핀에 대해서는 한국과 일본에 대해서만큼은 애착이 없기 때문이다. 미국이 과거 베트남과 필리핀에서 전쟁에 참여하기는 했지만, 현재는 수만 명 규모의 병력을 일본과 한국에 주둔시키고 있다. 남쪽의 약한 국가들은 이제 막 무기를 비축하기 시작한 반면, 일본과 한국은 그보다 훨씬 강력한 군산복합체를 보유하고 있다. 이것이 향후 미국의 방위비 삭감으로 인한 비판에 남중국해가 가장 뚜렷한 정치적, 도덕적 근거가 되는 이유다. 이곳은 중국이 다른 국가들과의 군사력 격차를 점점 더 벌리고 있다 해도, 모두가 온 힘을 다해 군비 확충에 나서고 있는 지역이다.

앞 장에서 언급한 것과 지리적으로 조금 다르게 정의한다면, 남중국해는 서남쪽의 말라카 해협에서 시작해 북쪽과 동북쪽의 바시 해협, 발린탕 해협 그리고 타이완 해협까지 연결된 해역이다. 즉 중동과 인도 대륙의 해상세계를 동북아시아로 연결시켜준다. 지중해가 유럽의 중심이듯 남중국해는 아시아의 중심이다. 만약 페르시아만과 동북아시아가 미국이 결코 다른 강대국이 지배하도록 내버려두지 않을 비서방 세계의 두 핵심 지역이라고 가정한다면, 그 둘 사이에 위치하며 에너지가 풍부한 남중국해는 세 번째 핵심 지역이 된다. 사실, 지정학적 측면에서 비서방 세계에서 가장 중요한 지리적 요새라고 주장할 수도 있다. 그 이유는 앞으로 점점 더 분명해질 것이다.

첫째, 왜 남중국해가 중국에게 특별히 중요한 의미를 갖는지 생각해 봐야 한다. 싱가포르 난양이공대학의 중국 안보 문제 전문가 리밍장李明江에 따르면, 남중국해는 중국에서 인구가 가장 많고 발전한 화난華南 지역 안보를 위한 '천연 방패'다. 남중국해에서 '강력한 거점'을 갖게 되면, 중국은 인도네시아까지 약 1000마일이 넘는 전략적 '배후지'를 갖게 되고, 태평양과 인도양을 이동하는 미 해군 7함대를 '견제'할 수 있게 된다. 또한 남중국해에서 강력한 거점이 생기면 중국의 해군은 미국이 지배하고 있는 서태평양 제1열도선의 포위망을 돌파하는 데 유리하다. 게다가 중국의 전문가들은 다른 경쟁국들이 남중국해에서 이미 중국의 역외 원유 생산량의 몇 배가 넘는, 1000개 이상의 유정을 발굴했다며 불평한다.[24] 남중국해의 석유와 천연가스를 통제하게 되면, 중국은 중동의 에너지에 덜 의존하게 될 것이다.[25]

중국은 자신의 남중국해 영유권에 대해 '논쟁의 여지가 없다'고 주장한다. 중국의 해군사령관 우셩리吳勝利는 "만일 내가 당신의 팔다리를 자른다면 어떤 느낌이겠습니까?"라며 싱가포르에서 열린 포럼에서 물었다. "그것이 바로 남중국해에 대한 중국의 감정입니다." 중국 관료들은 그것을 '쪽빛 국토藍色國土'라고 부른다.26

그들의 말에 따르면, 남중국해에 대한 중국의 주장은 역사적 기원을 가지고 있다. 중국의 분석가들은 기원전 2세기 한나라 때 그들의 선조들이 남중국해의 섬들을 발견했다고 주장한다. 3세기에 중국의 대표단이 캄보디아로 가는 길에 스프래틀리 군도와 파라셀 군도에 관한 기록을 남겼고, 송나라와 원나라 때인 10세기부터 14세기 동안의 많은 공식·비공식 기록이 남중국해가 중국의 영토 경계선 안으로 들어왔음을 보여주고 있으며, 15세기부터 19세기까지 명나라와 청나라 시기의 다양한 지도가 스프래틀리 군도를 중국의 영토로 포함시켰고, 20세기 초 청나라 말기에 중국 정부는 파라셀 군도에 대한 관할권을 행사하는 조치를 취했다고 주장한다. 중국의 어민들이 수백 년 동안 남중국해에서 향유했던 실질적인 권리들 그리고 그들이 크고 작은 섬과 암초들을 지켜왔다는 상세한 기록은 말할 것도 없다.27

게다가 제2차 세계대전 전후에 국민당 정부가 만든 여러 공식 지도는 남중국해의 마른 땅으로 된 지형물들을 중국 영토의 일부로 포함시켰다. 중국의 분석가들은 자신들이 주장하는 구단선九段線●처럼 소 혓바닥 모양의 U자 형태를 나타내는 이 지도들이 유엔해양법협약을 근

● 중국과 타이완이 주장하는 남중국해의 해상 경계선.

거로 한 현재의 국제법 해석보다 우선한다고 주장한다. 그럼에도 불구하고 리밍장이 지적하듯이, 많은 중국 전문가는 이 역사적인 구단선이 "남중국해 전체에 대한 완전한 주권을 의미하지는 않는다"는 점을 인정하고 있다. 중국의 타협 의사를 보여주는 한 예가 바로 2004년 베트남과 타결한 '통킹만 해양경계획정에 관한 협정'이다. 이 협정으로 중국은 통킹만의 46.77퍼센트, 베트남은 53.23퍼센트에 대한 권리를 갖게 되었다.[28] 그러나 통킹만은 지리적으로 특수한 사례다. 반쯤 닫힌 남중국해의 부속물과 같은 통킹만에서는 베트남과 중국이 거의 폐쇄공포증을 느낄 만큼 가까웠기 때문에, 중국으로서는 더 넓은 바다에 대한 영유권 주장을 포기하지 않은 채로 타협할 수 있었다. 중국이 주도적인 지위를 추구하고 있다 해도 그것이 불합리할 것이라 예단하면 안 된다. 다른 한편으로는 중국 내부의 민족주의적인 반발이 두렵기 때문에 중국이 소의 혓바닥을 너무 쉽게 양보할 수도 없다.

중국은 자신의 역사적 주장을 따라 군대를 움직이고 있다. 신형 핵추진공격잠수함SSN과 핵추진탄도미사일잠수함SSBN을 북쪽의 칭다오로부터 움직여 한국의 황해를 거쳐 남중국해의 중심인 하이난섬 위린에 재배치시켰다. 1990년대 이래로 중국의 잠수함들은 남중국해를 마음껏 돌아다니고 있다.[29] 중국은 영토 분쟁 중인 남중국해의 많은 섬과 환초 위에 인민해방군 부대를 주둔시키고 정교한 통신 시설을 설치해왔다.[30] 특히 하이난에는 대규모 군용 전자 설비를 갖추었다. 광범위한 통신·정보 수집 인프라와 함께, 최신형 잠수함들을 하이난으로 이동시키면서 중국이 "남중국해를 점차적으로 통제하고 있다"고 버서트와 엘러먼은 말했다.[31] 요컨대, 중국은 바다를 통제하기 위해서 육지를 이용하고 있는 것이다.[32] 남중국해 전역에서 군사력을 발휘할 수 있도록 공중 급유 프로그램을 발전시키고 있는 것을 보면, 중국이 육지와 떨어진 먼바다에도 야심을 가지고 있다는 것을 알 수 있다.[33] 사실, 역사적으로는 중국의 남중국 함대의 현대화가 가장 늦게 진행되었지만, 지난 10년간 중국이 최신의 해군 전투부대와 항공기를 남중국해로 보내면서 이런 상황도 빠르게 바뀌고 있다. 베트남 방향으로 돌출된 하이난에서 남중국해로부터 가장 가까운 근거지를 가질 수 있게 되었다. 하이난의 "광활한 지역 여기저기에 세워진" 야롱만亞龍灣의 새 해군기지는 1킬로미터 길이의 군함 부두와 230미터의 길이의 잠수함 부두를 갖추고 있다. 그 잠수함 부두는 항공 정찰을 방지하기 위해 특수하게 설계된 잠수함 터널의 보호를 받고 있다. 신형 F-15SG 전투기, 아처급 잠수함 그리고 포미더블급 호위함 등을 보유하고 있는 싱가포르를 비롯해 많은 동남아시아 국가도 공군과 해군을 현대화시키고는 있지만, 전력 면에서 그들은 계속 중국에 뒤처지고 있다.[34]

미어샤이머의 질문

사실, 중국의 행동이 특별히 공격적인 것은 아니다. 중국은 열대와 온대 지역에 걸쳐 길게 뻗어 있는 해안선을 가진 광활한 대륙을 차지하고 있으며, 엄청난 인구와 경제력을 보유한 국가다. 훨씬 작고 약한 국가들이 모여 있고, 많은 양의 석유와 천연가스가 매장되어 있을지도 모르는 인근 해역을 지배하려 한다는 사실은 자연스럽기만 하다. 그렇지 않다면 지난 수천 년에 걸쳐 지속된 강대국들의 힘의 정치를 어떻게 설명할 것인가. 시카고대학의 정치학자 존 미어샤이머는 다음과 같은 도전적인 주장을 펼친다. "점점 더 강력해지는 중국은 서반구에서 미국이 유럽을 밀어냈던 것처럼 아시아에서 미국을 밀어내려 할 것으로 보인다. 우리는 왜 중국의 행동이 미국과 다를 것이라고 기대하는가? 중국이 우리보다 더 원칙에 따라 행동하는가? 더 윤리적인가? 덜 민족주의적인가?"[35] 결론적으로, 중국이 내부의 사회경제적 격변으로 성장이 멈추거나 그 속도가 늦춰지지 않는 한, 중국의 군사적 부상에 대해 미국도 대대적인 전략 수정이 필요할 것이며, 이는 남중국해 연안 국가들에게 거대한 정치적 파급 효과를 가져올 것이다.

중국이 남중국해를 군사적으로 지배하게 될 때 나타나는 더 큰 전략적 효과는 무엇일까? 다시 말하면, 남중국해가 중국에게 어떤 실제적 의미를 갖는가? 중국이 남중국해에 잠수함을, 전투기를 그리고 여러 무기를 배치하는 역사적 맥락을 이해하고 토론하기 위해, 카리브해에서 미국의 경험을 좀더 상세히 살펴볼 때가 되었다. 카리브해의 역사는 현재 남중국해의 긴장 상황의 또 다른 측면을 보여줄 것이다.

미국의 지중해

우리는 플로리다부터 베네수엘라까지의 카리브해와 멕시코만을 포함한 바다 일대를 대카리브해라고 한다. 이 대카리브해는 북아메리카와 남아메리카를 연결해 하나의 지정학적 시스템으로 통합시키는데, 그 크기는 한쪽이 1000마일, 다른 한쪽이 1500마일로 대략 남중국해의 크기와 비슷하다. 하지만 이 두 바다는 지도에서 정반대의 시각적 효과를 제공한다. 남중국해가 주변을 둘러싼 대륙과 섬들로 정의된다면, 카리브해는 그 중심에 위치한 크고 작은 섬들로 정의된다. 하지만 알다시피 지도는 아주 자세히 들여다보지 않으면 사람을 속이기도 한다. 왜냐하면 남중국해는 수많은 지형물로 가득 차 있고, 그것이 아무리 작다 하더라도 중요한 에너지 자원에 접근할 수 있는 열쇠를 갖고 있기 때문이다.

상품과 노예 교역의 증가를 가져온 사탕수수 혁명은 카리브해 역사의 핵심이다. 1770년경 카리브해의 모든 지역이 몇몇 유럽 국가의 식민지가 되었다. 하지만 노예 교역이 시들해지고 유럽인들의 관심이 북아메리카와 남아메리카의 온대지역으로 옮겨가면서 카리브해에 대한 유럽의 열정도 사라졌는데, 미국의 제국적 힘이 부상하게 된 것도 바로 이때였다. 미국이 북아메리카의 온대지역으로 뻗어나가는 과정은, 예를 들면 중국인들이 대륙의 운명으로 자행한 행위들만큼이나 '약탈적이었다'.36 특히 정치적 통합이라는 측면에서 현재의 중국보다 더 초기 단계였던 당시의 미국도 이미 대카리브해에 대한 지배력 행사를 추구하고 있었다. 미국의 입장에서 볼 때 대카리브해는 당연히 자신의 지정학적인 이해 범위에 포함되었는데, 이 점이 바로 1823년 먼로 독트린의 핵심이다. 19세기 초의 남아메리카는 유럽의 통치에서 대부분 자유로워지고 있었는데, 제임스 먼로 대통령과 존 퀸시 애덤스 국무장관은 유럽 세력이 후견 국가의 형태로 되돌아오는 것을 결사적으로 반대했다. 해군대학의 제임스 홈스의 말에 따르면, 그 두 사람은 '현 상태로의 동결'을 원했다. 미국의 대카리브해 지배는 고립주의도, 국제 협력의 포기도, 현지인들을 복속시키고자 함도 아니었다. 사실 먼로 독트린이 선포될 때 미 해군은 노예 무역을 종결시키기 위해, 대영제국의 해군과 함께 카리브해를 정찰하고 있었다.[37] 먼로 대통령은 카리브해에서 유럽의 해군을 완전히 축출하기보다는 그들이 다시 육지에 거점을 세우지 못하도록 막고자 할 뿐이었다. 먼로 독트린은 일반적으로 알려진 것보다는 훨씬 더 세심하게 설계된 것이었다.

카리브해가 지리적으로 미국에서는 가깝고 당시 막강했던 유럽 열강으로부터는 멀리 떨어져 있었다는 점이 중요하다. 남중국해가 중국에서는 가깝지만, 미국이나 다른 서방 세력으로부터는 멀리 떨어진 것과 마찬가지다. 20세기로 접어드는 시점에서 모든 유럽 열강 중에서도 자메이카, 트리니다드, 영국령 기아나, 영국령 온두라스, 소앤틀리스 제도와 같은 근거지와 함께 전 세계에서 가장 강력한 해군을 보유했던 영국은, 마치 지금 남중국해의 미 해군처럼 카리브해에서 미국을 압박할 수 있는 가장 좋은 곳에 포진해 있었다. 하지만 영국은 미국에 도전하지 않았다. 북미 대륙의 앞바다를 방어하기 위해 미국이 끝까지 싸울 것이라는 점을 알고 있었기 때문이다. 같은 이유로 이제 미국이 남중국해에서 공개적으로 중국에 맞서는 데에는 주의가 요구된다. 게다가 경제적·군사적으로 카리브해를 좌지우지한 것은 영국이었지만, 1917년이 되자 미국이 지리적 접근성과 경제력의 급상승에 힘입어 카리브해 전역에 대한 영국의 영향력을 능가하게 되었다. 아시아에서 중국의 영향력이 미국을 능가하고 있는 것과 마찬가지다. 카리브해는 그렇게 '미국의 지중해'로 불리게 된 것이다.[38]

역사학자인 리처드 콜린에 따르면, 19세기에서 20세기로 넘어오는 시점에 "교통, 통신, 산업 기술과 같이 일반적으로 말하는 모더니즘의 복합적인 결합이 세상을 변화시켰다."[39] 그리고 모더니즘은 새로운 경제적 이익을 보호하기 위해 모든 형태의 포함외교砲艦外交로 이어졌다. 마치 오늘날 포스트모더니즘이 아시아에서 항공, 해상, 전자전 및 사이버전으로 연결되는 것과 같다. 모더니즘은 또한 중앙아메리카를 가로질러 대카리브해와 태평양을 연결하는 파나마 운하 건설이라는 미국의 욕망으로 이어졌다.

1898년 스페인-미국 전쟁으로 서반구의 근대가 본격적으로 시작되었다. 전쟁은 스페인의 점령지였던 쿠바에서 발발했고, 미국은 남중국해에 있는 필리핀에서 스페인을 격퇴시켰다. 역사학자 콜린은 "미국도 국외에서의 전쟁에서 싸워 이길 수 있다는 점을 자신에게 그리고 유럽 세계에 보여주었다. 북부군과 남부군이 함께 싸우며 보여준 군사력의 통합은 남북전쟁 이후 강력한 미국을 만들어온 정치적·경제적 통합을 더욱 단단하게 만들었다"고 말했다.[40] 스페인-미국 전쟁의 발발은 미국이 카리브해 항로를 통제할 필요가 있었기 때문이기도 하지만, 패권을 추구하지 않는다는 미국식 예외주의의 종말을 의미하기도 했다. 미국 또한 일종의 제국이 된 것이다. 1898년에 의용 기병대를 이끌고 쿠바의 산후안 언덕을 점령한 이는 시어도어 루스벨트였다. 10년 뒤 대통령으로 퇴임할 때, 그는 카리브해와 태평양의 옛 스페인 식민지의 통치자이자 파나마 운하의 건설자 그리고 러일전쟁 중재 공로에 따른 노벨평화상 수상자이자 22척의 해군 전함을 이끄는 지휘관이었다. 마찬가지로 중국이 우호적이며 패권을 추구하지 않는다는 자신의 입장을 점차 유지하기 어렵게 된다면 미국의 전철을 밟을 수밖에 없을 것이다. 콜린은 "유럽을 신대륙으로부터 축출하는 것이 루스벨트 외교 정책의 기본이었다"고 주장했다.[41] 그렇다면 미어샤이머가 말한 대로 중국 역시 미국을 아시아에서 제거할 거대하고 장기적인 전략을 가지고 있을까?

1904년에 발표된, 먼로 독트린에 대한 『루스벨트의 추론Roosevelt Corollary』은 다음과 같이 명시했다. 미국은 "카리브해의 국가들이 국내외에서 정의를 실행할 능력 또는 의지의 부족으로 인해, 미국의 권리가 침해당하거나 외국의 공격을 초래해 전체 아메리카 국가들에 손실을 입힐 것이 분명한 경우에 한해서만, 오직 최후의 수단으로 대카리브해의 인민들에게 간섭하게 될 것이다". 루스벨트의 전쟁장관이었던 엘리후 루트는 특히 미국이 대카리브해에 대해 '실질적인 주권'을 가지고 있다는 그로버 클리블랜드 전 행정부의 정책에 반대했다. "우리가 가지고 있다고 말할 수 있는 것은 주권이 아니라 (…) 보호할 수 있는 권리일 뿐"이라고 루트는 말했다. 그가 머릿속에 떠올린 것은 파산 상태에 이른 불법적인 도미니카공화국과 베네수엘라의 정권들이었다. 그들은 유럽 채권자들의 간섭으로 위협받고 있었고, 채권자들은 곧 세관 사무소를 해군기지로 만들 참이었다. 그런 정권들의 무책임에 대한 분노로 머리털이 곤두선 루스벨트는 유럽인들이 그런 상황을 이용해 이득을 취하는 것을 두고 볼 수 없었다. 정도의 차이는 있지만, 유럽인들을 끌어들이겠다고 협박한 콜롬비아와 중앙아메리카 국가들의 정치적 혼란 속에서도, 미국은 파나마와 쿠바의 쿠데타 및 정권 붕괴에 크고 작은 방식으로 개입했다. 게다가 제1차 세계대전 발발 전 10여 년은 독일 황제 빌헬름 2세가 독일의 해군력 증강에 힘을 기울이던 시기였고, 루스벨트는 카리브해에서 "강력한 독일이 약한 스페인을 대체하는 상황"을 막고자 했다.[42] 카리브해는 바다를 향한 미 대륙의 자연적인 연장선이면서도 미국의 안보 환경에서 유럽의 공격에 가장 취약한 부분이기도 했다. 마지막으로, 카리브해는 파나마 운하 건설을 위한 정치적 환경을 조성하는 데에도 필요했다.

미국의 파병은 경제적 패권을 동반했다. '달러 외교'로 알려진 대출 보증을 포함해 미국은 좀더 많은 국가가 금본위제를 채택하도록 압박했으며 해당 국가들의 통화가 언제든 달러로 교환될 수 있도록 했다.[43] 이후 트리니다드와 쿠바에서의 본격적인 석유 생산이 미국의 개입에 또 다른 동기를 부여했다.[44] 결국 루스벨트 행정부는 미국의 대카리브해 지배가 그 정점에 이른 시기로 기록되었다. 이후 수십 년간 더 많은 군사적·경제적 개입이 진행되었으며, 그중 가장 유명한 것은 1915년 해병대 상륙으로 시작된 19년간의 아이티 점령이었다. 시어도어 루스벨트는 오늘날 중국이 남중국해에서 추구할 만한 세 가지 목표를 달성했다. 그는 카리브해에서 유럽을 몰아냈다. 그러면서도 정치적으로는 유럽과 밀접하게 협력했다. 동시에 라틴아메리카 사람들의 민감성에 대한 깊은 이해를 바탕으로 미국의 힘을 조절해나갔다.[45] 루스벨트의 경험을 참고로 한다면, 중국의 대전략은 미국과의 우호적인 정치적·경제적 관계를 유지하면서도 아시아의 지중해인 남중국해에서 실질적인 패권을 행사하기에 충분할 만큼 미국의 개입을 약화시키는 동시에, 동남아시아인과 그들의 문제에 대한 깊은 이해를 바탕으로 중국 자신의 힘을 적절히 조절해나가는 것이어야 한다.

미국의 지중해와 아시아의 지중해 사이에는 분명 큰 차이가 있다. 20세기로 접어들 무렵 카리브해의 크고 작은 국가들은 허약했고, 흔들렸으며, 심지어 폭발 직전이기도 했지만, 남중국해 주변의 위협적인 국가들은 그렇지 않다. 필리핀과 인도네시아를 제외하면 모두 강성 국가이고, 베트남은 경제가 제자리를 찾는다면 중견 국가로 성장할 가능성도 있다. 그리고 심지어 필리핀과 남중국해의 변두리에 위치한 인도네시아도 거대한 인구를 보유하고 있다. 그들의 정치경제 구조는 이웃 나라들에 비해 취약하지만, 20세기 초의 카리브해 국가들에 비해서는 훨씬 더 발전되어 있다. 끊임없는 혼란과 외부 개입이 대카리브해 지역에서는 하나의 특징이었지만, 남중국해에서 그런 것들은 별로 중요한 문제가 아니다.

그러나 분명하게 닮은 점도 있다. 두 지역 모두 대륙의 스케일을 지닌 미국, 중국과 연결된 해양이다. 20세기 중반 네덜란드계 미국인 지리전략가인 니컬러스 스파이크먼에 따르면, 미국은 대카리브해를 확고히 통제하게 되었을 때 세계적인 강대국이 되었다. 그에 따르면 지리적으로 서반구는 남아메리카와 북아메리카로 나뉘는 것이 아니라, 적도 부근의 아마존 정글을 중심으로 해서 그 북쪽과 남쪽으로 나뉘는 것이다. 가이아나는 물론 콜롬비아, 베네수엘라는 남아메리카의 북쪽 해안에 있지만, 기능적으로는 북아메리카와 미국의 지중해의 일부다. 미국의 지중해, 즉 대카리브해를 지배하게 되자, 남아메리카의 남쪽 국가들과는 거리상으로도 멀고, 넓은 열대삼림 지대로 가로막혀 서반구에서 미국의 도전자는 거의 사라졌다. 따라서 스파이크먼이 보기에, 대카리브해를 지배함으로써 미국은 서반구를 지배하게 되었고, 동반구의 세력균형에도 영향을 미칠 여력을 갖게 되었다. 대카리브해를 장악하고 나서 세계 경략에 나선 것이다.

아시아의 지중해에서 중국이 이와 비슷하다. 남중국해를 지배하게 되면 중국의 공군과 해군의 영향력은 인도양과 태평양을 포함한 유라시아 대륙 주변 지역의 바다와 하늘로 자유롭게 뻗어나갈 수 있을 것이다. 중국은 인도양과 태평양에서 실질적인 패권 세력이 되겠지만, 그것으로 미국이 서반구를 지배했던 것처럼 중국도 동반구의 지배적인 세력이 되는 것은 아니다. 그러나 그 자체로 중국을 동반구의 여러 강대국 중 첫 번째 국가로 만드는 데에는 큰 도움이 될 것이다. 그렇게 되면 중국이 남미의 서던 콘Southern Cone •이나 카리브해에 대해 기존보

• 브라질, 파라과이, 우루과이, 아르헨티나, 칠레로 이뤄지는 원뿔 지대.

84
지리 대전

다 영향력을 확장하는 데 있어서도 정치적·경제적 에너지를 훨씬 절약할 수 있다. 다른 말로 하자면, 남중국해는 이미 전 세계적 세력균형 유지에 결정적인 역할을 하고 있는, 세계 권력 정치의 핵심점이다. 중국이 남중국해를 통제한다 해서, 미국이 대카리브해를 통제했을 때처럼 세계로 나아가는 문을 열 수는 없을 것이다. 하지만 파나마 운하와 카리브해는 오늘날의 남중국해만큼 상품과 에너지의 해상 수송로 역할을 하지는 못했다는 점을 기억해야 한다.

따라서 우리는 자본주의적 역동성의 본질을 보여주는, 더욱 번영하고 있는 그러나 군비 증강이 진행되고 있는 아시아를 마주하고 있다. 그리고 그 중심에 아시아의 지중해가 있다. 남중국해에서 펼쳐지고 있는 군비 경쟁에서 중국은 이웃 국가들과의 격차를 벌리고 있으며, 시간이 좀더 지나면 미국이 카리브해에서 이루었던 성취에 다가가게 될 것이다. 하지만 그런 인식은 남중국해 지역의 정치적, 경제적, 문화적 지도 제작을 위한 대략의 윤곽만 제공할 뿐이다. 그 지도를 좀더 풍부한 붓놀림으로 그려내기 위해서는 3만 피트 상공에서 개별 국가들이 자리잡고 있는 지상으로 내려올 필요가 있다.

제3장
베트남의 운명

하노이의 생존의 길

하노이는 머리로 느끼게 된다. 베트남의 수도가 정지 화면으로 포착한 것은 역사의 흐름 그 자체다. 역사가 지정학에 의해 숙명적으로 결정된 역대 왕조들의 흥망성쇠만을 의미한다는 뜻은 아니다. 역사란 다른 한편으로는 용감한 개인들의 행위와 고뇌에 찬 판단들의 총합이기도 하다. 하노이 역사박물관에 전시된 지도, 디오라마들 그리고 거대한 회색 비석은 11세기, 15세기, 18세기에 중국의 송나라, 명나라, 청나라에 대항했던 열정적인 베트남인들을 기리고 있다. 10세기까지는 중국에 병합되어 있었던 베트남이 이후 중화제국으로부터 분리되어 독자적인 정치적 정체성을 유지해오고 있는 것은 과거의 어떤 이론으로도 적절히 설명할 수 없는 기적과도 같은 것이었다.

15세기 말 하노이의 문묘文廟에 세워진 82개의 진사제명비進士題名碑는 망각의 역사로부터 82명 중세 학자의 이름과 공헌을 감동적으로 불러내고 있다. 사실 베트남의 역사적 상상력은 특히 강렬하다. 나뭇잎으로 덮인 녹색 호수의 한가운데에는 13세기 원나라 침입의 격퇴를 기리고 있는 응옥선 사당이 있었다. 홍목과 금박, 향 내음에 둘러싸인 구릿빛 얼굴의 부처●를 모신 응옥선 사당의 번잡함은 좀더 엄숙한 호찌민 묘소 방문을 위한 영적인 준비의 기회를 제공해준다. 호찌민은 20세기의 위인 중 한 명이자 역사상 가장 위대한 실용주의자였다. 그는 마르크스주의와 유교, 민족주의를 결합해 중국, 프랑스, 미국에 대항하는 불쏘시개로 활용했으며, 이 세 제국에 대한 성공적인 저항운동의 기초를 다졌다. 수도 하노이의 많은 공식 회의실에는 마치 금부처처럼 금으로 도금된 호찌민의 조각상이 놓여 있다. 지금은 퇴락해버린, 100년도 넘은 건물과 교회들이 있는 지역의 분위기를 그의 묘소는 바꿔놓고 있다. 그곳은 제2차 세계대전 이후 프랑스가 용감하고도 집요하게 지켜내려던 프랑스령 인도차이나의 정치 중심지였다. 그들은 결국 베트남과 전쟁을 치렀고 1954년 디엔비엔푸 전투에서 프랑스의 굴욕적인 패배로 끝이 났다.

프랑스령 인도차이나는 라오스와 캄보디아도 포함하고 있었지만, 하노이가 이 지역의 정치 중심지였다면 사이공은 경제 중심지였다. 베트남이 인도차이나를 지배했는데, 이를테면 베트남에 대항하기 위해 타이와 크메르는 때때로 중국과 협력하기도 했다는 뜻이다. 사실 미국은 북베트남의 공산주의에 대항하는 남베트남의 독립을 지켜주기 위해 싸웠는데, 미국의 패배로 들어선 공산당의 통일 베트남은 미국보다는 중

● 도교 사원으로, 부처가 아니라 관우상이다.

국에 훨씬 더 큰 위협으로 부상했다.[1] 이 지역에서 베트남의 역동성을 잘 보여주는 역사다.

하노이의 오래된 프랑스식 건물들 너머로 최근에는 역사라는 운명에 대항하는 대규모 투쟁이 벌어지고 있다. 하노이의 중심 상업가는 요란스럽게 고동치고 있다. 자가용 오토바이를 타고 있는 이들은 교통 혼잡 탓에 움직임이 멈추기 무섭게 휴대전화 메시지를 보내기에 바쁘고, 단조롭고 낡은 옛 상점들 사이사이로는 거리의 외관을 바꾸고 있는 최신 스타일의 상점들이 들어서고 있다. 이것이 바로 다양한 분위기와 디자인으로 꾸민, 몇몇은 세계 최고의 커피를 제공하는 카페로 가득 찬, 그러나 스타벅스는 아직 들어오지 못한 '체인점 이전'의 자본주의다. 그 오랜 역사에도 불구하고 하노이는 유럽의 큰 도시들과는 달리 도시 자체가 박물관은 아니다. 여전히 무언가가 '진행 중인' 상태인데, 깔끔하고 무미건조한 싱가포르보다는 여전히 복잡하고 혼란스러운 인도에 더 가깝다. 베트남인들은 지금 선진국들의 세계로 자신의 삶을 열어젖히고 있다. 그것은 자신과 가족을 위해서뿐만 아니라, 베트남 못지않게 역동적인 중국으로부터의 독립을 유지하기 위해서이기도 하다.

오랜 옛날부터 그러했듯이 하노이는 긴장을 요하는 정치적 판단이 필요한 도시다. 그것이 오늘날 세계에서 열세 번째로 인구가 많은, 주요 해상 교통로가 만나는 긴 해안선과 해저 에너지 자원의 보고에 근접해 있는 베트남을 잠재적인 중견 국가로 만든 자산이다. 클리브 쇼필드와 이언 스토리에 따르면, 베트남은 "17세기에 이미 파라셀 군도와 스프래틀리 군도를 이용했다는 점에 근거해" 남중국해 분쟁 과정에서 두 지역 모두에 대한 주권을 주장하는 동남아시아의 '주인공'이다.[2] 한 미국 고위 관료는 내게 말했다. "만약 중국이 베트남만 물리친다면 남중국해를 얻게 될 겁니다. 말레이시아는 낮은 자세를 취하고 있고, 브루나이는 중국과의 문제를 모두 해결했죠. 인도네시아는 이 문제에 관해 분명한 외교 정책 목표가 없습니다. 필리핀은 언제나 난폭하고 선동적이기는 하지만 써먹을 카드가 없고, 싱가포르는 능력이 있긴 하나 규모가 너무 작아요."

결국 모든 것은 베트남에 달려 있다는 말이다.

반중 정서

베트남은 여기까지 점진적으로 도달했다. 베트남 국회 외교위원회 부위원장인 응오꽝쑤언은 오늘날의 베트남을 만든 가장 중요한 해는 남베트남이 공산주의의 북베트남에 의해서 장악된 1975년이 아니라, 미국과의 관계가 정상화되고 아세안에 합류했으며, 유럽연합과 '포괄적 동반자 협정'을 체결한 1995년이라고 내게 말했다. "말하자면 우리는 세계 무대에 합류한 거죠." 그런 결정을 내리기 전에 "우리 내부적으로 힘겨운 논의를 많이 거쳤습니다"라고 그는 인정했다. 사실을 말하자면, 몇 주에 걸친 대화에서 베트남 관료들이 내게 설명했듯이 미국, 프랑스와의 전쟁에서 연이어 승리하긴 했지만, 베트남 공산당은 이후 계속해서 좌절감을 느낄 수밖에 없었다.

생각해보자. 베트남은 1978년 캄보디아로 진격해들어가 폴 포트의 크메르 루즈 정권을 무너뜨리고 캄보디아를 광란의 대학살로부터 해방시켰다. 친중 성향의 크메르 루즈가 베트남에게는 전략적 위협이었기 때문에, 침략 자체는 냉철한 현실주의적 행동이었다 해도, 이는 거대하고 긍정적인 인도주의적 효과를 가져왔다. 그럼에도 불구하고 이 자비로운 친소련 행보로 인해 베트남은 1972년 닉슨 대통령의 중국 방문 이래 베이징과의 관계를 개선 중이던 미국을 비롯한 친중 연대에 의해 출구가 막혀버렸다. 1979년에는 베트남이 캄보디아를 가로질러 타이로 진군하는 것을 막기 위해 중국이 직접 베트남을 공격했다. 반면 소련은 자신에게 의존하고 있던 하노이의 친소 정권을 돕지 못했다. 베트남은 외교적으로 고립되었고, 캄보디아의 수렁에 빠져 허우적거렸다. 그리고 오랜 전쟁으로 인한 빈곤에 시달리고 있었다. 1970년대에 하노이를 방문한 당시 싱가포르의 리콴유 총리는 스스로를 동남아시아의 '프로이센'으로 자부하던 베트남 지도자들을 "참기 어려웠다"고 회고했다.[3] 하지만 그 오만함은 오래 지속되지 않았다고 베트남 지도자들은 내게 말했다. 1989년부터 1991년 사이의 심각한 식량난과 소련 제국의 붕괴로 인해 베트남은 결국 캄보디아에서 군대를 철수해야만 했다. 베트남에게 더 이상 우방은 없었고, 미국으로부터 거두었던 승리의 기억도 멀어져 갔다. "평화배당금도 없었기 때문에, 전쟁에서 승리해도 별다른 느낌은 없었죠"라고 베트남의 한 외교관은 설명했다.

서방의 한 외교관은 "베트남인들은 1960~1970년대 미국과의 전쟁을 잊지 않고 있습니다. 그들의 기억은 정확합니다"라고 말했다. "반면 미국인들은 특정 세대의 경우 기억이 전혀 정확하지 않고 왜곡되어 있기까지 합니다." 베트남인들은 미군의 불발탄으로 인해 국토의 20퍼센트에는 누구도 거주할 수 없게 되었고, 고엽제의 영향으로 엄청나게 넓은 지역에서 아무것도 재배할 수 없게 되었다는 것을 잊지 않고 있다. 다만 현재 베트남인의 4분의 3은 다른 모든 전쟁과 구별하기 위해 이름 붙인 '미국 전쟁' 이후에 태어났을 뿐이다. 그리고 더 많은 수의 사람은 그 전쟁에 대해서 어떤 유용한 기억도 갖고 있지 않다.

베트남 외교부에 소속된 외교 아카데미에서 내가 만난 학생 및 젊은 관료들은 베트남 전쟁과의 시간상 거리가 베이비붐 세대가 제2차 세계대전과 갖는 시간상의 거리보다 멀었다. 나와의 타운홀 미팅에서 그들은 종종 미국에 대해 비판적이었지만, 그 이유는 전쟁과 무관했다. 그들은 1990년대에 중국이 남중국해에서 스프래틀리 군도의 미스치프 암초에 대한 필리핀의 소유권을 위협했을 때 미국이 개입하지 않은 것에 대해서, 그리고 2011년 이전에 경제적으로나 외교적으로 충분히 관여하지 않아 버마가 중국의 위성국가가 되는 것을 막지 못한 것에 대해서 강하게 비판했다. "미국의 힘은 전 세계의 안보에 필수적입니다"라고 한 학생이 요약해서 말했다. 실제로 외교아카데미의 학생과 관료 대부분은 미국을 "(중국에 대한) 균형 세력"이라고 표현했다. "중국인들은 지나치게 강하고 독단적입니다. 팍스 시니카Pax Sinica가 우리에게 매우 위협적인 건 그 때문이죠"라고 한 여성 애널리스트는 말했다.

베트남과 미국은 "해상 무역로를 지배하고 자신의 영유권 주장을 강제하려는 (…) 중국을 막는 데 공통의 이해관계를 갖고 있다. 베트남은 미국의 존재를 중국의 군사력 부상에 대한 대비책으로 보고 있다"고 캔버라에 있는 호주국방아카데미의 칼라일 타이어는 그의 책에 썼다.[4]

1960년대에는 전쟁을 취재했고, 1990년대에 다시 『LA 타임스』의 하노이 특파원으로 돌아온 데이비드 램에 따르면, "베트남인들은 제2차 세계대전 중 유럽과 아시아에 투하된 양의 2배에 이르는 1500만 톤의 폭약으로 폭격당해 인구 10명 중 한 명꼴인 300만 명이 목숨을 잃거나 다쳤다. 남부 베트남에서는 700만 명의 피란민이 발생하고, 북부 베트남의 산업 및 인프라가 초토화된 전쟁에서 그들은 살아남았다. 그러나 많은 미국인과 달리 베트남인들은 전쟁을 과거사로 돌렸다. 그들의 병원은 전후 트라우마에 시달리는 군인들로 가득하지도 않았으며, 워싱턴의 베트남 참전용사 기념관과 같은 국가적 차원의 기념물도 없었다. 전쟁에 관한 책을 쓰지도 않았다. 맥주 마시면서 옛일을 얘기하기 위해 전역한 군인들이 모이지도 않았다. 학교의 어린이들은 전쟁을 2500년 역사의 한 페이지로만 배웠다. (…) 그들은 미국인을 좋아했다."[5]

상당수의 유럽인과 미국의 좌파는 언제나 미국을 냉소와 분노로 바라보지만, 사실 베트남에는 그런 게 전혀 없다. 주캐나다 베트남 대사를 지냈던 응우옌둑홍은 베트남인들의 일반적인 태도를 요약해서 다음과 같이 내게 말해주었다. "베트남인들이 수 세기에 걸쳐 남쪽으로 내려가며 국가를 형성했듯이, 미국인들은 서쪽으로 향했습니다. 그리고 그들이 원하는 건 캘리포니아의 황금이 아니라 자유였습니다."

그럼에도 불구하고 베트남 역사에서 미국의 영향은 제한적인 데 비해, 중국의 영향은 결정적이었다. '인도차이나'라는 단어는 동남아시아 전역에 걸친 인도의 영향력을 정확히 나타내고 있지만, 중국의 영향력은 베트남 북부에 집중되고 있다. 당나라 말기와 10세기의 오대십국五代十國 시기까지 중국이 '오랜 혼란기'를 거치는 과정에서 독립적인 베트남인의 국가가 형성될 수 있었다.[6] 오늘날의 베트남에 대한 선구적인 책을 쓴 로버트 템플러는 『그림자와 바람: 현대 베트남 관찰Shadows and Wind: A View of Modern Vietnam』에서 이렇게 밝혔다. "베트남의 공식 역사는 지나칠 정도로 저항을 강조하는데, 그 대상은 거의 언제나 중국이다. 지배에 대한 두려움은 오래 지속되었고 모든 이념적 차이를 넘어섰다. 그렇게 불안정한 긴장감과 방어 심리가 베트남인의 정체성이 되었다."[7] 중국에 대한 베트남의 뿌리 깊은 공포는 자신들보다 인구가 15배나 더 많은 북쪽의 거대한 이웃으로부터 벗어날 방법이 없다는 데서 비롯된다. 베트남인들은 지리학이 중국과의 관계에 관한 조건을 결정한다는 점을 잘 알고 있다. 전투에서는 이길 수 있었지만, 그 후에는 언제나 베이징에 조공을 바치기 위해 길을 떠났다. 미국과 같이 실질적으로 섬나라인 국가는 이해할 수 없는 상황이다.

또 다른 베트남 외교관은 다음과 같이 설명했다. "중국은 베트남을 열일곱 번 공격했습니다. 미국은 멕시코를 단 한 차례 공격했는데, 그에 대해 멕시코인들이 얼마나 과민하게 반응하는지 보세요. 우리는 중국과 맞서 싸운 민족의 영웅 이야기로 가득한 교과서를 읽으면서 자랐습니다." 또 다른 서방의 베트남 전문가는 이렇게 얘기했다. "미국에 대해서 캐나다인들이 얼마나 민감하게 느끼는지 생각해보세요. 그리고 이제 미국이 계속해서 캐나다로 군대를 보내면 어떨까요."

중국에 대한 오랜 적대감의 일부는 인위적으로 만들어진 것이다. 베트남인들은 강력한 국가 정체성 형성을 위해 수백 년간 중국과 좋은 관계를 맺으며 중국을 '모방'해왔다는 점을 과소평가하면서 다른 한편으로는 중세와 근대의 중국 지배에 대한 저항을 강조한다.[8] 그럼에도 불구하고, 베트남인들은 북쪽의 이웃에 대한 열정적인 관심을 부인하지는 않는다.

BBC 보도에 따르면, 베트남의 정체성이 중국의 영향을 "받는 한편 그 영향에 저항하면서" 형성되어왔다는 점은 독특하다. 베트남은 중국 문화의 남쪽 끝에서 시작되었다. 기원전 111년 한나라에 의해서 강제로 합병되었고, 그 후 거의 1000년 동안 중국에 점령되었거나 조공 관계로 결합되어 있다가, 앞서 말한 바와 같이 당나라가 저물 무렵인 939년에야 자유를 얻을 수 있었다. 전 조지메이슨대학 교수인 닐 제이미슨이 쓴 『베트남 이해Understanding Vietnam』라는 책에 따르면, 그 후 리Ly, 쩐Tran, 레Le와 같은 베트남 왕조들은, 그들보다 수적으로 우세한 군대를 여러 번 격퇴시키면서 북쪽 중국인으로부터의 통제에 저항했다는 점에서 매우 위대했다.[9] 베트남인들이 언제나 성공적이었던 것은 아니다. 1407년부터 1427년까지는 명나라에 의해 점령당했는데, 이는 중세 후기의 중국인들이 베트남인들의 독립을 용인하지 않았음을 잘 보여준다. 19세기에 청나라가 베트남의 독립을 수용한 이유는 프랑스의 지도 제작자들이 인도차이나에서 자신들의 영토를 중국으로부터 분리할 것을 고집했기 때문이다. "베트남에 대한 중국의 공헌은 농민들이 사용한 젓가락부터 학자와 관료들이 글을 쓰는 데 사용한 붓에 이르기까지 문화, 사회, 정치의 모든 측면을 포함한다"며 코넬대학의 지역 전문가 키스 웰러 테일러는 자신의 책『베트남의 탄생The Birth of Vietnam』에서 말했다.[10] 베트남의 예술과 문학의 스타일은 물론, 베트남인의 성姓과 베트남어의 단어, 문법도 중국으로부터 깊은 영향을 받았다.[11] 실제로 베트남 문학에는 중국의 전통적인 유교의 유산이 '스며들어' 있다. 유럽의 라틴어와 마찬가지로, 중국어는 베트남 지식인들의 언어였다. 물론 베트남어는 몬크메르어와 타이어의 영향도 받았다. 이 모든 과정에서 베트남의 엘리트보다는 농민들이 고유한 문화적 특성을 훨씬 더 많이 보유하게 되었다. 베트남 엘리트 전반에 걸쳐 중국의 관료적 규범이 "깊숙이 체화되어 그 기원을 따지는 것은 무의미했다"고 미시간대학의 동남아시아 전문가인 빅터 리버만은 설명했다. 모든 베트남인이 중국으로부터의 독립을 더욱 열망하게 된 것은 비중국적 문명, 특히 인도의 영향을 받은 남쪽의 참족과 크메르를 접하게 되면서였다. 앞서 언급했듯, 베트남인들은 바로 중국과의 높은 유사성으로 인해 작은 차이에 쉽게 도취되었고, 이 점이 과거의 사건들을 더욱 생생하게 만든다.

1426년 하노이 부근에서 레러이 황제가 중국에 대해 거둔 군사적 승리, 그리고 1471년과 1778년 남쪽의 참파와 크메르에 대한 승리는 모두 베트남 특유의 민족 정체성 형성에 기여했다. 근대에 이르기까지 중국이 베트남을 가만히 놔두지 않았다는 사실 역시 마찬가지다. 1946년 중국은 프랑스와 공모해 북부 베트남에서 중국 대신 프랑스가 점령토록 했다. 알다시피 미국이 물러난 지 4년 후인 1979년에는 10만 명의 중국 군대가 베트남을 침공했다. 중국의 지도자 덩샤오핑은 "베트남인에 대한 본능적인 증오를 결코 잃지 않았고", 따라서 베트남을 캄보디아와의 게릴라전에 말려들도록 하는 '하노이 고사枯死' 정책을 고안했다고 로버트 템플러는 말했다.[12] 이제 남중국해에서 베트남과 중국의 상충하는 영유권 주장, 중국 해군의 통킹만 침입 그리고 인도양과 서태평양 해상 교통로에 걸쳐 있는 베트남의 1900마일 해안선에 대한 중국의 탐욕스러운 태도 때문에, 이 모든 것은 작동 중인 역사가 되었다. 반면 베트남전은 한 가지 세부사항만 빼면 완전히 끝났다. 전쟁에서 미국을 이겨버렸기 때문에 베트남인들은 미국과의 관계에서 자신들이 우위에 있다고 생각한다. 그들은 앞으로 미국과 사실상의 군사 협력 관계를 맺는 것에 대해 특별한 반감도, 별다른 속셈도 없으며, 체면을 잃는다고 생각하지도 않는다. 베트남인들은 미국과의 전쟁에 대해서는 상대적으로 금기가 거의 없다. 바로 그들이 전쟁에서 이겼기 때문이다.

미국과의 전쟁은 그 후 중국의 베트남 침공이나 그것을 초래한 베트남의 캄보디아 침공과 마찬가지로 아주 오래된 과거처럼 느껴지는 베트남 역사의 한 부분일 뿐이다. 또 부분적으로는 서방으로부터의 탈식민화 과정에서 발생한 지상전의 역사이기도 하다. 육상의 경계 문제가 해결된 지금, 아시아의 여러 지역에서 발생한 민족주의적 경쟁은 이제 해상으로, 즉 남중국해로 확장되었다. 실제로 베트남은 용왕의 아들인 락롱꾸언과 선녀 어우꺼의 결합으로 만들어졌다는 건국 신화를 가지고 있다. 그들은 100명의 아들을 낳았는데 그중 50명은 어머니를 따라

산으로 갔고, 나머지 50명은 아버지를 따라 바다로 갔다. 지난 수십 년은 어머니의 운명을 따랐으나, 이제 베트남에게는 아버지의 유산이 중요해진 듯하다.

"남중국해와 비교하면 육상 경계선 문제는 더 이상 중요하지 않습니다"라고 베트남 외교부 국경위원회 부의장인 응우옌주이찌엔이 말했다. 그의 전형적인 베트남 스타일을 보면서, 나는 리콴유 전 싱가포르 총리가 1970년대의 베트남 지도자들을 가리켜 지나치게 진지하고 '유교적'이라 했던 기억이 떠올랐다.[13] 우리는 단출하고 소박한 사무실에서 만났다. 응우옌주이찌엔은 담갈색 정장을 입고 있었다. 회의는 정시에 시작해서 정시에 끝났고, 그는 가능한 모든 관점에서 중국의 입장을 공격하는 매우 꼼꼼하게 준비된 PPT로 회의 시간을 꽉 채웠다.

응우옌주이찌엔은 중국과의 육상 경계선 상황을 요약하면서 발표를 시작했다. 중국과 분쟁 중이었던 200개 지역이 1990년대에 8년간의 협상으로 해결되었고, 경계 획정 작업은 2008년에 마무리되었다. "20세기로 접어들던 시점에는 청나라와의 국경 부근에 314개의 영토 표지가 있었지만, 지금은 1971개로 늘었습니다. 이제 문제는 육상이 아니라 해상이죠." 그는 베트남 인구의 3분의 1이 해안선을 따라 살고 있으며, 해양 관련 산업이 베트남 국내총생산의 50퍼센트를 차지하고 있다고 말했다. 베트남은 그들의 대륙붕으로부터 남중국해(베트남인들은 '남중국해'에서 '중국'이라는 단어를 인정하지 않기 때문에 '동해East Sea'라고 부른다) 방향으로 200마일 뻗어나간 경계선을 주장하는데, 이는 유엔해양법협약의 배타적 경제 수역EEZ을 따르고 있다. 하지만 그도 인정하듯 이는 중국과 말레이시아가 주장하는 해상 영역은 물론 인접한 타이만에서는 캄보디아와 타이가 주장하는 해상 영역과도 '겹친다'. 중국의 하이난 섬이 남중국해 쪽을 향하는 베트남의 북부 해안선을 가로막고 있기 때문에 통킹만은 지리적으로 까다로운 지역이긴 하지만, 베트남과 중국은 이 에너지가 풍부한 통킹만을 반씩 나눠 갖는 방식으로 문제를 해결했다고 응우옌주이찌엔은 설명했다. 물론 통킹만 입구 부분의 경계선은 여전히 숙제로 남아 있다.

"하지만 우리는 중국이 소 혓바닥 모양으로 남중국해에 그려놓은 선을 받아들일 수 없습니다. 중국은 그곳이 분쟁 지역이라 하지만, 우리의 대답은 '노'입니다. 중국의 소 혓바닥은 다섯 나라의 영유권 주장과 충돌합니다."

그러고 나서 응우옌주이찌엔은 컴퓨터로 여러 장의 지도를 보여주며 긴 역사를 소개하기 시작했다. "명나라 황제들이 15세기에 일시적으로 베트남을 점령했을 때, 그들은 파라셀 군도와 스프래틀리 군도는 점령하지 않았습니다. 이 두 군도가 중국에 속한다면 명나라 황제들이 왜 그들의 지도에 포함시키지 않았을까요?" 그는 계속해서 물었다. "그 섬들이 중국 것이라면 왜 20세기 초반 청나라 황제들의 지도가 두 군도를 무시해버렸을까요?" 1933년 프랑스가 파라셀과 스프래틀리로 군대를 보낸 건 그 섬들이 프랑스령 인도차이나의 일부였기 때문이며, 이제는 베트남의 영토임을 의미한다고 그가 말했다. 응우옌주이찌엔은 중국이 1956년과 1988년에 파라셀 군도의 암초들을 점령하기 위해 '군사력'을 이용했다고 덧붙였다. 마지막으로 그는 이탈리아의 산타마리아

델 몬테 성당에 관한 슬라이드 한 장을 보여주었다. 그 성당은 1850년 부터 전해내려오는 지리에 관한 수기手記 문서를 보유하고 있었는데, 그 중 한 페이지 반 정도에서 파라셀 군도가 어떻게 베트남에 속하게 되는 지를 설명하고 있었다. 그가 그렇게 세부 사항에 집착하는 데에는 목적 이 있었다. 그가 파워포인트 자료에서 보여준 또 다른 지도에는 파라셀 군도와 스프래틀리 군도를 포함한 대부분의 남중국해가 작은 사각형 들로 구획되어 있었다. 그 사각형들은 훗날 베트남이 다국적 기업들에 게 양도하게 될지도 모르는 원유 개발 권리를 미리 나누어놓은 듯했다.

베트남의 한 외교부 관리는 다음과 같이 말했다. "남중국해에 대한 중국의 태도가 몹시 걱정스러워서 우리 국민은 언제나 마음을 놓을 수 가 없습니다." 1965년부터 1972년까지 미국에 의해 심하게 폭격당한 하이퐁 항에 자리 잡은 해군사령부에서 만난 해군 부사령관 응우엔비 엣니엔 소장은 소 혓바닥이 '불합리'하다고 말했다. 그는 내게 베트남인 의 또 다른 완강한 모습을 보여주었다. 그의 옆에는 커다란 호찌민 흉 상과 그가 반복해서 지적한 '동해'의 모든 분쟁 지점을 보여주는 거대 한 지도가 있었다. 45분 동안 그는 파라셀 군도와 스프래틀리 군도에 서 중국이 저지른 모든 군사 행동을 언급했는데, 특히 1974년 붕괴 직 전의 사이공 정부로부터 중국이 파라셀 군도의 서쪽 부분을 빼앗아간 점을 잊지 않았다. 그가 인정하듯, 소 혓바닥은 중국의 법적 주장이라 기보다는 베이징의 '역사적 꿈'에 지나지 않는다. 게다가 그것은 베이징 의 권력자들 사이에서도 논쟁의 대상이 되고 있고 결국은 향후 협상 과정에서 전체적으로든 부분적으로든 양보될 것이다. 그럼에도 불구하고, 중국이 대양해군을 육성하고 지금처럼 동아시아 경제를 호령하면 남중국해를 지배하게 될 수도 있다. 마치 미국이 19세기에 카리브해를 지배하게 되었던 것처럼 말이다. 레낌중 대령은 바로 중국 경제의 팽창과 에너지 자원을 이용하려는 욕구로 인해 중국 해군의 남중국해 진출이 더욱 두드러질 것이라고 설명했다. 중국 경제가 다소 둔화될 수도 있지만, 그것은 큰 문제가 아니다. 베트남은 이런 새로운 국면에서 물러나지 않는다는 의지를 천명하며 수십 년 전의 전쟁에서 마지막으로 보여주었던 민족주의에 더욱 강하게 호소하고 있다.

베트남인들은 남중국해가 영토 분쟁 이상의 것을 의미한다고 내게 반복적으로 말했다. 그곳에서 한국과 일본의 에너지 수요에 필수적인 국제 해상 무역로가 만나고 있으며, 언젠가는 중국이 미국의 세력을 견제하게 될 것이다. 역사적으로나 문화적으로나 베트남은 정말로 오바마 정부의 정책 결정자들이 인도와 동아시아를 묶어 부르는 '인도-태평양'의 심장에 자리잡고 있다.

틈새에서

베트남은 러시아제 최신예 킬로급 잠수함 6척을 구매함으로써, 남중국해 지역에서 메이저 국가가 되고자 하는 자신들의 열망을 여실히 보여주었다. 한 서방 안보 전문가는 그 잠수함 구매가 전혀 이치에 맞지 않는다고 내게 말했다. "그 잠수함들을 유지만 하는 데도 얼마나 많은 비용이 필요한지 알게 된다면 베트남 사람들은 정말 깜짝 놀랄 겁니다." 더 중요한 건 그 잠수함 이용을 위한 선원 훈련에 적어도 한 세대의 시간이 걸린다는 점이다. "중국의 잠수함들과 대적하려 했다면, 대잠수함 작전과 연안 방어에 집중하는 것이 더 좋았겠죠." 베트남의 잠수함 구매는 분명, '우리는 심각하다'는 것을 보여주기 위한 위신의 문제였다. 이 안보 전문가에 따르면, 베트남인들은 중국의 통킹만 하이난섬 지하 핵잠수함 기지 건설을 보고 '질겁했던' 것이다.

수십억 달러에 달하는 러시아 잠수함 구매에는 남중국해 해상 교통로의 길목을 지키고 있는 깜라인만 정비를 위한 2억 달러도 포함되어 있다. 베트남 전쟁 중 미군의 주요 작전 기지였던 깜라인만은 동남아시아에서 가장 훌륭한 심해항 중 하나로 베트남인들은 깜라인만을 외국 해군이 사용할 수 있도록 만드는 것이 자신들의 목표라고 말해왔다. 베트남의 속내는 깜라인만 정비로 "미국과의 안보 협력을 강화하고 중국의 부상을 저지하기 위해 미국의 동남아시아 진출을 용이하게 하는 것"이라고 싱가포르 동남아시아연구소의 이언 스토리는 말했다. 깜라인만은 정치적으로 민감한 공식 주둔지 협정은 맺지 않고, 미국의 선박과 항공기들이 보급과 정비를 위해 정기적으로 방문할 수 있는 해외 군사 거점만 갖는다는 '기지보다 지역places not bases'이라는 펜타곤의 전략에 완벽히 들어맞는 곳이다. 미 해군의 항공모함, 구축함, 보급선과 병원선들은 이미 베트남의 항구들을 주기적으로 방문하고 있다. 베트남 국회 외교문제위원회의 부주석인 응오꽝쑤언은 솔직하게 말했다. "남중국해에서의 자유로운 항행을 위해서는 미국의 존재가 필요합니다."

　미국과 베트남의 사실상의 전략적 협력관계는 2010년 7월 하노이에서 열린 아세안지역안보포럼에서 선포되었다. 당시 미국의 국무장관이었던 힐러리 클린턴은 미국이 남중국해에서 '국가적 이익'을 가지고 있다고 말했다. 미국은 남중국해의 영토 분쟁 해결을 위한 다자간의 노력에 참여할 준비가 되어 있으며, 해양에서의 권리는 당연히 육지의 지형에 근거해야 한다고 주장했다. 대륙붕의 연장선에 기반해야 한다는 그 주장은 소 혓바닥 모양의 중국의 구단선 개념과 충돌하는 것이었다. 중국 외교담당 국무위원 양제츠楊潔篪는 힐러리의 연설을 "사실상 중국에 대한 공격"이라고 말했지만, 미국의 관료들은 기본적으로 양제츠의 발언을 무시했다. 이 사건 석 달 전에는 미국과 베트남 사이에 민간 원자력 협정이 체결되었다. 이론상으로 미국 기업의 베트남 원자력 발전소 건설을 가능하게 해준 이 협정은 아마도 워싱턴이 베트남에 얼마나 가까워졌는지를 가장 잘 보여주는 사례가 될 것이다.

　사실 중국의 부상으로 베트남만큼 위협받는 나라도 없다. 예를 들어, 아세안에 대한 베트남의 접근법을 살펴볼 필요가 있다. 베트남 사람들은 중국과의 균형을 위해서 아세안이 좀더 강력해지는 것은 좋지만, 그들은 한편 매우 현실적이라고 내게 말했다. 지난 수십 년간 민족주의가 쇠퇴해온 유럽과는 반대로, 아시아의 강력한 민족주의 세력이 아세안 회원국들의 통합을 가로막고 있다는 점을 그들은 알고 있다. "아세안은 관세동맹도 아닌 매우 낮은 수준의 무역 블록에 불과하죠"라고 한 관료는 설명했다. 호화로운 붉은색 쿠션과 반짝거리는 찻잔 세트가 놓인 프렌치 오리엔탈 스타일의 우아한 베트남 외교부에서 나는 중국의 대전략에 대해 반복해서 교육을 받았다. 그들에 따르면 베이징은 군사력을 증강시키는 동안 남중국해 분쟁 해결을 위한 아세안과의 모든 다자간 대화를 미루는 한편, 동남아시아 개별 국가들과의 일대일 협상을 통해 양보를 이끌어내는 전략을 가지고 있다. 다른 말로 분할통치법이다. 중국 해군의 규모는 이미 아세안 회원국 모두의 해군을 합친 것보다 더 크다고 베트남 국방 관료들은 내게 말했다.

하지만 베트남은 결코 중국과 결별하고 미국의 품 안으로 들어가지는 않는다. 그러기에는 베트남이 중국에 너무 의존적으로 연결되어 있다. 호주의 전문가 칼라일 타이어는 베트남과 중국의 군사적 관계 역시 베트남과 미국의 관계와 나란히 발전해왔다고 설명한다.[14] 미국이 베트남의 가장 큰 수출 시장이라면, 베트남은 다른 어떤 나라보다 중국으로부터의 수입이 많다. 면綿, 기계, 비료, 살충제, 전자제품, 가죽을 비롯해 거의 모든 소비재를 중국으로부터 수입한다. 중국이 싼 제품들을 마구 공급하면서 베트남 토착 제조업의 성장을 방해하고 있는 현실이지만, 베트남 경제가 중국 없이는 작동 자체가 되지 않는다는 것도 현실이다.

게다가 베트남 관료들은 지리상으로 비대칭적인 상황도 느끼고 있다. 그들의 표현대로 "먼 곳의 물로는 가까운 곳의 불을 끄기 어렵다". 중국은 가깝고 미국은 지구 반 바퀴만큼 떨어져 있다는 사실은, 숲이 우거진 베트남 중부의 산악지역에서 중국인들의 보크사이트 채굴로 인한 환경 파괴와 같은 치욕을 감내해야 한다는 걸 의미한다. 응우엔

땀찌엔 전 베트남 외무부 차관이 내게 말했다. "우리는 이사갈 수도 없습니다. 통계적으로 본다면, 베트남은 중국의 한 개 성省과 비슷한 정도죠."

1979년에 소련이 베트남을 도와주지 못했기 때문에, 베트남인들은 결코 지리적으로 멀리 떨어진 세력을 믿지 못할 것이다. 지리적인 문제를 떠나서도 그들은 좀더 근본적인 차원에서 미국을 신뢰하지 못한다. 미국의 국세國勢가 기울고 있는 데다, 중국이 부상하고 있는 동아시아보다 중동에만 집착하고 있는 점이 상황을 더 나쁘게 만들고 있다고 베트남의 한 관료는 말했다. 그런 분석은 이기적이긴 하나, 사실일지도 모른다. 아니면 부분적으로라도. 그리고 미국이 중국과 좀더 우호적인 관계를 갖기 위해 베트남을 팔고 있다는 두려움도 있다. 응오꽝쑤언 부주석은 특히 닉슨 시기의 미중 관계 회복이 중국의 베트남 침공을 가능케 하는 전략적인 환경을 제공했다고 말했다. "똑같은 상황이 반복될 수 있습니다." 그는 실망감에 고개를 절레절레 흔들었다. 모순되게도 베트남인들은 미국이 자신들처럼 국제 문제에서 조금 더 냉정하고 현실적인 행위자가 되길 바란다. "누구도 언급하지는 않지만, 미국과의 대화에서는 언제나 인권이나 민주주의와 같은 주제들을 의식하게 됩니다"라고 베트남 정부의 한 관료가 말했다. 베트남은 워싱턴에 있는 미 의회나 언론 매체 그리고 다양한 이익집단 때문에, 미국이 타이나 우즈베키스탄, 네팔처럼 쿠데타 가능성이 있거나 독재적인 국가들에게 종종 그래왔듯이 어느 날 자신들도 팔아넘길지 모른다는 공포 속에 살고 있다. 베트남인들은 랑군 군부 정권의 인권 탄압과 도발 때문에 미국이 지난 수십 년 동안 버마에서 중국을 견제하지 않았다는 걸 알고 있다. "최고의 가치는 당연히 국가의 단결과 독립이죠. 개인을 자유롭게 하는 것은 개인이 아니라 바로 국가입니다"라고 외교부 부국장 레찌중은 나에게 베트남의 정치철학을 설명하려 했다. 실제로 베트남에 만연한 자본주의에도 불구하고 공산당의 통치가 계속될 수 있는 것은 그들이 프랑스, 미국, 중국과의 전쟁을 통해서 베트남 국민으로부터 민족주의자라는 신뢰를 얻었기 때문이다. 게다가 유고슬라비아의 티토와 알바니아의 엔베르 호자처럼 호찌민은 베트남 본토 출신으로서, 점령군에 의해 세워진 여느 공산당 지배자들과는 다르다. 또한 베트남 공산당은 가족과 권위를 존중한다는 점에서 언제나 호찌민 사상과 유교의 유사성을 강조해왔다. 외교부의 레찌중이 말했다. "민족주의는 유교 사상에서 시작됐죠." 닐 제이미슨은 자신의 책에서 다음과 같이 언급했다. "베트남인들은 보편적으로 '절대주의'적 성향을 가지고 있다. 즉 이 세상에는 어떤 기본적인 그리고 결정적인 도덕적 질서가 있다고 믿는 것이다."[15] 그리고 이는 개인이 그의 가족과 그가 소속된 집단에 대하여 사회적 책임이 있다는 '정의情義'라는 개념으로 연결된다.

  베트남에서 공산주의가 유지되고 있는 또 다른 이유는 바로 그 공산주의의 본질에 집착하지 않기 때문이며, 따라서 당분간은 정부에 대한 반란이 불필요하다. 물론 개혁이 미흡하면 그 대가는 지불해야 한다. 공산주의를 거의 포기한 공산당이 지배하고, 시민들이 너무 심하게 저항하지 않는다고 동의하는 대신 공산당은 소득 수준의 유지 또는 제고를 보장한다는 암묵적인 사회적 계약을 맺고 있다는 점에서 베트남과 중국은 비슷한 상황에 처해 있다. (베트남은 결국 중국과 멀어질 수 없다. 두 나라 모두 자본가들이 획득한 부를 공산당이 통치하는 국가로 전달하는 독특한 실험을 같이 시작했기 때문이다.)

베트남이 식량 배급 수첩을 가진 사회에서 25년 만에 세계에서 가장 큰 쌀 잉여 생산국의 하나가 되었다는 점을 생각해보라. 최근 베트남의 1인당 GDP는 1100달러를 기록해, 통계적으로 볼 때 하위-중위 소득 국가로 한 단계 올라섰다.• 베트남은 튀니지, 이집트, 시리아나 다른 아랍 국가들처럼 국민이 싫어하는 한 명의 독재자가 정권을 잡고 있는 것이 아니라, 얼굴을 드러내지 않는 공산당 주석, 국가 주석, 총리로 이뤄진 세 명의 리더가 나라를 이끌며 지난 2002년부터 2012년까지 연평균 7퍼센트의 경제성장률을 기록했다. 심지어 2009년 글로벌 금융 위기 상황에서도 베트남 경제는 5.5퍼센트 성장했다. "역사상 가장 인상적인 빈곤 극복의 기록 중 하나입니다"라고 서방의 한 외교관은 말했다. "자전거에서 오토바이로 발전했죠." 그들에게는 그것이 민주주의일 것이다. 그리고 설령 그렇지 않다 하더라도 베트남과 중국의 전제 정치는 중동 국가들처럼 국민의 존엄성을 해치지는 않았다고 말할 수 있다. "중동의 지도자들은 너무나 오랜 기간 권좌에 머물며 수십 년 동안 계엄 상태로 나라를 유지했지만, 여기는 그렇지 않습니다." 베트남의 전 고위 정치인이 말했다. "하지만 부패와 거대한 빈부 격차 그리고 높은 청년 실업률은 중동 국가들과 마찬가지죠." 베트남 공산당의 두려움

• 2019년에는 2715달러를 기록해 세계 109위다.

은 아랍의 봄과 같은 광경이 아니라, 1989년 중국의 톈안먼 사태와 같은 학생운동이다. 최근까지 베트남의 인플레이션이 당시의 중국만큼이나 높고, 사람들이 느끼는 부패와 족벌주의의 폐해도 통제 가능한 수준을 넘어섰다는 점 역시 1989년의 중국과 비슷하다. 그러나 공산당 관료들은 정치 개혁 또한 우려한다. 허약했고 결국은 파벌 투쟁에 시달려 국가 붕괴로 이어진 1975년 이전의 남베트남의 길을 따르게 되거나, 아니면 중앙 정부의 권위가 미약해 외세의 지배로 이어진 19세기 말과 20세기 초의 중국의 전철을 밟게 되지 않을까 하는 걱정이다. 따라서 베트남 관료들은 지배적인 일당 체제가 규율과 깨끗한 정부를 만들어내는 '기업형 국가' 싱가포르를 공개적으로 선호한다. 부패에 시달리는 베트남 정부로서는 아직 갈 길이 멀다.

힘을 다하여 나라를 다스리다

정부 쪽 인사들을 제외하면 사람들은 호찌민시를 여전히 사이공이라 부른다. 싱가포르 모델은 사이공 시내에서 외곽으로 20마일 떨어진 베트남-싱가포르 산업단지에서 분명하게 확인할 수 있었다. 눈앞에는 깔끔하게 직각으로 조성되고 관리되는 거리와 완벽하게 치안이 통제되는 미래사회가 펼쳐져 있었는데, 싱가포르, 말레이시아, 타이완, 한국, 유럽, 미국에서 온 240개의 제조업체가 고급 골프채와 집적회로, 의약품, 고급 신발류, 항공산업용 전자제품 등을 만들어내고 있었다. 다음

단계로는 이곳에 거주하며 일하고 있는 해외 인재들을 위한 고급 콘도 건설이 계획되고 있다.

단지 내의 한 미국인 공장 관리자는 그의 회사가 후보지들을 하나씩 제거해나가는 방식을 통해 첨단 기술 제품 생산지로 베트남을 최종 선택했다고 말했다. "우리는 노동 비용 절감이 필요했죠. 하지만 아시아인과 같은 직업 윤리가 없는 동유럽이나 아프리카로 옮기고 싶지는 않았습니다. 중국은 벌써 임금이 오르기 시작했고, 인도네시아와 말레이시아는 무슬림 국가라 두려웠죠. 타이는 최근 국내 정세가 불안정해졌기 때문에, 베트남이 가장 적합한 국가로 떠올랐습니다. 베트남은 20년 전의 중국처럼 이제 막 발전하기 시작했습니다." 그는 덧붙였다. "우리는 표준화된 측정 방식을 이용해 베트남 직원들의 지적 능력을 테스트해봤는데, 미국에 있는 우리 직원들보다 높은 점수가 나왔습니다."

베트남 전체로는 베트남-싱가포르 산업단지가 세 개 더 있는데, 목표는 깨끗하고 친환경적이며 기업과 같이 잘 통제된 싱가포르의 발전 모델을 베트남으로 옮겨오는 것이다. 베트남의 남쪽에서 북쪽까지 총 400여 개의 산업단지는 정도의 차이는 있겠지만, 모두 발전과 효율이라는 서양의 가치를 추구하고 있다. 사이공 그리고 하노이와 하이퐁을 잇는 베트남 1번 국도 주변의 기존 대도시들은 완전히 새롭게 만들 수도 없고, 그들의 문제점을 완전히 해결할 수도 없다. 따라서 미래는 새로운 도시들에 있다. 그들이 기존 대도시에 가해지는 인구 압력을 완화시킬 수 있다. 진정한 의미의 현대화란 농촌을 개발시켜 처음부터 도시 이주 희망자를 감소시키는 것을 의미할 터이다. 싱가포르를 모델로 한 이런 산업단지들은 베트남 농촌의 변화를 돕게 된다. 그들의 전체적인 목적은 자족적인 도시 건설이므로, 외자 기업 설립 허가를 위한 원스톱 서비스는 물론 전기, 상수도와 같은 인프라도 갖추고 있다.

1975년 북부의 공산주의자들이 사이공을 점령하고 호찌민시로 도시명을 변경하면서 베트남은 정치적으로 통일되었다. 하지만 산업단지를 비롯한 다양한 형태의 발전을 통해 그리고 하노이와 사이공을 연결하는 세계적 수준의 생산 시설을 통해 베트남은 이제야 경제적으로나 문화적으로 통일되고 있다. 이런 최근의 발전이 아시아의 다른 신흥국으로부터의 직접투자 유치와 관련 있기 때문에, 베트남은 점차 지역 내의 다른 국가들과 통합되고 있다. 따라서 좀더 강력한 아세안을 만들기 위해서라면 영유권의 일부를 양보하는 문제에 대해서도 베트남은 유연한 자세가 되고 있다.

"베트남의 민족주의는 역사적으로 적대국이었던 중국에 대해서만 공격적일 뿐, 지역 내의 다른 국가들에 대해서는 그렇지 않습니다"라고 사이공의 유력한 기업가 중 한 명인 당탄땀이 내게 말했다. 그는 아무것도 없는 책상에 앉아 두 개의 스마트폰을 동시에 사용하고 있었다. 당탄땀은 1975년부터 정치적 수도의 역할을 끝내고 비즈니스에만 전념해온 새로운 사이공을 상징한다. 하노이가 베트남의 앙카라라면, 사이공은 베트남의 이스탄불이다. 당탄땀이 이끄는 사이공인베스트그룹은 산업단지와 전자통신, 제조업, 광산업 등에 10억 달러 이상을 투자하고 있다. 그는 북쪽의 하노이와 남쪽의 사이공을 잇는 국도를 따라 25개의 산업단지를 만들기 시작했다. "미래에는 탈집중화가 대세가 될 겁니다. 그리고 정부는 더 빠르게 반응할 테고요. 인구 고령화가 진행되고 있는 중국과 일본, 한국에 비해 베트남의 출생률은 높게 유지될 겁니다."

그는 계속해서 말했다. "투명성과 책임의식은 베트남이 중견 국가로 성장하는 데 결정적으로 중요합니다." 바다 위에서라면 터키나 브라질 정도의 힘을 갖게 되는 것이다. "그러려면 무엇보다 베트남 법률의 대대적인 개선이 필요하죠." (사실 수십 년간의 성장 이후, 최근 베트남의 경기 부진을 극복하기 위해서는 모든 분야에서 대대적인 개혁이 요구된다.)

하노이에서는 남중국해 지역에서 힘을 보유한 중추적인 국가가 되고자 하는 베트남의 희망을 계속해서 듣게 되지만, 사이공에서는 그 모습을 눈으로 볼 수 있다. 사이공은 모든 면에서 하노이보다 크다. 널찍한 도로 양쪽에는 반짝반짝 빛나는 명품점과 고급 승용차 전시장 그리고 철골과 유리로 마감된 빌딩들이 서 있다. 프랑스풍의 멋진 와인바와 고급 식당들은 옛 프랑스 식민 도시의 느낌을 은근히 내비치고 있었다. 그레이엄 그린의 1955년 소설 『조용한 미국인』의 배경이자, 미국과의 전쟁 기간에 해외 통신원들의 소굴이었던 콘티넨털호텔은, 비록 커다랗고 하얀 결혼식 케이크와 같은 아우라와 함께 신고전주의풍 기둥이 옛 향수를 불러일으키고는 있지만, 지금은 새롭고 화려한 유명 고층 호텔 가운데에 묻혀 있다.

반세기 전 미군이 주둔했던 사이공의 인구는 250만 명, 1인당 GDP는 180달러였지만, 지금은 인구가 800만 명으로 늘었고, 1인당 GDP가 2900달러로 증가했다. 사이공의 인구는 베트남 전체의 9분의 1에 불과하지만, 사이공의 GDP는 베트남 전체의 3분의 1을 차지하고 있다. 보스턴의 한 회사는 약 1000억 달러를 투자해 이곳에 100층짜리 빌딩과 5개의 교량, 터널을 포함한 신도시 건설을 계획 중이고, 일본 기업은 6개 노선의 지하철을 건설 중이다. 사이공발전연구소의 관료들은 '글로벌-지역' 시스템 속에서 '친환경' 모델을 의미하는 '지속 가능한' 발전을 강조하고 있다고 말했다. 다양한 신도시와 구도시의 중심부에는 자가용 승용차와 오토바이 진입 제한은 물론 용도에 따른 엄격한 지구 구분이 도입된다. 그러나 미학적으로 깔끔한 '세계적 수준'의 도시, 신공항과 동남아시아의 항공 물류 허브, 대형 항만과 같은 얘기는 여전히 '싱가포르 주식회사'를 연상시킨다.

하노이는 지정학적이고 군사적인 어떤 권위를 나타낸다. 하지만 사이공의 자본주의적 번영 없이 그 권위는 결코 실현될 수 없다. 베트남이 오랜 라이벌이자 압제자인 중국에 맞서기 위해서는 사이공이 싱가포르의 복제품이 되어야만 한다. 그것이 바로 내가 이곳에서 읽어낸 메시지다.

물론 사이공이 이러한 지위를 획득하기 위해선 여전히 갈 길이 멀다. 베트남은 현재 경제적으로 중국과 유사한 어려움을 겪고 있다. 지난 수십 년간 두 나라의 공산당은 자국민의 생활 수준 향상에 크게 기여했지만, 한 단계 더 발전하기 위해서는 전보다 더 큰 도전을 제기할 개혁의 심화와 정치적 자유화가 요구된다.

한편, 베트남의 공산당 지도자들은 그들의 '프로이센 정신', 즉 철저한 자본주의 경제 정책과 중국으로부터 독립을 유지하기 위한 엄격한 정치적 통제를 시도하고 있다. 그들은 아랍의 봄을 경험한 나라들과는 달리 진짜 외부의 적에 직면해 있다는 점을 잘 알고 있다. (이데올로기 측면에서 유사하다 해도 말이다.) 그것은 아마도 베트남인들의 정치적 갈망을 누그러뜨릴 수 있을지도 모른다. 하지만 그들은 인도와 마찬가지로 미국과의 공식적인 조약 체결에 대해서는 매우 신중하다. 만약 미국과의 국방 조약이 정말로 필요해진다면, 남중국해 지역의 안보 상황이 분명 지금보다 훨씬 더 불안정해졌다는 것을 가리킨다. 여하튼 베트남의 운명은, 그리고 중국에 의한 '핀란드화' 가능성은 21세기의 태평양에서 미국의 세력 전개 능력에 달려 있다. 20세기의 베트남 운명이 그랬듯이 말이다.

제4장

문명의
콘서트?

중동과 중국의 교차점

석유와 천연가스로 번성한 도시가 빽빽한 녹음 속에서 솟아올랐다. 색색의 창문과 다양한 곡선 디자인의 철골 구조 건물들이 조류藻類와 진흙으로 뒤덮인 호수 근처에 로켓발사대처럼 자리 잡고 있다. 눈부시게 밝은 조명이 비추는 옥상의 수영장 수면에는 둥그런 풍선들이 반짝반짝 빛을 반사하며 물 위를 떠다니고 있다. 나는 그 옆에 앉아 핑크빛 칵테일을 홀짝거리며 도시의 야경을 바라본다. SF 영화 「배트맨과 고담도시」가 떠오른다. 지금은 고층빌딩들이 끝없이 이어지고 있지만, 100년 전만 해도 주석과 고무가 대량으로 채굴되기 시작했던 청록색의 뾰족한 산과 구불구불한 하천을 보니 뭔가 채워지지 않은 듯한 허전함이 느껴진다. 그때는 쿠알라룸푸르Kuala Lumpur가 이름 그대로 '진흙의 합류지'에 지나지 않았었다. 무역의 거점들과 여러 하천의 입구가 만나는 곳들로 이뤄진 군도인 말레이시아와 말레이 세계는 서머싯 몸의 단편소설들을 떠올리게 하지만, 이제 더는 그렇지 않다. 몸의 소설에서나 볼 수 있는, 광활하고 비옥한 정글을 배경으로 한 식민지 농장에서 펼쳐지는 아기자기한 가족 드라마는 이미 오래전에 사라졌다. 그러나 나는 눈에 보이는 모든 것에서 억눌려진 풍요로움을 느낄 수 있다. 물론 지금은 내 앞에 펼쳐진 최첨단의 풍경을 묘사하려면 다른 작가를 인용해야 할 것이다.

쿠알라룸푸르의 호화로운 고급 쇼핑몰들은 마치 물신 숭배의 제물이 된 듯 소비주의를 이데올로기 수준으로 올려놓았다. 페트로나스 타워로 몰려드는 인파와 색색의 투동* 밑으로 머리를 숨긴 말레이계 무슬림 여성들, 현란한 사리를 걸친 인도 여성들, 서양식 옷을 입은 중국 여성들로 가득한 쇼핑몰을 보면서 나는 소스타인 베블런, V. S. 나이폴, 어니스트 겔너, 클리퍼드 기어츠, 새뮤얼 헌팅턴 같은 철학자들을 차례로 떠올렸다. 사실 누구도 철학자로 분류되지는 않지만 말이다.

『유한계급론The Theory of Leisure Class』을 쓴 베블런은 미국의 가장 탁월하고 독특한 사회비평가다. 그는 이미 100년도 훨씬 전에 사람들이 마구잡이 소비를 통해 불필요한, 고급 브랜드 제품과 함께 자존감을 갈구한다고 말했다. 도시 거주자들이 많은 사람과 긴밀한 접촉을 하기 시작하면서 소비를 통해 자신의 사회적 지위를 표현하는 경향을 그는 "과시적 소비"라는 용어로 표현했다.[1] 지금의 말레이시아 무슬림이 20세기로 진입하던 시점에 베블런이 관찰한 미국인과 다르지 않다는 건, 무슬림도 우리와 다르지 않은 개인에 불과하다는 점을 보여준다고

• 말레이시아에서 여성들이 쓰는 히잡.

생각했다. 다시 말하자면, 무슬림 문명도 특별하지 않다는 것이다. 물론 이 점은 소설가이자 여행가인 나이폴이 1981년에 쓴 책 『신자들 가운데서: 이슬람 여정Among the Believers: An Islamic Journey』의 내용과는 완전히 다르다. 그는 책에서 "말레이인들의 태평스러움과 중국인들의 에너지 (…) 옛것과 새것의 차이는 말레이인과 중국인의 차이였다"라고 썼다.[2] 물론 지금도 마찬가지일지 모른다. 하지만 나이폴이 관찰했던 때보다는 그 정도가 훨씬 덜하다는 점만은 확실하다. (나이폴 역시 1998년에 펴낸 속편 『믿음을 넘어서: 개종자들과의 이슬람 여행Beyond Belief: Islamic Excursions Among the Converted People』에서 간략하게 언급한 것처럼 말이다.)[3]

이미 세상을 떠난 사회인류학자 어니스트 겔너도 무슬림 문화를 매우 세밀하게 관찰했다. 겔너는 이슬람이 기독교와는 달리 "(로마)제국 안에서" 탄생하지 않고, "(이슬람이 전복시키거나 점령해버린) 비잔틴과 사산조 페르시아라는 두 제국의 외부에서 탄생했다고 했다. 따라서 겔너에 따르면, 이슬람은 "초기의 전통 문명을 약화시키지도 않았고, 전통 문명의 유령이 되어 살아남지도 않았다. 이슬람은 스스로의 제국과 문명을 만들어냈다". 유대교나 기독교와 비교해, 그 자체로 "완전하고 최종적인" 문명으로서 이슬람은 사회 질서에 관해서는 논쟁의 여지가 없는 청사진을 제공한다.[4] 하지만 여전히 그 말이 맞는다면, 어떻게 베블런이 1890년대의 미국인들에게서 관찰한 것을 지금 내가 말레이시아의 무슬림에게서 볼 수 있단 말인가? 그 문명의 '특이함'이 어떤 방식으로든 이 쇼핑몰에서도 나타나야 하지 않을까? 말레이인에게 무슨 변화가 생겼단 말인가? 나 스스로에게 물어봤다.

나는 그 해답을 고인이 된 미국의 인류학자 클리퍼드 기어츠가 쓴 『문화의 해석The Interpretations of Cultures』의 한 구절에서 찾았다. 그는 외국 문화의 본질이 단순히 관찰자의 편견이라고 볼 수만은 없지만, 동시에 "인간의 기본적인 공통성"과 같은 것이 있다고 말했다.[5] 따라서 문화와 문명을 지나치게 강조하면 인간 본성 그 자체를 제대로 보지 못하게 된다. 내가 쇼핑몰에서 본 것은 적나라한 물질주의로 드러난 인간의 본성이었다.

하지만 반짝반짝 빛나는 쇼핑몰은 하나의 세계와도 같은 이미지임에도 불구하고, 그곳에는 여러 문명과 인종이 뒤섞여 있었다. 기어츠 자신도 말레이시아 문명이 여러 인종으로 구성되어 있어서, 적어도 상대적으로 오래지 않은 과거에 가졌던 상호 간의 "의심과 적대감이 합스부르크 제국을 덴마크나 오스트레일리아처럼 보이게 만들 수 있다"고 봤다.[6] 그건 좀 과장이겠지만, 말레이시아가 무슬림이 압도적 다수인 지역에서 중국인이 받아들여질 수 있다는 것을 보여주는 일종의 실험이라는 건 분명하다. 만약 실험이 성공한다면 최소한 새뮤얼 헌팅턴의 문명 충돌론을 반박할 수 있는 하나의 증거가 될 것이다.[7] 그 쇼핑몰은 적어도 아주 낮은 수준에서는, 고인이 된 하버드대학 교수의 근심을 덜어주는 것처럼 보인다.

물론 쇼핑을 하는 사람들이 마음속으로 무슨 생각을 하는지는 알수 없다. 헌팅턴을 비롯한 여러 학자의 이론과 같이, 근대화 과정 자체가 인종 간의 충돌로 이어질 수도 있다. 도시화의 결과로 과거에는 서로 분리되어 있던 집단 간의 접촉이 증가하고 경쟁의식이 강화되기도 한다. 특히 특정 집단이 다른 집단보다 빠르게 발전할 경우 더 그렇다. 정확히 말하면, 1950년대 말부터 1970년까지 말레이시아 경제가 25퍼센트 성장하는 동안, 중국인과 인도인의 소득 증가는 말레이인보다 빨랐고, 그것이 당시 빈번했던 인종 간 폭동 발생의 한 가지 원인이었다.[8]

하지만 헌팅턴의 친구로서 나는 그가 이 광경에 얼마나 매료되었을지 알고 있다. 무슬림, 중국인, 인도인의 융합이 중동과 중국을 연결하는 "세계 무역 네트워크의 중심"이라는 말레이시아의 입지를 상징하고 있기 때문이다. 19세기에도 말레이시아는 배로 중국에서는 3일, 아라비아에서는 3주일이면 도착할 수 있는 위치에 있었다. 말레이반도와 보르네오섬의 서북 해안을 포괄하는 말레이시아는 남중국해에서 인도양으로 이어지는 해상 교통로에서 깔때기와 같은 역할을 한다. 한때 상업항구로 번성했던 말라카는 두 계절풍이 만나는 곳에 자리하고 있다. 서남풍은 중동과 인도 대륙의 배들을 극동으로, 동북풍은 극동 지역에서 중동과 인도 대륙으로 배들을 밀어 보냈다.[9] 말레이시아의 "깔때기"는 바로 이 교통로들과 그들이 대표하는 문명들이 만나는 지점에 놓여 있다.[10] 그렇게 말레이시아는 하나의 고대 유적 발굴지에서 중국 도자기와 이슬람 동전, 남인도의 청동기가 함께 발견되는, 세계에서 몇 안되는 지역이다. 말레이시아가 개발도상국들의 신경 중추와도 같은 곳에 위치해 있다는 측면에서, 내가 앞서 언급한 쇼핑몰은 이런 역사적 사실의 21세기 버전이라 할 만하다. 이곳이 바로 아시아의 중심이고, 어느 정도는 세계의 중심이다. 또 그 쇼핑몰은 과거 제3세계에 속했던 국가가 이제 막 후기산업사회의 번영을 누리기 시작했음을 보여준다. 이는

"문명 간 힘의 균형"의 "근본적인 변화"가 서구 세력의 "지속적인 쇠퇴"를 의미한다고 본 헌팅턴에게는 결코 놀라운 일이 아닐 것이다.[11]

이슬람 세계의 모범생

말레이시아는 인구 구조의 측면에서 그리고 경제적인 측면에서 아시아 해양세계의 역동성을 보여주는 축소판이다. 또 중세와 근대 초기 말레이반도 서남단의 가장 중요한 화물 집산지였던 말라카의 역할을 훌륭하게 이어받았다. 말레이시아 2800만 인구의 60퍼센트는 무슬림 말레이인과 부미푸트라(말레이인도, 무슬림도 아닌 이반인, 무라트인, 카다잔인을 포함하는 보르네오섬의 토착민)다. 중국인은 주로 푸젠福建이나 중국 동남부의 다른 지역에서 노동자 신분으로 이주해왔으며, 전체 말레이시아 인구의 약 23퍼센트를 차지한다. 인도인은 전체 인구의 약 9퍼센트를 차지하는데, 주로 인도 동남부에서 온 타밀인으로 구성되어 있다. 그리고 나머지 수백만 명은 빈곤으로부터 도망쳐온 인도네시아와 방글라데시 이주민들 및 불법 체류자들이다. 2011년 유엔인간개발지수UN Human Development Index에 따르면, 말레이시아는 동남아시아에서 가장 부유하면서도 비교적 큰 국가다. 작은 나라인 싱가포르와 브루나이가 말레이시아보다 높은 지수를 기록했는데, 싱가포르는 해외 중국인들의 집단 거주지라 할 수 있고, 브루나이는 석유로 부를 축적했을 뿐이다.

부는 도시화와 자산계급의 형성으로 이어진다. 쿠알라룸푸르에 있는 전략운용센터Centre for Strategic Engagement의 리타 심에 따르면, 이는 소비지상주의뿐만 아니라 서로 다른 인종 간의 "협상된 긴장"을 의미하기도 한다. 도시 생활은 다양한 집단을 전 세계적으로 동일한 물질주의의 참여자로 만들기도 했지만, 무슬림 말레이인을 다른 집단들로부터 분리시키는 '글로벌 이슬람global Islam' 같은 현상도 초래했다. 쇼핑몰의 광경은 헌팅턴의 이론을 반박하는 듯 보였지만, 그것은 첫인상일 뿐이었다. 말레이시아에서 머물던 몇 주 동안 내가 만난 학자와 전문가들은 복잡하게 얽혀 있는 말레이시아 내부 집단 간의 관계를 드러내 보여주었다. 그것은 실제로 『포린어페어』에 실린 헌팅턴의 유명한 논문과 이후 좀더 정교하게 정리한 저서 『문명의 충돌』의 주장을 확인시켜주었다.[12]

긴밀한 접촉이 집단 상호 간의 이해를 촉진시켰을지는 모르지만, 반드시 그들의 조화를 만들어내는 것은 아니다. 특정 지리적 공간 속 여러 인종의 세계주의cosmopolitanism로부터도 분명히 민족주의가 출현할 수 있다. 하지만 내가 이곳에서 만난 모든 사람은 말레이시아가 아직은 그 단계에 이르지 못했고, 따라서 그 다양한 구성원들은 결코 진정한 애국심을 경험할 수 없을 것이라고 말했다. 어쩌면 말레이시아는 정서적인 유대감이 형성되기에는 물리적으로 그리고 공동체로서 너무나 다양해서 하나의 연대감을 갖는 집단을 만들어내지 못하는 것 같다. 말레이반도 서북부에는 중국인들이 거주자의 다수인 페낭이, 동북부에는 사실상 이슬람이 지배하는 (비공식적으로는 두박과 매춘이 허용되는) 켈란탄이 있었다. 사라왁과 사바의 외딴 지역에서 비말레이계 토착민들인 부미푸트라의 거주는 말할 것도 없다. 말레이반도와 보르네오섬 서

북부 지역으로 이뤄진 이 매우 모호한 지리적 특성을 가진 모호한 국가에서 집단 간의 긴장이 말레이시아 민족주의의 발전을 가로막아왔다는 것은 사실이다. 따라서 이를테면, 단일한 인종으로 구성되어 매우 강한 민족주의 성향을 지닌 베트남의 뚜렷한 반중 정서가 말레이시아에는 존재하지 않는다.

중국에 대해 상대적으로 우호적인 태도에 관해서 말할 때면, 말레이시아인들은 중세 및 근대 초기에 명나라와 말라카 항구가 친밀한 관계를 형성했던 점을 자주 거론한다. 하지만 말레이시아가 자신의 문제점에만 갇혀 있어서 특히 다소 막연해 보이는 외부 위협에는 관심을 갖지 못했다는 것이 진실에 좀더 가깝다. 중국의 부상은 말레이시아 화교에게는 즐거운 일이고, 마찬가지로 인도의 부상 역시 인도계 말레이시아인에게는 좋은 일이다. 반면 말레이시아의 다수를 점하고 있는 말레이인은 중국의 부상으로 인한 어떤 불안감 때문에 점점 더 아랍 무슬림 세계에 의존해왔다. 다시 말해, 그들은 중국 문제로부터 도피해온 것이다.

이 산만한, 응집력이 약한 국가 정체성은 보르네오섬의 사바와 사라왁은 말할 것도 없고 영국 통치기의 말레이반도마저 통일된 적이 없다는 사실로 잘 설명된다. 19세기 말 영국은 셀랑고르, 페라크, 셈빌란, 파항으로 이뤄진 말레이연방을 지배했다. 1946년에는 말라카, 페낭, 딘딩, 싱가포르가 영국령 동남아시아 해협 식민지에 포함되었다. 인근 여러 섬의 말레이 술탄 왕국 9개도 포함되었다. 한때 마하티르에 의해 감옥생활을 했던 현지 시민단체 대표 찬드라 무자파르는, 당시에는 지역마다 자신만의 곡식저장고를 보유하고 있었다고 말했다. 정체성은 마을과 도시를 중심으로 형성되었는데, 냉전 초기였던 독립 직후 약 10년 동안 국가 기구를 중앙집권화시킨 것은 바로 공산당의 게릴라 반란에 대한 영국 주도의 군사적 대응이었다.

그러나 말레이시아의 오늘을 만든 핵심은 바로 도시로의 이동이라고 국회의원 류친통은 말했다. 1950년대에는 여러 인종 집단이 서로 분리된 시골에서 살았다. 한 집단의 구성원이 다른 집단의 구성원을 만나는 일은 매우 드물었다. 정치는 주로 영국식 교육을 받은 마을과 도시의 엘리트들에게 위임되었고, 그들이 쿠알라룸푸르에서 벌어지는 정치적 협상에 참여했다. 타협은 고위층에서 이뤄졌기 때문에, 1970년대까지 지속된 농촌의 시대는 지방에 전통적인 후원 시스템을 낳았다. 1969년의 쿠알라룸푸르는 중국인의 도시였다고 류친통이 알려주었다. 농촌의 말레이인들은 훗날 적극적인 차별 철폐 조치가 취해진 뒤에야 이주하게 되었다는 것이다. 당시 쿠알라룸푸르에 살던 말레이인들은 대부분 중산층 중국인들과 격리된 빈민가에 거주했다. 하지만 2010년대에는 말레이시아 인구의 70퍼센트가 도시에 거주하고 있으며, 50퍼센트가 25세 이하이고 전 세계에서 페이스북 이용자 비율이 가장 높다. 아시아개발은행ADB에 따르면, 대략 전체 인구의 50퍼센트가 중산층이고, 그 외 40퍼센트 역시 경제적으로 중상위 또는 중하위 계층이다.

말레이시아의 사회 변동은 다수 인종인 말레이인을 중심으로 일어났다. 영국 식민지 말기 말레이의 특성은 시골 촌락을 일컫는 말인 '캄풍' 생활과 연관되어 있었다. 물론 그런 손쉬운 편견이 많은 말레이인이

상인과 수공업자였다는 사실을 덮어버리기도 했지만 말이다.[13] 그럼에도 불구하고 말레이의 이상은 여전히 강력했다. 호주의 역사학자 앤서니 밀너의 표현에 따르면, 그 이상은 여러 섬의 해적들, 송켓 직물●, 캄풍 "여기저기에 널린 집들과 늘 그 옆에 있는 야자수들"의 이미지를 불러일으킨다. 1990년대에 이르러 쿠알라룸푸르가 부상하기 전까지, 중심 정치체가 없는 "단절되고 유동적인" 지역이었던 말레이시아의 모호함은 이후 말레이시아 민족주의의 모호함과 연결된다.[14] 말레이시아는 인접한 자바섬의 보로부두르와 같은 위대한 불교 건축물로 상징되는 거대한 해상 문화, 물질문화가 없고 따라서 그런 문화에 구속되지도 않는다. 하지만 말레이시아 역시 중국 문명과 인도 문명이 만나는 지리적인 위치로 인해 풍부한 전통문화를 보유하고 있다.[15]

하와이대학의 역사학자이자 동남아시아 전문가인 레너드 안다야는 말레이 세계에 관한 그의 명저 『같은 나무의 잎사귀들Leaves of the Same Tree』에서, 말레이인은 자바인이나 시암●● 인 또는 포르투갈인처럼 분명한 구분이 필요할 때만 "말라유Malayu"라는 용어를 사용했다고 말했다. 그 외의 모든 경우에는, 말레이인Malays이 "말레카인men of Maleka" 또는 "조호르인men of Johor"처럼 특정 지역과 "연결된다"고 덧붙였다. 안다야의 견해에 따르면, 말레이인의 정체성은 혈통이 아닌 동남아시아 바다를 가로질러 뻗어 있는 "항해로"를 따라 형성되는 "상호작용의 패턴"에 의해 만들어졌다.[16] 말레이의 정체성이 뚜렷하지 않고 오히려 유연했기

● 금실, 은실로 짠 말레이시아 전통 직물.
●● 타이Thailand의 옛 이름이다.

때문에 이슬람과 쉽게 융합될 수 있었다.

원래 말레이반도에 이슬람을 전해온 이들은 12, 13세기에 바다를 통해 도착한 인도의 무슬림 상인들이었다고 여겨진다. 학자인 조지프 친용 리우는 "인종과 종교 사이의 관계가 너무나 가까워서, 이슬람으로 개종했다는 뜻의 단어 '마수크 멜라유masuk melayu'는 '말레이인이 된다"라는 의미라고 했다. 현대 말레이시아가 생각해내기도 훨씬 전에 말레이의 정체성이 이슬람으로 굳어진 것은, 무엇보다 16, 17세기부터 수마트라 북쪽 끝의 말레이계 아체인이 인도와 중동의 이슬람 왕국과 활발한 무역을 했고 이를 통해 이슬람 학자들이 건너왔기 때문이다.[17] 그리고 말레이반도에 존재하던 여러 술탄 왕국이 더 이상 과거와 같은 영향력을 행사하지 않게 되자, "말레이 정체성의 핵심으로서 이슬람의 역할은 더욱 뚜렷해졌다".[18]

도시 이주와 결합된 거대한 사회적 변화는 서구의 자유주의 사상 및 글로벌화된 이슬람을 접하게 되는 것을 의미한다. 그리고 자유주의 사상에 맞닥뜨린 말레이인은 이슬람에서 피난처를 찾게 되었다. 특히 인구 150만 명의 쿠알라룸푸르에서는 점점 더 많은 여성 무슬림이 투동과 같은 보수적인 옷차림을 선택하고 있다. 1970년대부터 남성들은 아랍식의 긴 옷차림과 두건을 착용하기 시작했다. 아랍의 어휘들, 특히 "앗살람 알라이쿰as-salamu alaykum"●과 같은 공식적인 인사가 뿌리를 내렸고, 다크와dakwah, 즉 이슬람식 "부흥운동"이 성장했다. 오래된

● '신의 이름으로'라는 뜻이다.

이슬람 사원들이 인도 대륙의 영향을 받은 말레이 로컬 스타일로 지어졌다면, 새로운 사원들은 중동의 건축 양식을 분명하게 표현하고 있다. 이슬람 하다리Islam Hadari, 즉 "문명화된" 이슬람이라는 정치 구호는 경제발전과 이슬람화를 통합시키려는 시도가 되었다.[19]

말레이인은 이제 이슬람 율법을 공부하기 위해 카이로의 알아자르 대학과 같은 보수적인 중동의 연구 기관들로 유학을 떠나고, 말레이시아국제이슬람대학은 말레이시아로 몰려오는 아랍인과 이란인을 위해서 법학과 경제학 과정을 아랍어와 영어로 가르치고 있다. 사이푸딘 압둘라 고등교육부 차관은 말레이시아가 중동의 무슬림에게는 최적의 장소라고 설명했다. "그들은 영어로 현대 교육을 받을 수 있죠. 음식은 모두 이슬람 율법에서 허용하는 할랄 식품이고요. 물가는 상대적으로 비싸지 않고, 기후도 쾌적합니다. 중동에 비해 우리는 더 다양한 문화를 갖고 있고 상대적으로 진보적이죠. 대부분의 아랍인과 이란인은 자국과 유사하면서도 좀더 자유로운 곳을 원하는데, 그곳이 바로 여깁니다."

국제이슬람사상·문화연구원의 부원장인 압둘라 알아산 교수는 말레이시아가 통일말레이국민조직United Malays National Oranigation, UMNO이라는 단일 정당에 지배되기는 하지만, 무슬림 국가 중 유일하게 1957년부터 정기적으로 선거를 치러왔다고 주장했다. "말레이시아는 영향력을 발휘하고 있는, 무슬림 세계에서는 모범적인 국가죠. 우리 연구원을 거쳐간 많은 이가 중동 여러 나라에서 고위직을 차지하고 있습니다." 아마도 알아산 교수의 가장 유명한 학생은 1990년대 초반 말레

이시아에서 공부했던 아흐메트 다부토글루 터키 외교장관일 것이다.●
이슬람 세계를 향한 다부토글루의 새롭고 창의적인 외교 정책은 터키
가 더 이상 서방 세계에만 의존하지 않는 중견 국가가 되도록 만들었
다. "다부토글루에게 바깥세상을 볼 기회를 준 것이 바로 말레이시아였
죠." 이슬람의 본질을 잃지 않으면서도 글로벌 마인드를 심어준 것이다.
그리고 다부토글루는 자신의 조국 터키가 그런 비전을 갖도록 만들 수
있었다.

　말레이시아의 현대 이슬람 문명의 뿌리는 도시화보다 앞서 있다는
사실을 알아야 한다. 페낭의 무슬림 지식인 칼둔 말렉은 말레이시아와
중동의 관계가 중세로까지 거슬러 올라간다고 설명했다. 주기적인 계절
풍이 범선을 밀어왔기 때문에, 인도양 문화와의 결합은 증기선의 출현
이전부터 가능했다는 것이다. 증기선이 범이슬람주의를 강화시킨 것은
사실이다. 그래서 19세기 후반 페르시아의 자말 압딘 알아프가니와 이
집트의 무하마드 압두의 이슬람 근대화 운동은 이슬람 자체에서 보편
적인 원리를 찾아 기술적으로 앞선 서방으로부터의 도전에 대항하고자
했는데, 그것은 말레이시아의 도시화보다 훨씬 앞선 것이었다. 이런 발
전을 통해 말레이시아는 중동이 아시아에서 거둔 풍성한 결실이 되어
번창했다. 말레이시아에서 이슬람을 제한하고, 한편으로는 이슬람의 자
기 절제를, 다른 한편으로는 불안정을 제공하는 것은 이슬람 인구가 전
체의 80~90퍼센트가 아닌 60퍼센트에 불과하다는 독특한 사실이다.

● 아흐메트 다부토글루는 2014년 8월부터 2016년 5월까지 터키의 총리를 지냈다.

그리고 말레이시아의 다른 구성원들도 스스로 매우 풍부한 문화적 전통을 가지고 있다.

　말레이시아 이슬람 문명에 대한 가장 큰 도전자는 중국 문명이다. 말레이시아의 화교사회는 세계에서 가장 순수하다고 말할 수 있다. 그들은 중국처럼 문화대혁명으로 인한 문화적 단절을 경험하지도 않았고, 싱가포르의 화교사회와 같은 급격한 서구화도 겪지 않았다. 게다가 과거 말레이시아 화교사회가 중국 남부 푸젠에서 온 화교들과 페라나칸 peranakan으로 알려진 말레이시아 출생 화교들을 포함한 다양성이 그 특징이었다면, 지금은 단일한 민족주의적인 화교 정체성이 말레이시아의 대도시들에 뿌리 내리고 있는데, 역시 글로벌화의 산물이라 할 수 있다. 이는 과거 지역별, 촌락별로 다양한 힌두교 분파를 가지고 있었던 인도에서 최근 수십 년 사이에 단일 힌두교가 뿌리 내리고 있는 상황과 비교해볼 만하다. 힌두 민족주의의 기반이 바로 이 단일한 힌두교였던 것이다. 말레이시아 화교의 정체성이 특정 정치적 분파들과 연계되어 있기는 하지만, 그들은 비즈니스에 밝은 중개인의 특성을 가진 소수민족이라는 점에서 민족주의적인 대국을 지향하는 인도인과는 매우 다르다. 그러나 『이코노미스트』의 표현대로, 이곳에서 "인종과 종교를 나누는 선이 날카로워지면서", 말레이시아의 화교가 인종적으로 좀더 엄격한 기준을 가지고 자신의 정체성을 규정할 가능성도 있다.[20]

　"어렸을 때는 무슬림이 우리 집에 자주 놀러 왔습니다만", 쿠알라룸푸르의 한 중국인 학자가 내게 말했다. "이제는 중국인의 집으로 무슬림을 초대하는 일은 매우 드뭅니다. 중국인들이 접시와 은식기를 아무리 깨끗이 씻어도 무슬림의 눈에는 돼지고기의 잔여물이 남아 있어 집 전체가 오염되어 있다고 보는 겁니다." 말레이시아에 머무는 동안 비슷한 이야기를 여러 차례 들었다. 하지만 내가 아는 무슬림 학자 한 명은 그런 설명이 반은 맞고 반은 틀리다고 말했다. 그의 설명에 따르면, 대개 엘리트끼리만 왕래하게 되는데, 예전에는 세계주의자로서 무슬림들이 같은 엘리트 서클의 일부인 엘리트 화교 가정을 방문했지만, 지금의 새로운 중산층 화교는 새로운 중산층 무슬림을 상대해야 하는데 그들은 할랄 준수에 매우 엄격하다는 것이다.

화교와 인도인은 말레이어를 할 수 있지만, 주로 도시의 독실한 이슬람 신자인 말레이인은 중국어도 힌두어도 못한다. 말레이인은 또한 도시 빈민과 동의어이기도 한데, 다른 많은 개발도상국과 마찬가지로 빈곤은 말레이시아에서도 가장 두드러진 사회 문제다. 다시 말하자면, 사회적 긴장은 높았지만, 풍부한 석유와 천연가스가 소비경제를 지탱할 수 있었고, 수많은 사회복지 기관이 그 긴장을 억제할 수 있었다. 통계에 따르면 실업률은 4퍼센트 수준인데, 개발도상국 중에서는 매우 낮은 편이다. 결정적으로 지난 40년 동안 말레이시아에서는 인종 폭동이 없었다. 스리랑카나 피지처럼 말레이시아에서도 서로 다른 인종 집단이 따로따로 살고 있었지만, 그 나라들과는 달리 인종 간의 전쟁이나 폭동이 전혀 없었다.

따라서 말레이시아는 내부의 균열에도 불구하고 비교적 성공적인 탈식민 과정을 겪었다. 무엇보다 잊지 말아야 할 것은 수백만 명이 가난에서 벗어났고 사회적 지위가 개선되었다는 점이다.

마하티르의 개혁

오늘날 말레이시아의 역동적인 경제발전과 기술 발전은 결코 우연이 아니었다. 그것은 상당 부분 1981년부터 2003년까지 말레이시아 총리●였던, 전직 의사 마하티르 빈 모하맛의 업적이기도 하다. 나이 56세에 총리에 오른 마하티르는 1925년 이슬람 색채가 분명했던 케다주 서북부의 알로르 세타르의 한 시골 빈민가에서 아홉 남매 중 막내로 태어났다. 어린 시절부터 항상 경제적 어려움을 겪었던 그는 힘들게 성장했고, 수십 년간 그와 같이 낮은 사회적 신분을 가진 사람에 대한 차별이 심한 말레이시아의 난장판과도 같은 지방 정치를 거쳤다. 그래서 그는 권력을 획득하자마자 과감한 개혁을 결심했다. 실제로 그의 통치 철학은 온전히 그의 개인적인 경험을 기반으로 형성되었다. 마하티르는 제2차 세계대전 중에 일본군이 영국 병사를 총검으로 찌르는 잔인함을 직접 목격하기도 했지만, 일본 점령기에 대한 그의 전반적인 인상은 말레이의 "후진성과 무능"이었다. 전쟁 직후 현대화된 싱가포르에 체류하는 동안, 훨씬 현대적이고 도시화된 화교와 인도인에 비해 너무나 세련되지 못한 동포 말레이인 이미지가 그의 머릿속 깊숙이 새겨졌다. 마하티르는 말레이인의 조악한 일상생활에 대한 예민한 감각을 통해 말레이인과 화교 그리고 인도인 사이에 "적대감이 쌓여가는" 것을 볼 수 있었다. 그리고 그의 예감대로 1969년 말레이시아에 인종 폭동이 발생해

● 2018년 5월 다시 한번 총리에 당선되어, 현재 세계 최고령 국가수반이기도 하다.

수백 명이 칼과 쇠몽둥이에 희생되었다.

마하티르의 정치적 부상은 좀더 혜택받은 인종에 대한 말레이인의 분노를 포착해낸 그의 능력 덕분이다. 화교나 인도인은 언제든 돌아갈 수 있는 커다란 고향이 있었지만, 말레이인은 갈 곳이 어디에도 없었다. 또 말레이인이든 아니든, 전체 인구의 60퍼센트를 차지하고 있는 "땅의 아들" 부미푸트라라는 그들의 땅 위에서 오히려 박탈감을 느끼고 있었다.

1970년에 출판한 『말레이 딜레마The Malay Dilemma』에서, 마하티르는 말라카 해협과 남중국해 남쪽 여러 섬의 토착 무슬림 말레이인을 "확정적definitive 인종"이라고 옹호했다. 화교나 인도인과 같은 이민자들에게 말레이어를 배우도록 했고, 무슬림 말레이인이 여러 왕실은 물론, 말레이시아의 관료 시스템과 군대, 경찰, 사법부 및 주요 국가 기구들을 통제하게 되었다. 다시 말하면, 19세기 영국 철학자 존 스튜어트 밀이 새로운 민주주의에 관해 걱정했던 다수에 의한 독재가 말레이시아에 들어서게 된 것이다.[21] 사실 말레이인의 후진성에 대한 마하티르의 해결책은, 말레이인에게 일종의 적극적 우대 조치를 취해 점차 다른 인종과 비슷한 수준으로 끌어올리자는 "건설적 보호"였다. 그렇게 말레이인은 사회적·경제적 특권을 갖게 되었다. 물론 너무 많은 특권으로 게을러지지 않도록 하는 수준에서 말이다.[22]

마하티르는 말레이인의 나태, 수동성 그리고 시간과 돈, 재산에 대한 부정적인 태도를 공공연하게 지적했다. 그는 무스타파 케말 아타튀르크가 터키의 문화를 변화시킨 것과 비슷한 수준으로 말레이 문화를 변화시키고자 했다. 다만 아타튀르크가 터키인들을 종교로부터 분리시키려 했다면, 마하티르의 선택은 오히려 말레이인을 이슬람화하는 것이었다. 나이폴이 책을 출간한 해에 권력을 쥐게 된 마하티르는 이슬람이 경제적 역동성 및 사회적 에너지와 공존할 수 있음을 보여주었고, 나이폴이 틀렸음을 입증했다. 따라서 한편으로 보면, 마하티르의 성취가 더 위대하다고 할 수도 있다. 마하티르의 집권 기간에는 기도 시간을 알리는 메시지가 국영 라디오와 텔레비전을 통해 방송되었다. 이슬람의 엄격한 윤리적 잣대를 이용해 정실주의와 부패를 제거하기도 했지만, 케말리즘Kemalism과 반대로 말레이 여성들은 "각양각색의 베일"로 자신의 머리를 감쌌다. 마하티르는 깊은 신앙심을 과학과 기술에 대한 굳은 신념과 결합시킬 수 있었고, 덕분에 동남아시아 변방의 무슬림 국가 말레이시아는 이슬람의 가치에 관한 중동지역의 토론에서 중심을 차지하게 되었다.

싱가포르의 독재자 리콴유가 세속주의를 이용해 애국심을 강화했다면, 마하티르는 이슬람으로 말레이시아의 애국주의를 뒷받침했다. 물론 그것은 말레이시아의 다수를 점하는 말레이인에게만 요구되었다. 사이푸딘 압둘라 교육부 차관은, 마하티르가 "이슬람 기술 관료들을 이용해 현대적인 국가를 건설함으로써 전 세계에 온건 이슬람 노선이 어떤 것인지 보였주었죠"라고 내게 말했다. 그는 "마하티르는 서구가 아닌 일본과 한국의 경험을 보면서, 서구화하지 않고도 현대적인 국가가 될 수 있는 방법을 알게 되었습니다"라고 덧붙였다. 마하티르는 그 자체로 중견 국가 그리고 전 세계적으로 비서방 국가들의 부상을 상징하게 되었다.

아랍인과 이란인 모두 마하티르를 존경했다. 그가 팔레스타인을 지지하고 결과적으로 유대인과 서방 세계를 규탄했기 때문이다. 마하티르는 무슬림의 보스니아를 옹호했고, 미국의 이라크 침공을 반대했다. 그의 호전적인 이슬람주의 외교 정책은 말레이시아의 정체성을 강화하기 위한 것이었다. 문제는 그의 이슬람 중시 정책이 무슬림 말레이인과 화교, 인도인 간의 관계를 악화시켰다는 점이다.[23]

자신이 속한 인종 집단의 위상을 높이는 것은 마하티르의 광범위한 계획의 일부였을 뿐이다. 마하티르는 그가 존경하는 영웅들을 내세워 자신의 야심을 드러냈다. 터키의 국부 케말과 러시아의 표트르 대제, 한국의 박정희 대통령이 그들이었다. 마하티르의 22년 총리 재임 기간에 말레이시아 경제는 연평균 6.1퍼센트 성장했고, 당시 전 세계 개발도상국 중에서 가장 빠르게 성장한 나라 가운데 하나가 되었다. 생필품 위주의 경제에서 공산품을 생산하기 시작해 곧 공산품이 전체 수출의 70퍼센트를 차지하게 되었다. 마하티르 정부는 공항과 고속도로, 교량, 고층빌딩, 컨테이너 항만, 댐, 컴퓨터 네트워크 건설에 돈을 쏟아부었다. "기술에 능통한" 마하티르는 교통과 통신 인프라가 한 국가의 성공에 얼마나 중요한지 잘 이해하고 있었다. 이미 고인이 된 『아시아월스트리트저널』의 전 편집장 배리 웨인은 신중하면서도 객관적인 입장에서 『말레이시아의 독불장군Malaysian Maverick』이라는 제목의 마하티르 전기를 썼다. 그는 마하티르가 총리로서 "채찍과 당근을 적절히 사용해 말레이시아 사회에 평화와 지속적인 경제성장을 가져왔고, 상당수의 비무슬림, 특히 화교들은 이민을 선택하기도 했지만 점점 더 많은 말레이시아인은 중산층이 되는 즐거움을 누렸다. 더러 비판적인 사람들도 있었지만, 생활 수준이 올라가는 것을 위태롭게 하거나 일부러 배척 등의 행동으로 위험을 무릅쓰려는 사람은 거의 없었다"고 평가했다.

한 말레이시아 비평가는 "지속적인 번영을 위해서는 '정치보다는 경제' '민주주의보다는 안정'이 필요하다는 것을 말레이시아 사회에 설득시킨 점이 마하티르의 중요한 성과"라고 말했다. 찬드라 무자파르는 "이제는 말레이인 의사, 변호사도 있고 중국인들과 비교할 만한 진짜 말레이 중산층도 존재합니다. 이 모든 것이 폭력을 통해서가 아니라, 민주주의를 통해 이뤄졌죠"라고 말했다. 하지만 마하티르의 통치 스타일은 전통적인 권위주의였다. 정적과 시민사회 활동가들을 모두 감옥에 가두어, 근대적이고 첨단 기술로 산업화된 말레이시아라는 그의 비전에 누구도 이의를 제기할 수 없도록 만들었다.[24]

마하티르는 거시적인 관점을 가지고 통치하면서도 세밀함을 놓치지 않았다. 그는 꼼꼼하면서도 통찰력을 가지고 여전히 아픈 환자를 대하는 의사처럼 말레이시아를 다스렸다. 하수도와 공공화장실을 불시 점검하고 위반 사항을 직접 노트에 적기도 했다. 공무원들이 모두 이름표를 착용해 민원인이 쉽게 이름을 확인할 수 있도록 했다. 그럼에도 불구하고 그는 수준 높은 미적 감각과 야심을 가졌고, 일본인에게 설계를 맡겨 세계에서 가장 아름답고 거대한 공항 중 하나인 포스트모던 스타일의 쿠알라룸푸르국제공항을 만들었다. 마하티르는 또 쿠알라룸푸르에 인접한 푸트라자야에 새로운 행정수도를 건설했다. 페르시아와 무굴, 말레이 스타일이 혼합된 양식에 터키석의 푸른색이 풍부한, 동화

속에 나올 법한 돔 지붕을 가진 그곳의 건축물은, 파키스탄의 계획도시이자 수도로 건설된 이슬라마바드의 과장된 스탈린식 무굴 건축물보다 훨씬 더 눈을 즐겁게 해주었다. 푸트라자야와 이슬라마바드의 차이는 미학적인 측면에서 말레이시아와 파키스탄의 차이를 보여준다. 그것은 무슬림이 지배적인 건강한 사회와 순전히 무슬림으로만 이뤄진 건강하지 않은 사회의 차이다. 쿠알라룸푸르에는 말레이시아의 석유 재벌이 건설한, 한때 전 세계에서 가장 높았던 88층의 페트로나스 트윈타워가 있다. 작고한 아르헨티나계 미국인 건축가 시저 펠리가 설계한 그 빌딩의 외형은, 세심한 관리자 마하티르의 주장에 따라 꼭대기에서 아랫부분까지 전체적으로 이슬람의 별과 같은 형태로 만들었다. 페트로나스 타워의 빛나는 철강과 유리로 마감된 외형 그리고 야간에 반짝이는 색색의 찬란한 불빛들은 그의 거대한 야심과 영감을 잘 보여준다.

전 세계 지도자들이 가장 많이 즐기는 스포츠인 골프를 시간 낭비라고 경멸했다는 일화에서 마하티르의 에너지가 잘 나타난다. 그의 부정적인 면도 적지 않았다. 자신에 대한 개인 숭배를 허용했고, 공무원들이 책임감을 갖고 일하도록 노력한 반면, 성실보다는 복종을 더 강조하는 시스템을 만들었다. 부총리였던 안와르 이브라힘과 같은 정적들은 인신공격을 이용해 파멸시켰다. 1960년대의 화교에 대한 공격과 1997~1998년 아시아 경제 위기 때의 전 세계 유대인에 대한 비판은 그의 편견과 반유대주의 정서를 드러냈다. 그는 인종 간의 경쟁을 진정시키지 않고 오히려 격화시켰는데, 그것이 오히려 지지자들의 환심을 살 수 있다는 거친 정치적 계산의 결과물이었다. 이스라엘의 팔레스타인 점령이 말레이 무슬림에게는 실존적인 문제라는 점을 인식한 그는 국내 정치를 위해 전 세계 미디어를 통한 고의적인 선동에 나섰다.

마하티르는 비열하고 편협할 뿐만 아니라, 극단적으로 불안정하기도 했다. 그는 권력을 장악한 이후 1904년에 세워져 영국고등법무관의 사무실로 쓰였던 대저택 카르코사 세리 네가라를 몰수해버렸다. 언덕 위에 있는 그 아름다운 대저택은 영국인들에게 특별한 의미가 있었다. 영국 육군 원수 제럴드 템플러가 1950년대에 공산주의 게릴라들을 상대로 영국 전쟁사의 기념비적인 대게릴라 작전을 지휘했던 곳이기 때문이다. 하지만 '문자 그대로 백인들이 높은 곳에서 내려다보는 것'을 싫어했기 때문에, 마하티르는 그냥 그 건물을 빼앗아버렸다.

서방의 미디어는 언제나 박수 칠 수 있는 영웅이나 비난을 퍼부을 수 있는 악당을 원한다. 그러나 현실은 다르다. 완벽하게 선한 인간은 없다. 위대한 지도자도 끔찍한 잘못을 저지를 수 있다. 그것이 마하티르가 주는 교훈이다. 마하티르는 특히 무슬림 세계 속에서 무슬림이 다수인 말레이시아를 지도 위에 올려놓고, 그렇게 어느 정도 인위적으로 만들어진 국가를 위해 공통의 정체성을 부여함으로써 서방으로부터의 압력을 막아낼 수 있었다. 서방의 상대적인 쇠퇴를 목도하고 있는 지금, 그가 통치한 말레이시아의 역동성은 웅대한 서사시의 일부를 구성하고 있다.

취약한 정체성과 국가

호주 학자 해럴드 크라우치의 표현대로 마하티르의 통치 스타일에는 "'민주주의'와 '권위주의'라는 이분법이 명확하게 적용되지 않는다". 그리고 말레이시아에 깊게 새겨진 인종적, 문명적 분열과 최근의 정치적 불안정에도 불구하고, 이 혼합된 또는 "애매모호한" 체제는 상당히 안정적인 정치 질서의 토대를 제공하는 "어느 정도의 일관성"을 보여주었다. 마하티르의 독특한 체제는 대중의 요구에 대해 "억압적이면서도 동시에 즉각적으로 반응했고", 반대자를 진압하면서도 문제는 해결했다. 선거제도는 야당에 불리하고 정부에 유리했지만, 선거가 활발하게 치러졌고 집권당의 구성원들은 자신의 의석을 유지하기 위해 치열하게 싸워야 했다. 마하티르는 집권 기간에 빈곤 인구를 절반 수준으로 줄였다. 하지만 안정을 위협하는 "집단들 간의 심각한 분열" 때문에, 자유를 추구하는 중산층의 성장이 완전한 민주주의로 이어지지는 못했다. 이 체제의 딜레마는 새로운 중산층도 인종을 가르는 선을 따라 확고하게 나뉘어 있다는 점이었다.[25] 역시 완전무결한 것은 없는 법이다.

말레이시아에도 군사적인 긴급조치법이 있었고, 사람들은 재판 없이 감금되기도 했으며 언론 및 노동조합 활동이 제한되었다. 그럼에도 불구하고, 1996년 크라우치가 쓴 대로, "폭력의 가능성이 상존한 사회에서 말레이시아의 엘리트와 많은 국민은 민주주의의 진진보다는 안정을 중시하는 경향을 보였다".[26] (폭력의 근원이 인종 간의 충돌이 아니라, 말레이인 내부의 세속파와 비세속파 간의 정치적 분열이라는 주장도 있다.) 서로 다른 인종 집단 간의 분열 외에도, 무슬림 말레이 사회는 아홉 개의 술탄 왕국에다 해협 식민지였던 말라카와 페낭 그리고 보르네오섬의 사바와 사라왁으로 나뉘어 있었다. 그 불안정한 구조는 영국 식민주의에 대한 말레이시아의 독립 운동을 방해했으며, 오늘날에는 말레이시아의 고도의 연방주의 시스템으로 나타난다.

따라서 말레이시아는 근본적으로 포스트모던 사회다. "정치적으로 우리는 인종에 의해 분열되어 있기 때문에, 말레이시아 정체성이라는 건 없습니다. 정치인들이 우리가 그런 정체성을 가지고 있다고 선언하는 건, 사실 그 자체가 불안정을 알리는 신호인 셈이죠. 우리는 단지 평화롭게 나뉘어 살고 있는 집단들일 뿐입니다"라는 게, 자이드 이브라힘 전 법무장관의 설명이다. 그의 견해에 따르면, 말레이시아는 민족주의에 대한 경험 없이 이미 민족주의를 넘어섰다. 영어 교육과 더불어 이슬람 학교와 사립학교들의 폭발적 증가로 더욱 글로벌한 사회가 만들어지고 있다.

말레이시아가 추진해온 국방의 현대화는 민족주의의 발현이기보다는 싱가포르에 "뒤지지 않으려는 심리"에서 비롯되었다고 한 국방 관료가 말했다. "싱가포르가 무기를 구입했기 때문에 우리가 무기를 구입하는 거죠"라고 그는 말했다. 말레이시아인들은 전쟁이 일어나면 싱가포르의 우월한 공군이 "6시간에서 10시간" 내에 말레이시아를 항복시킬 수 있다며 걱정한다. 물론 말레이시아 사람들에게 싱가포르가 공격할 이유가 무엇이냐고 물어보면, 그들은 대답을 못 한다. 그럴 이유가 전혀 없고, 말레이시아인들도 그것을 알고 있으며, 위협도 느끼지 않기 때문이다. 이 점 역시 그들의 민족주의 감정을 약화시킨다.

말레이시아 군대도 여론 분열에 기여한다. 군복을 입은 장교들은 대부분 말레이인이기 때문에 화교나 인도인 커뮤니티에서 군대는 별로 인기가 없다. 같은 이유로 국가를 운영하는 기득권층은 군대를 지지하지만, 구성원의 대다수가 중국인과 인도인인 야당으로부터의 지지는 훨씬 약하다.

민족주의 색채가 매우 강한 베트남과는 달리 말레이시아는 중국과의 갈등을 전혀 원하지 않는다. 그러나 미국은 중국에 대비하는 차원에서 암묵적으로 말레이시아를 보호하고 있다. 현재 매년 280척의 미군함이 남중국해를 항해하는데, 그중 50척이 말레이시아를 찾아온다. 2003년에는 그 수가 5척에 불과했다. 미군의 핵추진 잠수함이 보르네오섬에 위치한 말레이시아 항구를 방문하기도 했다. 미군은 말레이시아군과 합동훈련을 해오고 있으며, 미 국방부는 전 세계적인 테러와의 전쟁이라는 명목으로 남중국해에서 사용할 수 있는 수천만 달러짜리 레이더 설비를 말레이시아에 제공했다. 사실 말레이시아와 미국 양자 간의 군사 협력은 매우 긴밀하다. 최근 말레이시아 해군참모총장을 지낸 세 사람 모두 로드아일랜드의 뉴포트에 있는 미 해군대학을 졸업했다. "우리와 중국의 관계는 매우 편안합니다. 미국이 이 지역을 보호해 줄 것을 알고 있기 때문이죠"라고 같은 국방 관료가 내게 말했다. 따라서 미국은 말레이시아가 모호한 민족성이라는 사치스러운 특성을 갖도록 도와주는 셈이다. 이미 민족주의를 넘어선 말레이시아는 그 이슬람의 외피에도 불구하고, 남중국해에서 미국이 싱가포르 다음으로 신뢰할 수 있는 조용한 우방이다. (이 점은 베트남이 곧 말레이시아를 앞지르게 될지도 모르지만 말이다.) 말레이시아는 중국을 견제하기 위해 스프래틀리 군도에서 가까운 사바에 위치한 틀룩 세팡가르 해군기지에 프랑스-스페인제 잠수함 2척을 신중하게 배치하고 있다. 말레이시아의 군대, 특히 공군은 스프래틀리 군도에 위치한 수비대를 보호하기 위해 보르네오섬에서 비상사태 대비 훈련을 강화하고 있다. (말레이시아는 스프래틀리 군도의 12개 환초에 대한 영유권을 주장하고 있는데, C-130이 착륙 가능한 가설 활주로가 있는 스왈로 암초를 포함한 5개 환초에 병력을 주둔시키고 있다.27) "우리는 중국과의 전투를 원하지는 않습니다. 억지력과 대비 태세를 강조할 뿐이죠"라며 국방 문제 전문가 지르한 마하지르는 말했다. 그러나 말레이시아의 국방 관료들은 중국이 1970년대까지 말레이반도의 북부 정글에서 화교 중심의 공산 폭도를 지지했던 점을 결코 잊지 않고 있다.

말레이시아 민족주의는 주로 국방 안보 전문가들 사이에서나 활발히 논의된다. 내부 도전과 인종 집단 간의 복잡한 문제들로 인해 외부 갈등에 개입할 여력이 거의 없기 때문에, 말레이시아는 남중국해에서의 군사적 경쟁을 완화시키는 데 약간의 도움이 될 수도 있다.

말레이 공동체는 바다 위에 넓게 펼쳐진 많은 섬으로 이뤄져 여러 국가에 걸쳐 이어져왔지만, "이곳에서 민족국가의 형성은 사실 매우 최근의 현상"이라고 무슬림 학자 칼둔 말렉은 내게 말했다. 실제로 말레이시아는 대영제국이 통치하던 말레이반도와 보르네오섬이 합쳐져 만들어졌다. 타이의 남쪽과 지금은 인도네시아가 된 네덜란드령 동인도제도의 북쪽과 서쪽에 해당된다. 말레이시아는 중국이나 타이, 베트남은 물론 소수민족 반군 문제가 심각한 버마보다도 역사가 짧은 나라다. 그 점이 바로 이슬람이 부분적으로 민족주의를 대체할 수 있었던 이유라고 칼둔은 설명한다.

그런 내부의 약점이 말레이시아의 정치적 취약성으로 이어진다. 그 이유는 마하티르가 했던 것과는 달리 "더 이상 국가를 가부장적으로 운영할 수는 없기 때문"이라고 자이드 이브라힘은 말했다. 반세기 동안 권력을 장악했던 집권당인 통일말레이국민조직UMNO이 향후 선거에서 패할 수도 있다. 그는 UMNO와 범말레이시아이슬람당Parti Islam se-Malaysia, PAS이 주요 경쟁 구도를 형성할 것이라고 덧붙였다. 분명 다수당과 소수당의 격차가 작아질 UMNO 이후의 시기에는 부패로부터 자유로워 보이는 이슬람 정당이 점차 부상할 것이다. "UMNO가 전체 의석의 3분의 2를 차지했던, 그래서 마하티르가 경제발전을 위한 정치적 여유를 가질 수 있었던 시절은 지나갔습니다." 대중을 만족시키기는 점점 더 어려워지고 있다. 글로벌 미디어의 발전으로 이제 사람들은 다른 이들과 자신을 비교할 수 있는 기반을 갖게 되었기 때문이다. 권력은 어느 시점에는 야당으로 넘어가게 된다. 그리고 그것이 말레이시아 내외부의 전문가들이 모두 주장하듯이 마하티르의 통치를 부정하지 않는 평화적인 방식으로 이뤄진다면, 다소 불미스러운 그의 성취도 역사적인 측면에서 정당하게 평가될 것이다.

페낭의 유산

페낭에 도착하자, 이 모든 "합의된 긴장"은 더욱 뚜렷해졌다. 18세기 후반과 19세기에 아랍인들, 아르메니아인들, 푸젠성의 중국인들, 구자라트의 인도인들, 수마트라섬의 아체에서 온 말레이인들이 말레이반도 서북부의 이 섬으로 몰려들었다. 영국이 제공한 안정과 자유무역 정책 덕분이었다. 페낭으로부터의 항로는 한쪽으로는 뱅갈만을 가로질러 시암과 버마로, 다른 한쪽으로는 남중국해를 가로질러 중국 동남부의 푸젠을 연결했다. 20세기에 들어설 무렵 말레이반도에서 막 개발하기 시작한 주석광산에 자금을 제공한 이들은 바로 동방 각국에서 찾아와 페낭에 모인 상인들이었다. 그래도 페낭은 사실상 화교들이 지배했다. 그리고 최근 수십 년 동안은 화교를 경계하는 말레이시아의 무슬림 정부가 말레이시아 전역의 분리주의에 대비하기 위해 경제력을 쿠알라룸푸르에 집중시키면서 페낭을 의도적으로 소외시키고 있다. 그 결과로 현재 페낭 항구에서 진행되는 교역은 대부분 말레이시아 국내 거래다.

지금은 사라져버린, 지난 수십, 수백 년 전 국제도시의 분위기를 다시 느껴보기 위해, 나는 높이 60피트에 달하는 눈부신 무어식 돔을 가진 흰 시계탑이 한가운데에 자리 잡은 페낭의 옛 중심지로 갔다. 그 시계탑은 1897년 빅토리아 여왕의 즉위 60주년을 기념하여 세워진 것이다. 멀리 새로 건설한 거대한 고층빌딩에 가려 점차 작아 보이기는 하지만, 여전히 시계탑은 하늘을 향해 우뚝 솟아 있었다. 페낭을 통치하던 영국인들이 머물렀던, 19세기 초에 건설된 인근의 콘월리스 요새 역시 왜소해 보였다. 하지만 나는 덧창과 발코니가 달린 페낭의 낡고 지저분한 상가와 이리저리 노출된 전선, 화분에 심어진 식물들을 보며 오래전 그때 그 모습이 얼마나 아담하면서도 친근했었는지 알게 되었다. 페낭의 옛 중심지를 이쪽 끝에서 저쪽 끝까지 돌아보는 데는 반시간 남짓 걸렸을 뿐이다. 주로 화교들이 거주하는 이 옛 영국령 도시를 통합시키기 위해 테크놀로지는 필요 없었다. 이곳은 가상의 공간이라는 것은 없는, 있는 그대로 보고 느낄 수 있는 사회였다. 하지만 저 멀리 보이는 고층빌딩이 가르쳐주는 것처럼, 말레이시아의 정치인들은 이제는 비인간적으로 거대한 아파트 단지에 살고 있는 이방인들을 만족시켜야 한다. 그리고 이곳의 정치는 점차 개인적인 접근이 어려워지기 때문에 좀더 강력한 상징을 필요로 하며, 결국은 이데올로기로 전락할 위험도 있다. 따라서 미래에는, 때때로 잔인하기도 했지만 한편으론 매우 실용적이었던 영국 식민지 시절에는 볼 수 없었던, 극단주의의 등장도 배제할 수 없게 되었다. 그것이 중동 혹은 다른 어떤 곳에서 찾아오든 말이다.

서로 다른 문명이 불안정하게 교차하는 말레이시아에서 첨단 기술시대의 민주주의는 어떠해야 하는가? 정치 발전이라는 측면에서 말레이시아는 지구상에서 가장 흥미로운 교훈을 제시하는 나라의 하나가 될 것이다.

제5장
좋은
독재자

실용주의의 극치

싱가포르의 중심에서 싱가포르강을 따라가면 완벽한 공학적 디자인으로 설계된 아시아문명박물관이 있고, 근처에는 현재 고인이 된 중국 지도자 덩샤오핑의 작고 우아한 기념비가 세워져 있다. 덩샤오핑은 20세기의 가장 위대한 인물 중 한 명이라고 할 만하다. 그는 중국 경제에 새로운 형태의 자본주의를 도입해서 10억 명에 가까운 동아시아인의 생활 수준을 크게 끌어올렸다. 역사상 그 누구도 덩샤오핑보다 더 짧은 시간 안에 그렇게 많은 인구의 삶을 향상시킨 사람은 없다. 하지만 덩샤오핑에 대한 서방의 평가는 복잡하다. 그는 아마도 수천 명에 이르는 시위 학생들이 희생당한 1989년 베이징의 톈안먼 학살을 배후 조종한 무자비한 권위주의자였다. 덩샤오핑은 오직 싱가포르에서만 적절한 이유로 그렇게 적절한 수준에서 공개적으로 존중받는다. "싱가포르는 실용주의를 철학의 차원으로 올려놓았다"고 덩샤오핑 기념비 설립 아이디어를 냈던, 은퇴한 외교관 토미 코가 설명했다. 그의 말에 따르면, 싱가포르는 어떤 아이디어가 아름다운가 아닌가보다는 그것이 실용적인가 아닌가를 따진다.

덩샤오핑 기념비 옆에 서서 싱가포르의 중심가를 바라봤다. 고층빌딩들이 날카로운 퍼즐 조각처럼 깔끔하게 들어서 있었고, 근처에는 그 거대한 도시에 걸맞게 세심하게 만들어진, 단조로운 회색과 회청색 분위기의 공원이 수학적 논리의 극단을 보여주고 있었다. '여백의 미'라는 개념을 이해하는 중국인의 추상성을 명료하게 보여준다. 인도의 영향을 받은 말레이의 마인드는 다르다. 그들은 강렬한 색채와 복잡하면서도 멋지게 뒤섞인 디자인의 직물 그리고 꽃무늬로 이뤄진 패턴들을 더 좋아한다. (인근 박물관의 전시품이 그 증거다.) 하지만 싱가포르가 차갑고 비인간적이라고 말하는 것은 지나치게 성급한 판단이다. 공항에서 시내로 향하는 길가에는 눈부시게 아름다운 분꽃이 숲을 이루었고 어디서나 녹음이 풍성했다. 싱가포르는 일본을 제외하면 인도태평양 지역에서는 유일하게 자동차가 보행자에게 길을 양보하는 지역이다.

역사의 종말에는 나른함이 있다. 그것이 싱가포르의 교훈이다. 극단으로까지 밀어올린 실용주의를 서방의 인문주의자들은 별로 좋아하지 않겠지만, 그것은 말레이반도 남단 끄트머리에 붙어 있는, 주위의 강대국들이 호시탐탐 노리고 있는 작은 도시국가 싱가포르가 생존해온 유일한 길이었다. 싱가포르의 내적 논리는 그 지리적 취약성에서 나온 것이다.

세력균형의 신도信徒

싱가포르는 전 세계에서 가장 좁고 중요한 바닷길인 말라카 해협에 천연 심수항深水港을 가지고 있다. 역사적으로 이 작은 섬은 언제나 갈등과 다툼, 점령의 대상이었다. 싱가포르인의 조상은 대대로 바다를 배경으로, 특히 해적질을 하며 살아온 인종 집단 또는 부족 집단이었다. 거기에는 중국인, 인도인, 시암인, 리아우●인, 자바인, 말레이인이 포함되어 있다. 싱가포르는 언제나 다른 왕국이나 제국에 속해 있었다. 따라서 1970년대부터 독립적인 도시국가로 발전하고 있다는 사실은 싱가포르의 역사에서 매우 독특한 현상이다.

한 현직 고위 관료에 따르면, 싱가포르는 순전히 철학적인 이유로 언제나 전투 태세를 갖추고 있는 국가로 등장했다. 1960년대에 싱가포르의 지도자들은 여러 인종의 엘리트들이 중심이 되는 정치체제를 주장했고, 결국은 말레이인이 주도하는 연방에서 쫓겨났다. 새로 등장한 말레이시아는 싱가포르의 식수 공급도 통제할 만큼 적대적이었다. 친공산주의적인 인구 대국 인도네시아는 싱가포르의 목을 짓누르고 있었다.[1] 싱가포르는 중동의 이스라엘만큼이나 동남아시아에서 작고 외로운 존재였다. 그러니 싱가포르 군대 육성에 이스라엘이 큰 역할을 했다는 건 전혀 이상한 일이 아니었다. 수십 년 후, 싱가포르 비즈니스 모델의 성공이 소프트파워의 손을 들어주는 주장으로 사용되곤 했지만, 일

● 싱가포르에 인접한 인도네시아 수마트라섬 중동부 지역.

부 싱가포르 관료들은 그 단어를 좋아하지 않았다. 그들은 한결같이 이렇게 말했다. 강한 힘을 가져야만 소프트파워도 의미가 있습니다. 이스라엘인들은 분명 동의할 것이다.

서방에서 세력균형이라는 개념은 단어 그 자체에서 느껴지듯 매정한 현실주의자라는 뉘앙스를 풍기는 냉소적인 말이지만, 싱가포르에서는 세력균형을 자유 그 자체와 동일시한다. 거대한 세력들에 둘러싸여 있기 때문에 적절한 힘의 균형만이 브루나이와는 달리 석유도 나지 않는 작은 나라 싱가포르의 독립을 보장할 수 있다.

"세계에서 가장 중요한 해상 요충지에 위치해 있지만, 우리에게 주권 해역은 없습니다"라고 한 현직 외교관은 말했다. "안전하고 독립적인 해상 교통로가 우리의 생존에 필수적이죠." 실제로 남중국해에서 항행의 자유는 연간 7500억 달러의 해상 교역을 의미한다. 그 수치는 싱가포르 GDP의 3배에 해당된다. 반면 인근 국가들의 GDP는 싱가포르의 3배에 달한다.

하지만 싱가포르는 정치학의 언어로 요약될 수 있는 특별한 도전에 직면해 있다. 그것은 중국이 지리적인 '사실fact'이라면, 미국은 적어도 아시아 지역에서는 지리적인 '개념concept'일 뿐이라는 점이다. 지리적으로 근접한 중국은 실제로 위협적이지만, 미국은 만약 외교 전략에 근본적인 변화가 발생한다면 이 지역에 더 이상 지금처럼 군대를 주둔시킬 필요가 없어진다는 뜻이다. "중국은 크고 우리는 작습니다. 중국은 자신들이 현상유지 세력이라고 말하지만, 그들은 최근 수십 년간의 경제적·군사적 발전을 통해 현상을 변경시키고 있죠"라고 한 고위 군 관료가 내게 말했다. 싱가포르의 또 다른 교훈은, 약간의 편집증이 도움이 된다는 점이다.

그러나 싱가포르 관리들은 과거의 일을 떠올리며 안도하기도 한다. 그들은 워싱턴에서 대규모 예산 감축이 있어도 아시아 주둔 미군이 감소할 것이라고 걱정하지 않는다. 그들은 더 암울했던 시절을 기억하고 있기 때문이다. 베트남전 종전 즈음에는 미국이 아시아에 대해 준고립주의 입장을 취할 가능성도 있었고, 지미 카터 대통령은 주한미군 철수를 시도해 싱가포르인들을 깜짝 놀라게 만들기도 했다. 싱가포르인들은 그 당시 카터가 그야말로 너무나 순진하다고 생각했다.

실제로 전 세계 어떤 외교 안보 엘리트도 싱가포르인만큼 냉정해서 나를 놀라게 한 사람은 없었다. 예를 들면, 필리핀도 싱가포르만큼 중국 견제에 열을 올리지만, 싱가포르인이 보기에 필리핀인들은 "감정적이고 불안정해서 안보 상황을 오히려 더 악화시킨다". 싱가포르인은 신중하지 못한 친구보다는 신중한 적을 더 편안하게 생각한다. 한 싱가포르인은 이렇게 요약했다. "결국은 군사력과 해군 주둔이 중요하지, 열정이나 립서비스는 중요하지 않습니다." 내가 싱가포르의 다양한 부처에서 만난 모든 이는 한결같이 비보도off the record를 전제로 해야만 솔직한 대화에 응했다. 그들은 공개된 외교의 가치가 과대평가되었다고 생각하고 있으며, 그에 대해 아무런 환상도 없었다.

작은 나라의 하드 파워

싱가포르의 독립은 선언에 의해서가 아니라, 강력한 군대의 건설로 시작되었다. "스파이더맨은 힘을 갖기 위해 옷이 필요하지만, 우리는 커다란 규모의 군대가 필요했습니다"라고 한 국방 관료가 설명했다. 싱가포르의 인구는 330만 명에 불과하지만, 인구 2300만 명의 호주가 보유한 수준의 공군력을 뽐내고 있다. "싱가포르인은 이스라엘인처럼 공군력의 우위를 중시합니다. 전투기 조종사에 대한 대우도 좋고요. 그들은 공중조기경보기AWACS도 보유하고 있죠"라고 주변국의 한 국방 관료가 말했다. 싱가포르는 100여 대의 제트전투기 외에도 20척의 미사일 탑재함, 6척의 순양함과 6척의 잠수함을 보유하고 있다. 인도네시아, 말레이시아, 베트남 등 싱가포르보다 인구 규모가 훨씬 더 큰 지역 내 다른 국가들도 싱가포르보다 많은 잠수함을 가지고 있지는 않다. "누구도 우리를 압박해서 봉쇄할 수는 없습니다."

싱가포르는 이런 해공군 전투 역량을 보유하고 있는 것만으로 만족하지 않는다. 어떻게 하면 그것들을 효과적으로 운용할 수 있을지를 매우 진지하게 고민한다. 싱가포르는 군사 훈련을 위한 공간이 부족하기 때문에 정기적으로 네 개의 비행중대는 미국으로, 육군은 타이완으로 그리고 헬리콥터 조종사는 호주로 보내 훈련시킨다. 또 매년 레오파르트 전차 조종 훈련에 65일을 배정하고 있다. "우리는 주변국에 포위되지 않을 겁니다." 또 싱가포르는 징병제를 시행하고 있다. 같은 국방 관료가 말했다. "발전한 나라들 중에서는 한국, 이스라엘, 싱가포르 이렇게 세 나라만이 의무 복무를 매우 진지하게 시행하고 있습니다."

하지만 중국의 엄청난 군사적 잠재력은 여전히 싱가포르를 불안하게 만든다. 그만큼 그들은 미국에 직접적으로 의존하지 않을 수 없다고 생각한다. 다른 외교관이 말했다. "우리는 미국의 군사력이 유익하다고 생각합니다. 미 해군은 해양 교통로를 보호하는 방식으로 글로벌화를 지켜내고 있고, 그 과정에서 우리가 다른 어떤 나라보다 많은 혜택을 받고 있으니까요. 우리는 미국과 그들의 거대한 안보 기구들이 특별한 음모를 가지고 있거나 어두운 면을 지닌다고 보지 않습니다."

1998년에 싱가포르는 오로지 미국의 핵추진 항공모함과 잠수함을 위해 창이 해군기지를 건설했다. "우리는 미 해군 군함의 크기에 맞춰 부두를 설계했습니다. 싱가포르 해역에 들어올 수 있도록 말이죠"라고 한 고위 군 장성이 내게 말했다. "마치 좋은 커피와 차를 준비하면 사람들이 찾아오는 것과 같습니다." 2011년에는 실제로 미국의 군함이 150회나 싱가포르를 방문했다. 그리고 같은 해 3척의 미국 연안 전투함이 싱가포르에 주둔하게 될 것이라고 발표했다.

마지막으로 군사력 외에 외교력도 있다. 싱가포르는 미국의 공군과 해군뿐만 아니라 아세안과 같은 협력체를 통해서도 자신들의 안보를 외부화하고 있다. 아세안에 참여하는 것은 "다른 나라들과의 교류를 통해 핵심 가치를 추구하는 것"이다. 이 핵심 가치들은 중국처럼 부상하는 세력에 대항하는 지역 내 중소 규모 국가들의 단결과 독립에 중점을 두고 있다. 물론 지역 내의 어떤 외교관도 공개적으로 그렇게 얘기하지는 못하지만 말이다.

싱가포르의 고위 관료들은 만날 때마다 항상 젊은 동료들을 배석시킨다. 들리는 바에 의하면, 젊은 세대가 "우리의 국가 경영 철학"을 배우고, "전통을 이어나갈" 수 있도록 하기 위해서다. 싱가포르를 계속 방문하면서, 나는 중국인과 인도인, 말레이인을 포함한 다양한 인종 집단으로 이뤄진 이 도시국가 사람들의 말과 행동이 실제로 점차 닮아가고 있다는 생각이 들었다. 마치 철학적인 원칙이 그들 사이의 차이와 불평등마저 제거할 수 있을 것 같았다. 물론 그럴 수 있다. 같은 이유로 미국의 가톨릭과 유대교, 다른 종파에서 모두 개신교를 지지한 것이다. 하지만 싱가포르는 규모가 작기 때문에 같은 현상이 훨씬 더 강력하게 드러나는 것으로 보였다. 나는 마치 플라톤의 『국가』에 나오는 철인이 다스리는 이상국가에 있는 것 같았다.

실제 이들 외교관과 국방 관료가 계속 거론하고 인용했던 싱가포르의 철인을 이제 소개해야겠다. 그를 싱가포르의 덩샤오핑이라 말할 수도 있겠지만, 사실은 중국의 현대화라는 덩샤오핑 비전의 일부는 그로부터 가져온 것이다.

잃어버린 말레이시아

한번 생각해보자. 싱가포르는 악취가 코를 찌르는, 오염된 하수가 넘쳐흘러 생명을 위협하던 말라리아의 지옥에서, 불과 30년 만에 비즈니스맨들이 효율성과 삶의 질 측면에서 첫손에 꼽는 글로벌 성장 엔진으로 발전했다. 옛 싱가포르는 빈민가와 쥐, 쓰레기, 길 잃은 개로 가득한 곳이었다. 그러나 새로운 싱가포르는 너무나 깨끗하고 청결하며 쉽게 일을 처리할 수 있기 때문에, 나는 싱가포르가 아시아에 처음 오는 사람들에게 최적이라고 생각한다. 1960년대 초반의 싱가포르는 사하라 사막 이남의 아프리카 국가들만큼이나 가난했지만, 1990년대에 이르러 로드아일랜드주의 5분의 1밖에 안 되는 이 작은 도시국가의 생활 수준은 호주보다 높아졌다. 이 기적을 만들어낸 공로는 영국에서 교육받은 화교 해리 리 변호사에게 돌려져야 한다. 그는 정치 입문을 결심하면서 원래의 중국식 이름을 다시 사용하기 시작한 리콴유다.

1990년대에 나는 아랍이나 옛 공산 진영의 영향력 있는 인사들을 만날 때마다 항상 묻는 질문이 있었다. 20세기의 가장 위대한 인물, 그러나 처칠이나 루스벨트 같은 영웅보다는 한 단계 아래지만 현시점에서 당신의 나라에 가장 필요한 사람은 누구냐는 질문이었다. 내가 얻은 대답은 넬슨 만델라도, 바츨라프 하벨도 아니었다. 그것은 언제나 변함 없이 리콴유였다. 많은 사람에 대해 행정적 책임을 져본 일 없이 한쪽에 비켜서서 절대적인 도덕 기준을 가지고 설교하는 몇몇 언론인과 지식인은 그를 싫어한다. 하지만 제럴드 포드, 조지 부시, 마거릿 대처처럼 무자비한 폭력에 맞서기 위해서는 도덕적 타협이 필요하다는 점을 이해하고 있었던 서양의 지도자들은 그에 대해 분명하게 경외심을 표했다. 대처 여사는 이렇게 말한 적이 있다. "나는 재직 기간에 해리 리의 모든 연설을 읽고 분석했습니다. 그는 선동의 안개를 꿰뚫고 나가는 방법을 가지고 있었습니다. (…) 그는 결코 틀린 적이 없었습니다."[2]

호주의 지식인이자 편집자인 오언 해리스는 리콴유의 커리어를 간결하게 분석해냈다. 리콴유의 정치철학은 그의 1940년대 경험의 결과라고 해리스는 말했다. 1940년대 초반, 그는 일본 점령기의 극단적인 폭력을 눈으로 봤고, 1940년대 후반에는 케임브리지에서 공부하며 법의 지배가 확립된 시민사회를 경험했다.[3] "3년 반의 일본 점령기는 내 인생에서 가장 중요한 시기였다"라고 리콴유는 그의 첫 자서전『싱가포르 스토리The Singapore Story』에서 말했다. "일본인들은 나에게 인간의 행위와 인간사회 그리고 그들의 동기와 충동에 대해 생생하게 이해할 수 있도록 해주었다." 이어서 덧붙였다. "일본인들은 완전한 복종을 요구했고, 그렇게 되었다. (…) 형벌은 매우 엄해서 범죄는 거의 없었다. (…) 그 결과 나는 처벌이 범죄를 감소시키지는 않는다고 주장하며, 범죄와 처벌에 대해 좀더 관용적인 자세를 주장하는 사람들을 믿지 않는다. 내가 싱가포르에서 경험한 것은 그렇지 않았다." 리콴유는 "그 어떤 대학에서보다 일본의 점령에서 더 많은 것을 배웠다"고 덧붙였다. 그럼에도 불구하고, 그는 전후에 들어간 대학에서도 많은 것을 배웠다. 케임브리지 대학에서 그와 그의 싱가포르, 말레이시아 동료들은 헌정의 전통과 관용 정신이 부와 권력의 평화로운 이동을 가능하게 해주는 성숙한 영국의 시스템에 매료되었다.[4]

리콴유는 영국의 법에 의한 통치를 이용해 일본인이 만들어놓은 파시즘과 같은 제도를 다스렸고, 간조干潮가 되어도 214제곱마일밖에 되지 않는 이 작은 섬에서 기적적인 경제발전을 이룰 수 있었다. 리콴유는 너무나 흥미진진한 두 권의 자서전에서 그가 이것을 어떻게 이뤄냈는지를 설명했다. 대필 작가가 써주는 대부분의 정치인 자서전은 진부한 자기변명을 짜깁기해놓은 것에 불과하다. 하지만 두 권으로 이뤄진 리콴유의 자서전『싱가포르 이야기』와『제3세계에서 제1세계로: 싱가포르와 아시아의 경제 변영From Third World to First: Singapore and the Asian Economic Boom』은 플루타르코스가 2세기 초반에 쓴『그리스 로마 영웅전The Lives of the Nobel Grecians and Romans』에 비견될 만하다.5 그가 책에서 한 얘기는 서방 지식인 엘리트들의 철학적 기반을 흔드는 것이었다. 왜냐하면 그 책은 민주주의가 언제나 미덕은 아니며, 가난한 나라에서는 지식 엘리트에 의한 준독재 정치가 허약하고 혼란스러운 의회 시스템보다는 훨씬 더 빨리 경제적 성취를 이룰 수 있다고 암시하기 때문이다.

싱가포르의 리콴유는 말레이시아의 마하티르보다 더 가치 있는 리더십 모델이다. 두 사람 다 새로 만들어진 민주주의 시스템에 권위주의 스타일을 적용시켰다. 그러나 리콴유는 마하티르와는 달리 심술궂은 편견과 옹졸한 행위 대신 무슬림 세계를 훨씬 넘어서는 좀더 예리한 전략적 비전을 가지고 있었다. 마하티르가 다른 무슬림 리더들보다 월등했다면, 내 생각에 리콴유는 20세기 전 세계 대부분의 리더보다 월등한 인물이었다.

자서전 첫 권의 앞부분에서 리콴유는 1950년대에 그가 바라본 싱가포르의 상황을 평가했다. 당시 그는 영어가 가능한 엘리드와 광범위한 노동자 계급을 결합시켜 인민행동당People's Action Party을 결성했다. 세력이 기울며 해체되어가는 대영제국의 "동남아시아의 심장부"에 위치해 있었지만, 리콴유는 싱가포르가 "몸통은 없이 심장만 남게" 되지 않을까 두려웠다. 그의 설명에 따르면, 영국의 방위비 지출이 당시 싱가포르 GDP의 20퍼센트를 차지했고, 관련 취업자 수는 전체 근로자의 10퍼센트나 되었다. 따라서 대영제국이 물러간다는 것은, 인도양의 동쪽 끝과 서태평양이 시작되는 남중국해에 자리 잡은, 말라카 해협을 지배하는 심수항과 정박지를 가진, 아시아 본토 남쪽 끝의 전략 요충지에 위치한 싱가포르가 1819년 수출입항 설치 이후로 가장 큰 내부 위기를 맞게 된다는 신호였다. 당시 200만 인구의 75퍼센트가 화교였던 싱가포르는 1억 명의 말레이 및 인도네시아 무슬림에 둘러싸여 있었다. "그렇게 적대적인 환경에서 우리는 어떻게 생존할 수 있을 것인가?" 그 젊고 야심에 찬 정치인은 스스로에게 물었다.[6]

게다가 싱가포르의 화교는 리콴유의 가족처럼 영어를 사용하는 소수의 집단을 제외하면, 그들 자체도 씨족과 방언에 의해 나뉜 봉건적인 공동체였다. 그 화교 공동체에서 가장 지배적인 정치 세력은 현지의 공산당이었다. 그들의 존재 기반은 백인 보스에 대해 화교들이 가지고 있던 "잠재적인 적대감"이었는데, 그것은 영국과의 대결을 유발하는 공산당의 전략으로 이어졌다. 당시 싱가포르(말레이어로 'Singapura'는 '사자의 도시'라는 뜻이다)에는 인도계와 말레이계 소수 집단도 있었다. 오언 해리스의 설명에 의하면, 말레이 문화는 "위계적이고 공손하며 결국은 부패로 이어지는 안일한 정실주의가 특징이었다". 그리고 싱가포르와 말레이반도 바로 옆에는 제3세계에서 가장 반서구적인 지도자 수카르노가 버티고 있는 인도네시아가 있었다. 그는 바르샤바 조약 외부의 가장 큰 공산당을 조종하며 날뛰려는 찰나였다. 리콴유로 이름을 바꾸던 해리 리로서는 낙관하기 어려운 상황이었다.7 정치적으로 살아남고 근대적인 정치체제를 만들어내는 유일한 방법은 적대 세력들, 특히 공산주의자들을 교묘하게, 간접적으로, 끊임없이 밀어내고 나아가는 것이었다.

싱가포르의 화교들은 중국의 대약진 운동과 문화대혁명 이전에는 마오쩌둥의 공산주의 중국에 대해 자부심을 지녔고, 영국의 점령자로 대표되는 서방의 식민주의를 경멸했다. 그러나 리콴유도 고통스럽게 인정할 수밖에 없었듯이, 그 점령자들은 싱가포르인들에게 일자리를 제공했다. 싱가포르의 만성적인 실업은 심각했다. 그 실업이 노동조합주의를 그리고 노동조합주의가 다시 공산주의를 고취시켰다. 영국이 싱가포르에서는 리콴유의 인민행동당에, 말레이반도에서는 라만 왕자로 대표되는 온건하고 전통적인 세력에게 권력을 넘겨주는 "덜 불쾌한 선택"을 하도록 만든 것도 공산주의의 위협 때문이라는 점을 리콴유는 잘 알고 있었다.

"공산주의의 위협이 없었던 제2차 세계대전 이전의 인도에서는 헌법의 테두리 내에서의 수동적인 저항이 효과를 보기까지 수십 년의 시간이 필요했다"라고 리콴유는 전형적인 마키아벨리 스타일로 말했다. 사실 중국과 인도네시아의 집권자가 공산주의 또는 그와 유사한 사상을 견지하고 있는 상황에서, 더 이상 제국을 유지할 능력이 없는 영국은 남중국해 그리고 매우 중요한 말라카 해협의 바닷길을 확보하기 위해 싱가포르와 말라야에서 친서방적인 현지 지도자들로의 권력 이양이 절실했다. 그것은 영국에 의해 리콴유와 압둘 라만 왕자의 정치적 입지가 강화되어야 함을 의미했다. 왜냐하면 제2차 세계대전 직후의 민주주의 시스템에서는 친공산주의 세력이 정부를 구성할 가능성이 컸기 때문이다. 리콴유는 냉전의 역사 속에서 공산주의자들과 "끊임없이 밀고 당기는" "미디어를 통해 독설을 주고받으면서도 파업 도발에 대해서는 냉정한 자제력을 발휘할 수 있는" 능력과 의지를 지님과 동시에 거리 청소 캠페인이나 노동자 부대 조직과 같은 공산주의의 대중 동원 기술을 빌려오기도 했다. 서방 세계에서 리콴유는 뜻밖의 행운이었다.[8]

인근 말라야와 베트남이 공산 폭동으로 혼란스럽던 이 격렬한 냉전의 무대에서 역사를 바꿔낸 것은 바로 리콴유의 추진력과 에너지 그리고 생명력이었다. 30대 후반의 싱가포르 총리로서 공산주의자들과 대항해 권력을 강화시키고 말라야와 인도네시아를 이리저리 상대하면서도, 그는 스스로를 몰아붙여 새로운 언어인 푸젠어福建語를 배웠다.

리콴유는 일찍부터 말라야와의 "합병을 통한 독립"을 그의 첫 번째 전략 목표로 삼았다. 주석과 고무가 풍부한 말라야는 싱가포르의 산업화를 지속시키고 실업을 줄일 수 있는 경제적 기반과 공동 시장을 제공했다. 게다가 말라야는 싱가포르와 함께 영국 식민지의 경험을 공유하고 있었고, 무슬림 인구 대국인 수카르노의 인도네시아로부터 싱가포르를 보호해주는 장치가 될 수도 있을 터였다. 말라야의 입장에서는 새로운 수출 동력으로 발전하기 시작하는 싱가포르 합병을 절실히 원했지만, 그 도시국가 내부의 공산주의를 더 강력하게 장악하기 위해서도 싱가포르를 통제할 필요가 있었다. 하지만 싱가포르를 말라야에 합병시키면 인종의 균형이 화교들에게 유리한 방향으로 뒤집힌다는 점이 말라야의 지도자 압둘 라만 왕자의 고민이었다. 이 문제를 해결하기 위해, 영국의 묵인하에 말레이 인구가 압도적인 보르네오섬의 사바와 사라왁을 연방에 합류시켰고, 1963년 말레이시아가 탄생했다.[9]

사바와 사라왁이 위치한 보르네오 서북부 지역을 탐내고 있던 인도네시아와 필리핀은, 영국이 그 지역을 새로운 말레이시아에 양도할 권리가 없다고 생각했기 때문에, 말레이연방 수립에 대해 위협적인 반응을 보였다. 특히 수카르노의 인도네시아가 위험했다. 인도네시아의 경제는 시시각각 무너져내리고 있었지만, 수카르노는 영국과 미국이 동남아시아와 남중국해에서 물러나고 공산화된 중국과 북베트남 그리고 중립적인 캄보디아로 이뤄진 중심선을 받아들이라고 요구하고 있었다. 인도네시아와 말레이시아에 살고 있는 말레이인에 대한 수카르노의 좌파 포퓰리즘과 같은 혈연과 지연을 통한 호소는 또 다른 위협이었다. 수카르노와 경쟁하기 위해 압둘 라만 왕자는 유사한 전략을 택했다. 그는 말레이반도의 새 연방에서 말레이인의 권리와 특권을 강화하는 조치들을 취했고, 이는 인도인과 싱가포르에 모여 살고 있던 화교들을 자극했다. 싱가포르와의 연방 형성은 이렇게 흔들리기 시작했다.

1967년 친서방적인 수하르토는 수카르노를 무너뜨리고 인도네시아에 질서와 안정을 가져왔다. 그는 국민을 교육시켜 인도네시아를 신흥 경제 강국으로 이끌었지만, 그의 가족들은 그 거대한 나라에 난무하던 부패를 감소시키는 게 아니라 그 부패에 가담하게 되었다. 하지만 1960년대 중반 새로운 말레이시아에서 말레이인과 싱가포르에 기반한 화교들 간의 불화는 진정되지 않았다. 리콴유는 싱가포르 내부에서는 극단적 애국주의자, 친공산주의 성향의 화교들과 정치적 투쟁을 전개하면서도, 말레이연방 내에서는 화교들의 권리를 보호하기 위해 점점 더 포퓰리즘 경향이 강화되고 있는 압둘 라만 왕자와 긴장된 협상을 진행했다. 리콴유가 그의 자서전에 기록한 것보다 훨씬 더 큰 야심을 가졌던 것은 분명하다. 입 밖으로 내지는 않았지만, 그가 말라야와의 연방을 주장했던 이유는 언젠가는 말레이시아 전체를 다스리려 했기 때문이다. 그의 능력과 비범함에 비해 싱가포르는 너무 작았다.

무엇보다 리콴유는 비전을 가진 인물이었다. 급진적이었던 1960년대는 세계 평화에 뜻을 품은 서방의 젊은이들이 어떤 형태의 권력 집중도 사악한 것으로 치부하던 시기였다. 그때 리콴유는 "반쯤 소화된 사회주의 이론과 부의 재분배"가 제3세계의 "무능한 정부"와 결합되면 아시아, 아프리카, 라틴아메리카에서는 "처참한 결과"를 가져오리라 생각했다. 리콴유는 이데올로기와 전략의 전쟁터였던 동남아시아에서 공산주의 세력을 막아낸 대처 이전의 대처주의자, 레이건 이전의 레이건주의자였다.[10]

하지만 리콴유는 동남아시아 내부에서 새로운 말레이시아를 제대로 작동시킬 수 없었다. 말레이인 집단은 그들을 대표하는 압둘 라만 왕자에게 압력을 가해 교육이나 노동과 같은 분야에서만 싱가포르의 자율성을 허용토록 하려는 걸 리콴유는 이해하고 있었다. 하지만 그것으로는 리콴유의 지지자들을 만족시킬 수 없었다. 이어서 1964년, 싱가포르에서 화교와 말레이인 간의 인종 폭동이 일어나 수십 명의 사망자와 수백 명의 부상자가 발생했다. 폭동은 어느 정도는 쿠알라룸푸르 쪽에서의 인종적 선동으로 촉발되었다. 그 후 쿠알라룸푸르 의회의 말레이계 의원이자 훗날 말레이시아의 총리가 된 마하티르는 리콴유의 인민행동당이 "친중국적이고 친공산당이며, 적극적인 반말레이주의"라고 비난했다. 그는 싱가포르가 공식 언어로 당연히 말레이어를 채택해야 한다고 주장했지만, 리콴유는 여전히 다국어 정책을 채택하고 있다고 지적했다. 마하티르의 눈에 리콴유는 그들이 오랫동안 억눌러온 말레이인에게 오히려 통치되는 것을 참지 못하는 "편협하고 이기적이며 오만한" 화교의 대표적인 인물이었다.[11]

결국은 좀더 온건한 압둘 라만 왕자가 리콴유에게 말했다. "당신은 당신의 길을 가고, 우리는 우리의 길을 갑시다. 당신이 우리와 어떤 형태로든 연결되어 있는 한, 우리는 당신 문제에 관여하게 되고 당신은 우리 문제에 관여하게 되기 때문에 친구가 되기 힘듭니다. 내일부터라도 당신이 더 이상 말레이시아에 속하지 않게 된다면 (…) 우리는 다시 친구가 될 수 있고, 서로를 필요로 하게 될 것이며, 다시 협력하게 될 겁니다."[12]

그리고 정확히 그렇게 되었다.

리콴유는 1965년의 관점에서 다음과 같은 말로 그의 자서전 첫 권을 끝맺었다. "나는 말라야, 사바, 사라왁의 많은 사람을 실망시켰다. (…) 연방의 분리를 받아들임으로써 나는 그들을 실망시켰다. 바로 그 죄책감이 내 마음을 짓눌렀다."[13]

모든 것이 어둡게만 보였다.

철권통치

"우리는 돈을 벌어야 했다. 투자자들로 하여금 싱가포르의 제조 공장과 여러 사업에 그들의 돈을 투자하라고 설득해야 했다. 영국의 군사적 보호 없이, 본토 배후지 없이 생존하는 법을 배워야 했다."[14]

리콴유의 자서전 두 번째 편의 이야기는 이렇게 시작된다. 그리고 그것은 첫 편보다 마키아벨리의 『군주론』의 가르침에 훨씬 더 가깝다.[15] "나약한 사람은 나약한 방안을 제시하는 사람들에게 투표할 것"이라고 리콴유는 말했다. 하지만 나약한 방안은 없었기 때문에, 리콴유는 화교와 말레이인, 인도인 소수 집단으로 구성된 강한 섬 민족island race을 만들어내기로 결심했다. 오직 강한 사람들만이 그가 상상하는 "가슴 두근거리고 콧노래가 나오는" 산업과 상업, 교통의 중심지를 건설할 수 있을 터였다. 그는 "복지"사회가 아니라 공평한 사회를 만들고자 했다.[16] 리콴유는 이스라엘처럼 "지역을 뛰어넘기"로 마음먹었다. 중국과 북베트남의 적대적인 공산주의 정권은 물론, 원래부터 호의적이지 않았던 말레이시아와 인도네시아에 맞서서, 리콴유의 싱가포르는 다국적 기업을 적극적으로 유치해 미국, 유럽, 일본과의 연결을 꾀했다. 다국적 기업은 급진주의의 시대였던 1960년대 후반의 "종속이론" 경제학자들에 의해 서방 식민주의의 위장된 형태라고 비판받던 때였다. 리콴유는 싱가포르인들이 새로운 공장에서 서방의 기술을 배울 수 있도록 해준 대가로 다국적 기업들에게 여러 해 동안 면세 혜택을 제공했다. 그리고 노동조합도 통제해주었다. 그는 싱가포르를 아시아의 "베이스캠프"로 만들고 싶어하는 서방의 기술자, 기업가와 같은 전문가들을 유치하려 했는데, 그러기 위해서는 안전, 보안, 인프라, 서비스와 관련된 표준들은 물론 심지어는 고속도로변의 잘 다듬어진 가로수와 같은 미학적 기준들도 새로이 만들어내야 했다. 여느 제3세계 국가들과는 달리 부패는 전혀 문제되지 않았다. 리콴유는 절차를 간소화시켰고 비즈니스와 관련된 업무 처리에는 깔끔하고 분명한 지침을 세움으로써 부패 문제를 해결했다. 소득을 초과하는 생활 수준은 법정에서 뇌물죄의 증거가 될 수 있었다. 영어를 공식 언어로 채택해 고유의 언어를 사용하는 다양한 집단 사이의 긴장을 감소시켰으며, 그 자체로 서방의 은행과 기업 유치를 위한 또 하나의 유인책이 되었다. 석유 위기가 미국을 강타하고 1960년대 청년운동의 반항 정신이 미디어에서 사라지고 있던 1970년대에 이미 싱가포르의 발전에 관한 긍정적인 보도들이 신문과 잡지에 나타나기 시작했다. 싱가포르 주식회사가 탄생하는 과정이었다. 비즈니스를 최고로 여기는 21세기의 아시아는 싱가포르에서 시작된 것이다.[17]

리콴유는 마하티르보다 더 광적으로 열정적이었고, 더 세심했다. 모든 시설물이 정상적으로 유지되기를 요구했고, 침 뱉는 것과 껌 씹는 것, 담배 광고가 금지되었다. 그는 미국 담배 회사의 막강한 로비가 오랜 기간 유지되어 흡연에 대해 미국인들이 매우 관대하다고 비판했다. 외국 통신원들은 싱가포르를 '유모국가nanny state'라며 조롱했다. 그러나 리콴유는 기자들이 그들의 규정을 비웃는 것은, 싱가포르에는 기삿거리가 될 만한 커다란 스캔들이나 부패 사건 또는 중대한 범죄 행위가 없기 때문이라며 반박했다. 그는 권위에 대해 '냉소적인' 서방의 매체들을 비판했다. 그리고 인도, 필리핀, 타이의 자유분방한 언론은 자국의 극심한 부패를 막아내지 못하고 있지만, 언론이 통제된 싱가포르는 부패가 거의 없으며, 유능한 정부를 보유하고 있다고 지적했다.

리콴유는 적극적이고 거침없었다. 그는 범죄를 억제하는 데는 장기간 수감시키는 것보다 태형笞刑이 더 효과적이라고 주장했다. 그리고 사람들이 반쯤 굶어 죽어가면서도 도둑이 없었던 가혹했던 일본 점령 시절 얘기도 끄집어냈다. 리콴유의 거친 스타일은 말레이계 소수 집단도 봐주지 않았다. 그들의 수학과 과학 성적이 낮다고 정면으로 공격하며 말레이계 학생들이 좀더 열심히 공부하도록 말레이 사회의 지도자들을 언론과 함께 격려했다.[18]

결국 싱가포르와 말레이시아의 관계는 극적으로 호전되었다. 리콴유는 자국 내의 뿌리 깊은 정치적 편견을 극복해낸 마하티르의 결단력 덕분이라며 공을 돌렸다. 실용주의자였던 리콴유는 마하티르가 초기에 가졌던 반화교적인 인종주의를 용서했다. 사실 자유를 사랑하는 국가라면 리콴유의 외교 정책을 비난할 수 없었다. 1972년 인도네시아가 조심스럽게 접근해서 인도네시아, 싱가포르, 말레이시아와 같은 연안 국가가 해협을 통제해야 한다고 제안했을 때, 리콴유는 수백 년간 국제 해상 교통로였던 말라카 해협이 싱가포르의 생존 기반이자 전 세계적인 시스템 작동의 기반이라고 주장했다. 대처 여사의 기록에 따르면, 리콴유는 선동의 안개를 꿰뚫어볼 수 있었고, 그 시대의 틀에 박힌 사고방식을 극복할 수 있는 안목을 지니고 있었다. 리콴유의 자서전은 다음과 같이 회고했다. "미국인들은 철두철미한 반공주의자였고 공산 정권과 맞설 준비가 되어 있었기 때문에, 네루와 나세르, 수카르노가 비동맹을 선택할 수 있었다. (···) 그것은 미국에 의해 주어진 사치였다."[19] 그리고 나서 그는 베트남전에 대한 미국의 사회적 통념을 신랄하게 비판했다.

미국의 베트남 개입은 실패했지만, 그것은 동남아시아의 다른 국가들에는 시간을 벌어주었다. 1965년 미군이 남부 베트남으로 대거 파병되던 시절, 타이와 말레이시아, 필리핀은 내부 무장 공산 게릴라 세력으로부터의 위협에 직면해 있었고, 싱가포르에서도 공산당 지하조직이 활발하게 움직이고 있었다. 공산주의자들의 쿠데타 실패로 진통을 겪고 있던 (좌파적인) 인도네시아는 말레이시아, 싱가포르와 선전포고 없는 전쟁을 치르고 있었다. (···) 생활 수준은 낮았고 경제 성장은 느렸다. 미국의 움직임은 동남아시아의 반공 국가들에게 내부 정비의 기회를 제공했다. 1975년에 이르자 그들은 공산주의들과 맞서기에 훨씬 좋은 여건을 갖추게 되었다. (···) 활기차게 성장하는 아세안 국가들의 시장경제는 베트남전 기간에 자라났다.[20]

호주의 전략가 휴 화이트는 다음과 같이 말했다. "이제 많은 동남아시아 사람은 그러한 사고방식에 동의합니다."[21]

어쩌면 누군가는 리콴유의 주장을 받아들이기 어려울지도 모른다. 물론 마하티르가 수십 년간 주장해온 것들만큼 어렵지는 않겠지만 말이다. 남중국해 지역의 현실은 중동과는 다르다. 이곳에는 실제로 현명한 권위주의가 존재했다. 그것은 시민사회는 물론 경제성장 동력을 만들어왔으며, 결국은 활발한 민주주의로 성장할 준비도 갖추게 만들었다.

남중국해의 몇몇 좋은 독재자

만약 우리가 서방의 가장 자유주의적인 현대 사상가들이 정치 발전에 관해 써온 글들을 다시 살펴본다면, 리콴유와 마하티르의 이야기가 서방의 자유주의자들에게 그리 이상하게 보이지는 않을 것이다. 그들의 저술이 리콴유와 마하티르의 권위주의적 경향에 완전한 면죄부를 제공하는 것은 아니지만, 그들 정권이 어떻게 발전과 안정을 가져오고, 충분한 국방 예산을 준비하게 되었는지를 이해하는 데는 도움을 준다.

영국의 철학자 존 스튜어트 밀은 1859년에 발표한 그의 대표작 『자유론On Liberty』에서 다음과 같은 명언을 남겼다. "문명사회의 모든 구성원에 대해서, 당사자의 의지와 관계없이 권력이 정당하게 행사될 수 있는 유일한 때는 타인에게 피해가 발생하는 것을 막아야 하는 상황이다."[22] 나는 언제나 느끼고 있었지만, 밀은 폭군에 대한 그의 반대를 극대화시켜 표현하기 위해 다음과 같은 문학적으로 매우 감동적인 문장을 남겼다. 그는 마르쿠스 아우렐리우스의 가장 큰 결함을 지적하기 위해 그의 미덕을 극찬했다.

동시대의 권력자 중 최고의 지혜를 갖추었다고 자부하는 대표적 인물이 바로 마르쿠스 아우렐리우스 황제다. 모든 문명세계를 지배한 절대 군주였던 그는 일생을 통해 흠 없이 정의로운 삶을 살았을 뿐만 아니라, 스토아 철학을 계승하고 있음에도 불구하고 따뜻한 심성을 소유하고 있었다. 저술 과정에서의 몇몇 실수는 작은 것에 대한 그의 집착 때문이었다. 고대 사상가들의 윤리 관련 저술 중 최고로 인정받는 그의 글은 예수의 대표적인 가르침과 많이 다르지 않다.[23]

그러나 밀이 탄식한 대로, 이 "자유로운 지성"이자 기원후 2세기의 기준으로 인본주의의 화신인 마르쿠스 아우렐리우스는 기독교인을 박해했다. 국가와 사회 모두 개탄스러운 상황이었던 당시, 그는 더 이상의 쇠락을 막고 국가와 사회를 하나로 통합하기 위해서는 기독교인들이 해체하겠다고 위협했던 그 기존의 종교를 받아들여야 한다고 생각했다. 그는 더 새롭고 좋은 관계들로 맺어지는 세상을 예견할 수 없었던 것이다. 밀은 "기독교인들은 무신론이 잘못된 것이며 사회를 타락시킨다고 확신했지만, 그 점에서 기독교가 문제라는 마르쿠스 아우렐리우스의 믿음은 그보다 훨씬 확고했다"고 했다.[24]

마르쿠스 아우렐리우스와 같은 지도자마저 이렇게 엄청난 잘못을 저지를 수 있다면, 설령 아무리 자애로워 보인다 하더라도 어떤 독재자든 쉽게 믿을 수는 없다. 따라서 기존 질서를 유지하기 위해 다른 아이디어나 사상을 박해하는 것은 결코 정당화될 수 없다. 그리고 어떤 권위가 정당하다고 확신할 수 없다면, 비록 무정부 상태만은 피해야겠지만 사회가 가진 유일한 수단은 언제나 불완전할 수밖에 없는 지도자를 선택하고 또 주기적으로 교체하는 것이다.

하지만 세심한 사상가였던 밀에게 그것은 그리 간단한 문제가 아니었다. 밀의 자유주의는 유명했지만, 그는 민주주의의 단점도 분명히 인식하고 있었다. (그의 가장 큰 우려는 다수에 의한 독재였다.) 사실 여기에는 묘책이 있다. 밀은 그의 저서에서 일찌감치 인정했다. "인류가 자유롭고 평등한 토론을 통해 진보할 능력을 갖기 전에는, 하나의 원칙으로서의 자유는 그 어떤 상태에도 적용될 수 없다. (…) 그때까지는 운 좋게 찾을 수만 있다면, 악바르나 샤를마뉴 같은 지도자에게 암묵적으로 복종하는 수밖에 없다."[25] 우선 권위가 세워져야만 그 권위에 제한을 가할 수 있다는 것을 밀은 알고 있었다. 1861년에 출판된 『대의정부론 Considerations on Representative Government』에서 그는 '질서'가 '진보'의 전제 조건이라고 했다. 그리고 "질서는 사적 폭력을 중단함으로써 평화를 유지하는 것을 의미한다"고 설명했다.[26]

권위가 세워지지 않은 상태에서의 독재 체제는 공포스러운 진공 상태가 된다. 우리는 2006년과 2007년 이라크에서의 경험으로부터 그것을 너무나 잘 알게 되었다. 그리고 리콴유와 마하티르는 사담 후세인이 저지른 수준의 탄압 없이도 싱가포르와 말레이시아에 질서를 세웠다. 사실 이라크의 독재자를 마하티르, 리콴유와 함께 놓고 비교한다는 건 일종의 신성모독일 터이다.

20세기에 아이제이아 벌린보다 더 강력하게 개인의 자유를 지지한 사람은 없다. 그는 『자유에 관한 네 편의 에세이 Four Essays on Liberty』의 서론에서 "충분한 음식과 난방, 주거지, 최소한의 보호 장치가 갖춰지지 않은 환경에서 사는 사람들은 계약의 자유나 출판의 자유와 같은 문제에 관심을 가질 가능성이 거의 없다"고 썼다.[27] 「자유의 두 개념」에서 벌린은 "일에는 순서가 있다. 구두 두 짝이 셰익스피어의 작품보다 더 중요한 (…) 그런 상황이 있다. 개인의 자유가 모든 사람의 최우선 순위는 아니다"라고 인정했다. 벌린에 의하면 "개인의 자유와 민주적 통제 사이에 필연적인 관계는 없다는 점"이 문제를 더 복잡하게 만든다. "국민에게 광범위한 자유를 허용"하지만, "질서나 도덕, 지식에 대해서는 거의 아무런" 관심이 없는 폭군도 있다.[28] 밀은 명확하게 말했다. 어떤 경우에 "개화된 정부는 (…) 상당한 정도의 전제 정치를 필요로 한다. 훌륭한 제도를 받아들일 준비가 안 된 사람들에게 그런 욕구를 갖도록 불을 붙여주는 것이 반드시 필요한 준비 과정이다".[29] 리콴유와 마하티르가 정확히 그런 역할을 해냈다.

대중에 의해 선출된 지도자들에도 훌륭한 사람과 형편없는 사람이 있듯이, 세상에는 좋은 독재자도 있고 나쁜 독재자도 있다. 남중국해 지역은 분명 몇몇 좋은 독재자를 배출했다. 1990년 리콴유가 총리직에서 물러날 때, 그는 자신을 일곱 번이나 총리로 선출한, 그래서 전 세계에서 가장 오랜 기간 총리직을 맡도록 한 자신의 정당에서 선출된 후계자에게 자리를 넘겨주었다. 그가 만들어온 민주주의는 강한 권위주의 성향의 제한적인 것이었다. 그러나 그의 국민은 좀더 나은 민주주의를 준비할 수 있었다.

밀이 남긴 숙제

중동지역의 이른바 아랍의 봄 초기에 나타난 분명한 사실은, 대부분의 경우 다른 아시아 지역에서 볼 수 있었던 민감한 문제나 뚜렷한 모순들은 거의 나타나지 않았다는 점이다. 중동 사회는 오랜 시간에 걸쳐 식량과 안전이라는 기본적인 욕구를 넘어 개인의 자유 확장을 계획해야 하는 시기에 도달했다. 어쨌든 지난 반세기 동안 아프리카 대륙의 서북부 지역부터 페르시아만까지의 아랍인들은 거대한 경제적, 사회적, 기술적, 인구학적 변화를 겪었다. 유일하게 뒤처져 있던 것이 바로 정치였다. 계몽된 독재자들이 있기는 했지만, 심각한 부패와 전통 왕실 사상을 결합한, 국가 안보만을 중시하는 퇴폐적이고 쓸모없는 체제가 가장 전형적이었다. 그들은 군대나 관료 제도를 통해 성장하지도 않은, 따라서 정통성이 전혀 없는 아들들을 통해 영원히 통치하고자 했다. 마르쿠스 아우렐리우스가 하나의 모델이었다면, 튀니지의 지네 엘 아비디네 벤 알리, 이집트의 호스니 무바라크, 시리아의 바샤르 알아사드는 전혀 다른 모델이었다. 분명 아랍의 봄은 많은 것을 증명해 보였다. 그것은 아랍과 무슬림 문명도 다르지 않다는 점이다. 그들도 내가 쿠알라룸푸르의 쇼핑몰에서 봤던 말레이시아 무슬림과 같은 보편적 가치를 갈구하고 있었다. 하지만 아랍의 봄 초기에는 정치 질서와 민주주의의 발전에 관한 어려운 문제들에 대해 거의 아무것도 보여주지 못했다. 좋은 독재자는 쫓겨나지 않았다. 무너진 정권들은 좋게 봐주려 해도 도덕적으로든 철학적으로든 장점이 거의 없었다. 그 정권들의 떠들썩한 붕괴가 그토록 갑자기 예기치 않은 순간에 발생한 걸 생각하면, 그들이 어떻게 그렇게 오랫동안 유지되었을까 하는 점이 궁금할 뿐이다.

그러나 밀과 벌린이 끈덕지게 고민했던 문제들은 여전히 남아 있다. 그들은 세심하고 신중하게 접근했으며, 이 문제가 그렇게 간단치 않다는 점을 이해하고 있었다. 그들 역시 대의제 정부를 선호했지만, 개별적인 상황을 고려하지 않은 채 당장 모든 독재자를 무너뜨려야 한다는 독선적인 평론가들의 주장에 동의할 수 없었다. 아랍과 특히 아시아의 몇몇 지역에서는 실제로 마르쿠스 아우렐리우스에 비견될 만한 독재자가 존재했다. 그렇다면 어느 시점에서 이들을 물러나게 하는 것이 정의로우며 실용적인가? 벌린이 암시한 대로, 그들의 통치가 끝난다 해도 개인의 자유와 복지 수준이 반드시 높아진다는 보장은 없다. 그러므로 신중한 자세가 요구된다. 무자비한 대규모 인권 탄압이 없다면, 시간이 좀더 걸린다 해도 비민주적 정권의 연착륙이 언제나 경착륙보다는 바람직하다. 리비아의 무아마르 카다피나 북한의 김정일과 같은 악당은 단기적인 혼란 가능성에도 불구하고 어떻게든 가능한 한 빨리 무너뜨려야 한다는 윤리적 주장이 제기될 수 있다.

하지만 그보다 덜 해로운 독재자들을 대할 때는 그런 주장이 설득력을 잃는다. 그리고 이라크의 사담 후세인처럼 덜 해로운 독재자는 아닐지라도, 그들을 제거해야 한다는 윤리적 주장은 여전히 어려운 문제를 내포한다. 악랄한 독재자인수록 그의 공백이 가져오는 혼란도 더 심각하기 때문이다. 나쁜 독재자는 전문가 단체나 민간 조직, 정치 단체와 같이 정치 권력과 친족 및 부족의 중간에 존재하는 시민사회의 중요한 제도들을 말살시키기 때문이다. 좋은 독재자는 무엇보다 경제성장에 주력하면서 다양한 시민사회 집단과 이해관계에 기반한 정치적 분파를 만들어내도록 유도한다. 그것이 당연하게도 부족이나 종족 또는 인종에 기반한 정치적 분파보다는 훨씬 긍정적이다. 좋은 독재자는 자신이 퇴장해도 국민이 큰 리스크 없이 대의제 정부를 받아들일 준비를 시키는 사람이라고 정의할 수 있다. 그것을 성취한 이들이 정확히 리콴유와 마하티르다. 밀은 『대의정부론』에서 "문명의 첫 번째 교훈은 복종"이며, "유능한 행정"이 없으면 자유는 "완전히 무너져버린다"고 충고했다. 바로 리콴유가 초기의 역경을 극복하며 배운 고귀한 교훈이기도 하다.[30]

밀의 저서의 논리적 결론은 폭군의 도덕적 권리를 부인하는 것이지만, 그는 사회 발전의 초기 단계에서는 악바르나 샤를마뉴에게 복종할 필요가 있다는 걸 인정했다. 그렇다 해도 한 가지 문제가 남는데, 정확히 언제 그리고 어느 지점에서 사회가 그 독재자를 폐기해야 하는가 하는 점이다. 16세기 말 무굴제국의 악바르 대제와 같이 현명하고 깨어 있는 개인에 의한 통치와 타인에 대한 직접적·즉각적 손해를 막기 위해 개인의 의사에 반한 압력이 행사되는 정치적 상황 사이의 간격은 매우 넓다. 따라서 밀의 주장은 이론으로 남을 뿐 영원히 실현되지 않을지도 모른다. 왜냐하면 민주적인 정부조차 다양한 이유로 시민들을 강제하기 때문이다. 그럼에도 불구하고 사회를 좀더 발전된 단계로 옮겨놓은 이들은 좋은 통치자일 뿐만 아니라, 아마도 역사에서 가장 필요한 행위자일 것이다. 역사란 거대한 지리적·경제적 요인은 물론 자유의지를 가진 개인들에 의해서도 결정되기 때문이다. 내가 보기에 좋은 독재자라는 단어는 모순이 아니다. 오히려 그 단어는 우리가 직면하고 있는 그리고 끊임없이 직면하게 될 정치적 질문의 한가운데에 있다. 남중국해 지역이 그것을 증명한다.

민주와 과두 사이에서

좋은 독재자는 사실 꽤 많다. 예를 들면 모로코의 모하메드 6세, 요르단의 압둘라 2세, 오만의 술탄 카보스 빈 사이드 알사이드와 같은 중동의 왕실은, 지난 수십, 수백 년 동안 그들의 신민(臣民)에게 광범위한 개인의 자유를 제공하는 대신 체제 전복의 위협은 제거하는 방식으로 자신들의 정치적 정당성을 확보하는 길을 걸어왔다. 이들 국가에서는 상대적인 자유가 허용되었을 뿐만 아니라, 극단적인 정치와 이데올로기도 필요 없어졌다. 국가의 통합을 유지하기 위해서 폭력과 급진주의가 필요한 곳은 지리 경계선과 역사가 인위적으로 형성된, 따라서 정당성이 본질적으로 결핍된 시리아나 리비아와 같은 근대화 과정에 있는 독재 체제들뿐이다.

이집트의 무바라크와 튀니지의 벤 알리가 비교적 현명한 경제 정책을 도입했으며, 리비아의 카다피나 시리아의 아사드만큼 공포스러운 경찰국가를 운영하지 않은 것은 사실이다. 무바라크와 벤 알리는 자신의 국가에 안정적인 민주주의가 들어설 조건을 남겨놓기는 했지만, 그들의 통치에서 미덕을 발견하기는 어렵다. 이집트와 튀니지는 고대부터 이런저런 형태의 국가로 이어져내려왔기 때문에 비교적 안정적이며 수백 년에 걸쳐 발전한 제도도 있었다. 그러나 최근 무바라크와 벤 알리가 추진한 경제 자유화 조치는 잘 계획되지 않은 즉흥적인 것이었다. 게다가 그들은 지배층과의 개인적인 관계에 기반한 타락한 부패 시스템을 발전시켰다. 그리고 무바라크는 사회를 민주주의로 이끌기보다는 자신의 아들에게 권력을 넘겨줌으로써 역사의 수레바퀴를 거꾸로 돌리려 했다. 무바라크와 벤 알리는 정보기관의 하수인들에게나 의존하는 시시한 인간들이었다. 마하티르나 리콴유와 달리 그들은 밀과 벌린이 염두에 둔 그런 인물이 아니었다. 사실 중동에서 이 낡은 정권들의 전복보다 더 중요한 이야기는 모로코나 오만과 같은 나라에서 진정한 의미의 입헌군주제가 등장할 가능성이다. 이곳이 바로 중동과 남중국해 지역이 유사하게 보이기 시작하는 지점이다.

지리적으로 아랍세계의 양쪽 끝에 위치한 모로코와 오만 두 나라 모두 시위의 영향에서 벗어날 수 없었다. 하지만 두 나라의 시위자들은 분명하게 군주제 내에서의 개혁과 민주주의를 요구했으며 그들의 지도자들을 지지했다. 모하메드 왕과 술탄 카보스는 단순히 장관들을 교체하는 것에 그치지 않고 국민의 요구에 적극적으로 응답하고자 노력했으며 시스템을 개혁해나갔다. 실제로 지난 수년간 그들은 리콴유와 마하티르처럼 여성의 권리와 환경, 대규모 학교 건설과 여러 진보적인 주장을 옹호했다. 특히 카보스는 류트를 연주하고 서양 고전음악을 사랑한 일종의 르네상스형 인간이었다. 그리고 적어도 집권 40주년이었던 2010년까지는 그에 대한 개인숭배를 멀리했다.

하지만 중동에는 그런 통치자가 매우 드물다. 진실로 선한 독재자가 깊고 체계적으로 뿌리를 내리고 있는 곳은 바로 아시아다. 최근 언론의 헤드라인을 장식하고 있는 뉴스들 때문에 민주주의의 성공적 실현 방법과 가능성에 관한 다양한 논의가 중동에서 시작되는 듯하다. 그러나 그 답은 결국 아시아에서 찾게 될 것이다. 중국, 싱가포르, 말레이시아, 베트남이 바로 좋은 독재자를 배출한 국가다. 비록 넓은 범위에서는 국민의 의지에 반하는 권력을 행사해왔으나, 그들은 경제 기적과 함께 광범위한 개인의 자유를 만들어냈다. 아리스토텔레스는 민주주의가 누구나 추구해야 하는 가장 "적절한" 체제라고 했지만, 민주주의와 과두제 사이의 "중도의 길"에 대해서도 말했다.[31] 민주주의로의 길을 준비한 리콴유와 마하티르의 혼합적인 정치체제가 바로 아리스토텔레스의 정신에 기반한 것인지도 모른다.

밀이나 벌린과 같은 이데올로기는 아시아의 독재자들에게 도전적이기도 했지만, 다른 한편으로는 그들을 대변하기도 했다. 그것은 대략 유교 사상의 범주에 넣을 수 있는, 정치적 교리라기보다는 일종의 정서 sensibility다. 심지어 이슬람을 표방한 마하티르도 그 요소들을 받아들였다. 유교 사상은 전통의 권위, 특히 가족의 권위를 정치적 안정의 필수 조건으로 간주한다. 개인보다는 공동체의 안녕을 우선시한다. 따라서 윤리라는 것은 친족 집단과 권력에 대한 개인의 사회적 책임과 분리될 수 없다. 서방에서는, 특히 미국에서는 권력과 중앙집중화된 권위에 대해 의심하지만, 아시아에서는 무질서를 걱정하는 경향이 있다. 따라서 중동보다는 아시아의 독재 정치가 사유재산의 추구라는 서방의 자유 개념에 훨씬 더 관대하다. 혼란스러운 민주주의라도 카다피나 아사드의 통치보다는 낫다는 사실은 아무것도 증명하지 못한다. 하지만 중동의 혼란스러운 민주주의가 지난 30여 년의 대부분 연평균 10퍼센트의 GDP 증가율을 기록한 중국이나 싱가포르, 말레이시아, 베트남의 독재자들보다 우월한가? 이 점에서 논의는 흥미진진해진다.

사실 이 장의 첫 부분에서 언급한 대로, 국제정치 영역에서 윤리적으로 가장 골치 아픈 존재는 아마도 덩샤오핑일 것이다. 그는 비교적 짧은 시간 동안 수억 명의 중국인의 생활 수준을 극적으로 끌어올렸을 뿐만 아니라, 중국 전역에 개인적 자유(정치적 자유는 아닐지라도)를 폭발적으로 증가시킨 20세기의 위인 중 한 명이자, 동시에 톈안먼 광장에서의 잔혹 행위에 일조한 인물이기도 하다. 베이징의 덩샤오핑의 후계자들은 중국인들의 정치적 권리는 계속 억제하는 한편, 전 세계 어디든 달려가 천연자원을 확보하는 덩샤오핑의 전략을 충실히 수행하고 있다. 그들은 중국인의 생활 수준을 개선하기 위해서는 외국 폭군과의 거래도 개의치 않았다. 이 중국의 독재자들은 많은 기술자와 기술 관료로 구성된 집단 지도 체제로 중국을 다스렸다. 이들은 현대적인 중산층 중심의 사회를 만들어낼 능력이 전혀 없는 80대 고령의 사우디아라비아의 왕이나 이집트의 몰락한 독재자들과는 완전히 다르다.

특히 리콴유는 서구 계몽사상의 관점으로 보면 이단이지만, 인류의 정치 발전 과정에서 민주주의가 마지막 단어가 아닐 수도 있다는 가능성을 보여주었다. 그가 싱가포르에서 운영해온 것은 혼합적인 정치체제였다. 그 체제는 자본주의면서도 여러 정치 분파가 협의를 통해 운영했다. 그러나 모든 것은 준권위주의적 환경에서 이뤄졌다. 선거는 실시되었지만, 수십 년 동안 그 결과에 대해 전혀 의문이 제기되지 않았다. 싱가포르 사람들은 최근 선거에서야 집권당인 인민행동당에 대한 불만을 표하기 시작했을 뿐이다.

물론 싱가포르는 배후지가 없는 도시국가다. 다양한 지역적인 조건들이 만들어내는 배후지의 문제는 중앙 정부의 권위로 해결해야 한다. 중국의 경우 이 배후지의 크기는 거의 대륙의 규모다. 그 노력의 일환으로 정부는 멀리 떨어진 지역의 국민에게 더 많은 권리를 제공하기도 하고, 때로 저항에 직면할 때면 좀더 권위주의적인 방식으로 대응하기도 한다. 리콴유는 이런 도전을 한 번도 겪지 않았기 때문에 싱가포르의 특수성은 지속될 것이다. 반면 다른 아시아 지역에서의 정치적 유교주의는 더 혼란스럽다.

바로 여기에 딜레마가 있다. 그렇다. 빠른 경제성장의 대가로 지도자 교체에 대한 욕망 포기에 동의하는 일종의 사회적 계약이 정부와 국민 사이에 존재하는 것이다. 그러나 경제가 붕괴되거나 위축되는 경우는 말할 것도 없고, 심지어 경제성장세가 유지된다 해도 그 사회적 계약은 점차 약화되기 마련이다. 중산층의 증가와 함께 해외 문화와 트렌드를 더 많이 접하게 되면, 개인적 자유와 더불어 정치적 자유에 대한 갈망도 커지기 때문이다. 이것이 바로 권위주의적 자본주의가 서구 민주주의의 유력한 대체재가 아닌, 서구 민주주의로 향하는 과정으로 여겨지는 이유다. 싱가포르는 특수한 경우이기 때문에, 우리는 앞으로 중국 경제의 둔화가 여러 해 지속되거나, 아니면 중국이 경제성장을 지속해

충분한 수의 중국인이 해외 문화를 접하게 될 때까지 기다려야 할 것이다. 그제야 우리는 정치 영역에서 민주주의가 이성의 최종적 승리를 의미하는지에 대한 결론을 내릴 수 있을 것이다.

밀은 "진보는 질서를 포함하지만, 질서는 진보를 포함하지 않는다"고 말했다.[32] 중동의 폭군들은 언제나 질서만 제공한다. 반면, 아시아의 독재자들은 진보도 가져온다. 20세기 중반의 시카고대학 정치철학자 레오 스트라우스는 크세노폰을 분석한 『영웅 또는 폭군Hero or Tyrannicus』에서 폭군은 모든 이가 자신이 적이라는 것을 알고 있고, 그들에게는 진정한 명예가 없으며 후환이 두려워 자리에서 물러나지도 못한다고 말했다.[33] 이런 묘사는 중동의 폭군들에게는 잘 들어맞지만, 리콴유와 마하티르에게는 그렇지 않다. 그들에 대해서는 시민들이 적대적이지 않으며, 직위에서 물러나는 것도 그다지 큰 위험이 되지 않았기 때문이다. 하지만 밀은 아무리 좋은 독재 정치라 할지라도 그것은 일시적이어야 한다고 지적했다. 그러므로 남중국해 지역 각국의 정치적 미래가 이 시대의 계몽 군주들을 평가할 것이다. 만약 싱가포르와 말레이시아가 정말 안정적인 민주주의로 진화한다면, 그리고 지난 역사에서 집권해 왔던 정당들이 민주적인 반대 세력에게 쉽게 권력을 넘겨줄 수 있다면, 그것은 마하티르 빈 모하맛과 리콴유의 궁극적인 성공을 의미하게 될 것이다.

제6장

미국의
식민주의적
책임

실패한 국가

　필리핀을 생각할 때마다 나는 프랑스 화가 앙리 마티스가 1911년 두 달 동안 필리핀을 여행한 후 스페인으로 돌아와서 그린 「마닐라의 숄을 걸친 마티스 부인」을 떠올리게 된다. 마티스는 세비야에서 숄을 사서 플라멩코 여자 무용수의 포즈를 취하고 있는 모델에게 걸쳐주었다. 자수가 놓인 실크 숄은 필리핀에서 스페인의 대형 범선에 실렸고, 태평양을 건너 뉴스페인(지금의 멕시코)을 거쳐 유럽으로 가져온 가장 인기 있는 보물이었다. 붉은색과 오렌지색, 초록색 물감을 사용한 화려하고 현란한 꽃무늬와 장식품들이 그려진 숄을 걸치고 있는 그 유화는, 열대의 신비로움과 관능 그리고 1556년 이후 거의 350년 동안 이어진 멕시코를 통한 스페인의 지배를 상기시켜주는 이미지다.

　필리핀은 지난 수백 년 동안 스페인의 식민 통치를 겪었다. 종교개혁 이전의 무거운 로마 가톨릭 분위기를 가진 스페인의 영향으로, 필리핀은 영국이나 네덜란드, 일본의 영향을 받은 제1열도선상의 국가들보다 역동성이 부족하다. 게다가 멕시코 식민주의자의 영향으로 스페인보다 더 낮은 수준의 근대적인 제도 관념에 눌려 있다.

따라서 어디든 동아시아의 다른 지역을 여행하다 필리핀에 도착하는 방문자는 충격을 받게 된다. 나는 지난 10년 사이 네 차례에 걸쳐 필리핀을 방문했고 매번 짧지 않은 시간을 여행했지만, 여전히 그 충격에서 벗어나지 못했다. 일본과 한국은 말할 필요도 없고, 말레이시아, 싱가포르, 타이완, 중국의 연안지역에서는 반짝이는 가로등을 따라 말끔하게 세워진 21세기의 최첨단 건물들을 볼 수 있다. 베트남 사람들은 벌떼처럼 바삐 움직인다. 베트남에 교육과 개발이라는 유산을 남겨주기는 했지만, 프랑스는 베트남을 100년 가까이 지배했다. 그에 비해 필리핀의 수도 마닐라의 도심은 미학적으로나 실제적으로나 황량하기 그지없다.

형편없는 도로, 열악한 배수 때문에 빗물이 고인 커다란 물웅덩이들, 신호등 앞에서 구걸하는 걸인들, 글자가 지워진 나이트클럽의 네온사인들, 그 어떤 스타일도 그 무엇과도 잘 어울리지 않는 찌그러진 상자처럼 생긴 건축물들, 멍든 눈처럼 여기저기 창문 밖으로 삐져나온 낡은 에어컨들, 야자나무 사이를 어지럽게 가로지르는 전선들. 이것들이 바로 마닐라에 도착하는 여행객들에게 시각적으로 다가오는 현실이다. 안개와 몬순 구름 사이로 흩어지는, 물에 젖은 햇빛 속에서는 어떤 아름다움도 찾아보기 힘들다. 만화책에나 나올 법한 디자인의 크롬 도금 지프니건 가끔씩 보이는 울긋불긋하게 칠해진 색바랜 건물이건 모두 아마추어들이 대충대충 만들어낸 느낌이다. 옛 스페인 구역과 고급스러운 쇼핑몰들을 제외하면, 도시 전체가 마치 문구용 풀로 아무렇게나 붙여놓은 것처럼 보인다. 베트남도 나름대로 경제적인 어려움을 겪고 있지만, 그 도시들은 활기가 넘친다. 반면 마닐라는 인구가 밀집해 있음에도 불구하고 어딘가 상대적으로 나른하고 공허하다. 잡초가 무성하고 시멘트 조각이 여기저기 굴러다닌다. 도심 외곽에는 교외 주거지 대신 검게 그을린 금속 조각 지붕과 쓰레기로 가득한 빈민가가 자리 잡고 있다.

경찰견과 총신이 짧은 산탄총으로 무장한 사설 경비원들이 최고급 호텔의 로비와 패스트푸드 레스토랑을 지키고 있다. 그들의 견장과 배지는 멕시코의 경호원들을 연상시킨다. 정부 청사 내부는 불 꺼진 형광등으로 어스름했다. 물론 이곳에도 중산층을 겨냥한 거대한 최신식 쇼핑센터와 레스토랑 체인점은 있다. 하지만 여행 책자의 주장과는 달리, 며칠 만에 분명해지는 것은 생선, 돼지고기, 대충 지어진 쌀밥을 제외하고는 필리핀 고유의 음식이 전혀 없다는 점이다. 이것은 빌려온 문화일 뿐, 중국과 인도는 물론 베트남이나 인도네시아의 고고학 유적지에서 분명하게 나타나는 풍요로운 문명의 잔여물이 없다. 그리고 물론 그런 문화에서는, 부자들은 제대로 작동되지 않는 환경으로부터 도피해 외부와 차단되는 자신들만의 사치스러운 공동체를 형성한다.

1970년대부터 시작된 아시아의 역동성은 중국과 타이완의 고속철도에서부터 베트남과 말레이시아의 미친 듯한 건설 붐, 완벽하게 정돈된 싱가포르의 도로변에 이르기까지 어디서든 뚜렷이 감지할 수 있다. 하지만 최소한 지금까지 21세기의 첫 10년이 지나도록 아시아의 역동성은 필리핀을 건너뛰었다.

마닐라에 자리 잡은 서방의 한 경제학자가 내게 말했다. "이곳의 경제는 여전히 형편없는 중남미와 비슷하지 다른 아시아 국가들 같지는 않습니다. 필리핀이 2008년 글로벌 위기에 별로 영향을 받지 않은 것은 사실이지만, 그건 순전히 필리핀 경제가 글로벌 경제에 통합되지 않았기 때문이죠." 그는 필리핀이 최근에는 6퍼센트 이상의 경제성장률을 유지하고는 있지만, 매년 1.7퍼센트씩 증가하고 있는 인구에 의해 경제성장 효과가 상쇄되고 있다고 덧붙였다. 반면 다른 태평양 연안 국가들은 수십 년 동안 인구성장률이 필리핀보다 낮으면서도 경제성장률은 8퍼센트 이상을 기록해왔다. 결정적으로 최근에는 GDP 증가분의 76.5퍼센트라는 "깜짝 놀랄 만한" 부가가치가 필리핀의 가장 부유한 40개 가문으로 집중되었다.[1] 다른 모든 이의 희생을 바탕으로 마닐라의 엘리트들이 점점 더 부유해지고 있다는 것은 이미 잘 알려진 이야기다.

다른 아시아 신흥국들은 강력한 제조업 기반과 수출주도형 경제를 보유하고 있는데, 필리핀에서 수출은 전체 경제활동의 25퍼센트 수준에 불과해 그 수치가 75퍼센트에 이르는 보통의 아시아 국가들과는 정반대다. 그나마도 저부가 가치의 전자 부품, 바나나, 코코넛이 대부분을 차지한다. 앞의 경제학자는 종이 한 장을 꺼내더니 통계 수치들을 줄줄이 불러줬다. 국제투명성기구Transparency International에 따르면, 필리핀의 부패인식지수는 182개국 중 129위를 기록해 아시아의 주요국 가운데 가장 부패한 나라로 기록되었다. 심지어 인도네시아보다 더 심각하다. 세계은행의 기업환경평가 지표에 따르면, 필리핀은 조사 대상 183개국 중 136위를 기록했다. 세계에서 열두 번째로 큰 규모의 인구를 보유하고 있음에도 불구하고, 모든 명단과 카테고리에서 필리핀은 아시아의 주요 국가들 가운데 가장 열악한 수치를 기록하고 있다.

상황이 개선되고 있다는 것을 부인하는 사람은 없다. 스위스의 세계경제포럼은 최근 필리핀의 국가 경쟁력 순위를 상위 50퍼센트 안쪽으로 끌어올렸다.[2] 그럼에도 불구하고 부패, 외국인 소유권 제한 그리고 끝없는 서류 작업 때문에 필리핀은 바다와 접한 아시아 국가 중 해외 투자자가 가장 꺼리는 곳이 되었다. 미얀마와 캄보디아, 인도네시아 정도를 제외하면, 아시아의 어떤 나라보다 필리핀은 약하고 무기력한 제도를 가지고 있다. 필리핀은 객관적인 통계로 나타나는 현실이 여행자의 주관적인 첫인상에 그대로 나타나는 그런 곳이다.

지난 수십 년 동안 아마 어떤 나라도 필리핀만큼 미국으로부터 많은 정치적, 군사적, 경제적 투자를 받지는 않았을 것이다. 그리고 아마 어떤 나라도 필리핀처럼 그 투자를 도로아미타불로 만들지는 않았을 것이다.

미 제국주의의 식민지

미국은 1898년 5월 1일 새벽 필리핀으로 진격해 들어왔다. 해군 제독 조지 듀이가 이끈 9척의 함선이 어둠을 틈타 바탄반도 앞의 코레히

도르섬을 지나 마닐라만으로 들어가 더 큰 규모의 스페인 함대를 격파했다. 역사상 수많은 중요한 사건처럼 듀이의 승리는 미국의 정치력과 경제력의 정점을 상징하기도 하지만, 다른 한편으로는 쉽사리 발생할 수 없는 돌발적인 사건이기도 했다. 왜냐하면 그 전투는 태평양이 아닌 카리브해에서의 세력 다툼으로 촉발되었기 때문이다. 당시 스페인은 쿠바를 압박하고 있었고, 시어도어 루스벨트 해군 부사령관을 포함한 팽창주의자들의 주장으로 윌리엄 매킨리 대통령은 스페인 제국에 선전포고를 했던 것이다.

필리핀 침공은 미국 역사상 처음으로 해외의 대규모 영토 정복을 신중하게 준비하고 결국 실제로 점령해버린 사건으로 기록된다. 한 세기 이상 지난 후 이라크를 침공하기 전까지 같은 일은 일어나지 않았다. 그 사건은 비록 듀이 제독의 명예로운 승리로 시작되었지만, 미 대륙 바깥에서의 최초의 대규모 충돌은 몇 달 사이에 군사적인 악몽으로 바뀌었고, 미국 내부로는 베트남 전쟁에 버금가는 트라우마를 남겼다.[3]

듀이의 성공적인 마닐라만 진입 이후, 미군은 스페인이 다스리던 섬들을 필리핀 반군이 되찾을 수 있도록 도와주었다. 하지만 이라크나 다른 곳에서처럼 미국인들은 잘못된 가정을 했다. 현지인들이 포악한 정권의 추방을 환영하기 때문에, 미국에 저절로 우호적일 것이라는 생각이었다. 스페인의 패배 이후 젊은 타갈로그*인 지도자 에밀리오 아기날도가 이끄는 새 필리핀 정부와 미국의 해방자들 사이에 긴장이 고조

• 마닐라를 중심으로 거주하고 있는 필리핀에서 두 번째로 큰 종족.

되었다. 그런 상황은 심지어 아기날도가 자신의 파벌에 대한 통제력조차 잃어가는 때에도 지속되었다. 1899년 2월, 필리핀의 무정부 상태와 미국의 잘못된 이상주의가 충돌하면서 미군과 일부 토착 게릴라군의 전면전이 촉발되었다.[4]

1902년 7월 4일 루스벨트 대통령이 필리핀 전쟁의 종료를 선언할 때까지 미군 4234명이 전사했고 2818명이 부상당했다.[5] 전체적으로 20만 명이 죽었는데, 대부분은 필리핀 민간인이었다.[6] 필리핀 남부 무슬림 지역의 전투는 몇 년 더 지속되었다. 우리는 이 전쟁이 처음부터 전혀 불필요한, 미국의 이상주의와 순진함 때문에 파괴적이고 잔인한 길로 들어선, 매킨리 정부가 저지른 최악의 정치적 실수였다고 주장할 수도 있을 것이다.[7]

얼마나 혼란스럽고 잔인했었는지는 관계없이, 그 군사적 승리는 수십 년간의 미국의 필리핀 통치로 이어졌다. 저널리스트이자 역사가인 스탠리 카노는 그것을 유럽의 식민주의와 비교해 "계몽의 모델"이라 불렀다.[8] 다른 여러 사안에서는 미국의 정책에 비판적인 필리핀의 역사가 새뮤얼 탄마저 미국의 지배가 필리핀 대중에게 약간의 근대화를 가져다준 역사의 동력이었다는 점에 동의한다.[9]

미국은 자국민이 대규모의 필리핀 땅을 사지 못하도록 했다. 아편 독점 판매와 같은 계획을 세우지도 않았다. 토지를 부유한 교회로부터 회수해 농민들에게 나눠주었고, 도로와 철로, 항만, 댐, 관개시설을 건설했다. 미국이 의료와 교육에 예산을 투입하자 필리핀 인구는 1900년에서 1920년 사이에 2배로 증가했고, 문맹률은 한 세대 만에 80퍼센트에

서 50퍼센트로 떨어졌다.[10]

반대로 미국으로부터 멀리 떨어진 여느 국가들과는 달리, 필리핀 역시 20세기 미국의 운명에 적지 않은 영향을 미쳤다. 오하이오주 판사인 윌리엄 하워드 태프트는 필리핀 위원회를 이끈 리더십에 힘입어 미국의 대통령이 되었다. 일명 '블랙 잭'으로 불린 육군 대위 존 퍼싱은 필리핀 남부의 이슬람 반군에 맞서 군대를 지휘한 빛나는 업적으로 900명의 다른 장교를 제치고 준장으로 진급했다. 그는 훗날 멕시코 원정대를 이끌고 판초 비야에 맞섰으며, 제1차 세계대전에서는 미군 사령관이 되었다. 육군 장군이었던 아서 맥아더의 아들인 더글러스 맥아더는 미군 여단을 지휘하려고 필리핀에 왔었다. 그가 두 번째로 돌아온 것은 필리핀 현지 정부의 군사고문이 되어서였다. 필리핀에서 더글러스 맥아더의 참모 중 한 명이었던 중년의 소령 드와이트 아이젠하워는 필리핀 군대를 조직하는 과정에서 분석 기술을 갈고닦아 제2차 세계대전에서 빛을 발할 수 있었다. 필리핀에서 더글러스 맥아더 군대에 대한 일본의 승리, 호주로 퇴각하기 전 마닐라만 입구 코레히도르섬에서 펼쳐진 맥아더의 최후의 저항, 그 후 바탄반도에서의 죽음의 행진 동안 미국과 필리핀 포로에 대한 일본의 잔혹 행위, 레이테만 전투의 기념비적인 승리로 필리핀에 돌아오는 맥아더 등, 이 모든 것은 미국인과 미군을 단결시키고, 미국인과 필리핀인에게 공통의 역사적 유산을 남겨준 제2차 세계대전 버전의 호메로스 서사시의 일부가 되었다.[11]

제2차 세계대전 이후 미국의 정책결정자들이 원조와 고문활동으로 필리핀 정부에 깊숙이 개입한 것은 말할 필요도 없을 것이다. 특히 미국은 1986년에 독재자 페르디난드 마르코스가 권력에서 평화적으로 물러나도록 하는 데 핵심적인 역할을 했다. 1960년대부터 1980년대까지 미국의 관료와 외교관들은 마르코스의 독재 정권에 대응하려고 고심해왔을 뿐만 아니라, 오늘날까지도 공산주의와 이슬람 반란 세력에 맞서 마닐라를 지지하고 있다.

실제로 미국이 현재든 과거든 제국주의 세력이라고 의심하는 사람이 있다면 필리핀에 와보는 것이 좋다. 옛 식민지에 자리 잡은 영국과 프랑스의 고위 관청이나 대사관처럼, 마닐라만을 바라보는 흰색의 위풍당당한 미국 대사관은 시내 중심지에서 가장 아름다운 지역을 차지하고 있다. 영국인들이 인도에 피서용 별장을 가지고 있는 것처럼, 미국인들은 피서를 즐기기 위해 필리핀 산간에 자신들만의 별장을 지었다. 옛 영국의 식민지들을 이끄는 인물들이 샌드허스트 육군사관학교를 졸업한 것처럼, 필리핀의 주요 군인, 사업가, 정치인들은 대부분 웨스트포인트 졸업생이다. 그리고 필리핀의 낭만적인 영웅은 필리핀인이 아니라 다재다능한 더글러스 맥아더다. 그는 필리핀인의 마음속에 일본 지배자들의 학살로부터 나라를 구한 인물로 남아 있다.[12]

90년 뒤의 이라크를 상상해보라. 만약 미국이 외부 세력으로 군림하며 현지 문제에 지속해서 깊숙이 개입한다면 이라크는 아마 필리핀처럼 될 것이다. 너무나 오랜 기간 미국에 경도된 국방 정책과 외교 정책을 당연시해온 필리핀은, 겉으로는 아니지만 실제로는 20세기의 상당 기간에 걸쳐 모든 면에서 미국의 식민지였다. 이 유산을 고려하면, 필리핀이 결국 중국에 의해 핀란드화가 되든 안 되든, 그들의 운명은 강대국 미국의 움직임으로부터 많은 영향을 받을 것이며, 그 정도 역시 지속적으로 이란의 영향을 받을지도 모르는 이라크의 운명보다 더 클 것이다. 오해하지 말자, 필리핀은 매우 중요하다. 베트남이 남중국해의 서쪽을, 중국이 북쪽을 지배하는 것처럼 필리핀은 남중국해의 동쪽을 지배하고 있다. 필리핀 인구는 거의 1억 명으로 베트남보다 더 많다.

필리핀은 지난 100년 동안 매년 거대한 양의 미국 원조를 받았지만, 바다와 접한 아시아의 여러 사회에서도 가장 부패했으며, 아프리카와 같은 빈민굴에 남미와 같은 숙명론과 계급 대립이 만연한 가운데, 제대로 작동하지도 그렇다고 쉽사리 고쳐지지도 않는 가난에 찌든 상태가 지속되었다. 필리핀은 "도박 공화국"으로 묘사되고, 필리핀 정치인들은 "양심"이 없으며, "금전"과 "범죄"만을 이용해 권력을 유지하고 있다.[13]

한 사람이 망친 나라

21세기 초에도 여전히 부패한 국가 필리핀에는 페르디난드 마르코스 한 사람의 그림자가 너무나 깊게 드리워져 있다. 그는 리콴유와는 정반대이고, 그보다는 덜하지만 마하티르 빈 모하맛이나 장제스蔣介石와도 반대되는 인물이다. 이 세 사람은 대체로 청렴한 제도에 의해 정상적으로 운영되는 국가를 남겨주었으며, 민주주의가 제대로 작동할 수 있게 준비시켰다. 반면 마르코스는 뇌물과 정실주의, 파멸을 남겨놓았다. 마르코스와 필리핀은 싱가포르와 타이완은 물론 말레이시아만큼도 유교적 가치의 혜택을 받지 못했다. 세 사람은 제한된 권위주의가 정치적 장점으로 발휘될 수 있는 사례들을 보여줌으로써 위대한 정치철학자들의 논의를 좀더 복잡하게 만들었다. 그러나 마르코스는 권위주의가 범죄와 정치적 부패로 이어지는 전형적인 모습을 보여주었다. 세 사람은 그들 삶의 초반부에서 자신들의 사회가 개선될 필요가 있다는 불편한 진실에 적응해야 했던, 모두 나름대로 비범한 인물이었다. 그들은 편리한 자기합리화를 떨쳐내고 언제나 자신들 앞에 있는 가혹한 현실을 직시했다. 특히 리콴유와 마하티르가 그랬고 장제스도 비슷했다. 그것이 그들의 특별한 천재성이었다. 반면 마르코스의 세계는 자기 망상으로 가득했다. 리콴유와 마하티르는 효율적인 기업가 스타일의 경영자였고, 장제스는 타이완에서의 인생 후반부에서 그런 경영자가 되기 위해 노력했다. 하지만 마르코스는 모든 면에서 그 반대였다. 20세기 후반의 가장 위대한 미국의 언론인이자 동남아시아 역사학자인 스탠리 카노의 견해를 들어보자.

자신의 답답한 궁전에 고립된 마르코스는 결국 현실에 대한 감각을 잃어버렸다. 1985년에 그의 부패한 정부는 완전히 신뢰를 잃었지만, 적수가 없다는 맹목적인 신념으로 선거를 계획했고 (⋯) 그의 비운이 시작되었다. (⋯) 그는 순전히 자신의 분명한 부당 행위와 매관매직 때문에 무너졌고, 결국 나라를 거덜내버렸다. 마르코스는 앙코르 사원에서 내려보는 위치에 두상을 세워놓은 전설적인 크메르 지도자들을 흉내 내어 자신의 흉상을 루손 중부의 한 언덕에 세워놓았다. 그는 귀족, 전사, 농민, 예술가 그리고 식민주의자와 민족주의자였던 선조들의 조각상도 세워놓았다. 마치 그들 모두의 영령이 자신에게 깃드는 것처럼 보이도록 구상한 것이다.[14]

마르코스와 그의 부인 이멜다가 20년 넘게 집권하는 동안 착복한 돈은 수억 달러 수준이 아니다. 그들이 훔쳐낸 돈은 글자 그대로 수십억 달러에 이른다. 문화적으로 천재적인 리더들은 사회를 한 단계 더 발전시키기 위해 주어진 문화에서 가장 강력한 특질을 발현시킨다. 리콴유는 화교 문화로, 마하티르는 말레이 문화와 이슬람의 규범적 특성을 결합시켜 그것을 가능케 했다. 하지만 마르코스는 절대주의와 숙명론, 종교개혁 이전의 음울함과 같은 스페인의 유산 중 가장 어두운 것들만 받아들였을 뿐, 필리핀 국민에게 그 어떤 신념도 보여주지 않았으며 흥미로운 일도 하지 않았다. 그는 오히려 필리핀이 아시아의 호랑이로 떠오를 수 있는 시기를 늦추기만 했다.

그러나 마르코스가 물러난 이후 방향을 잃어버린 필리핀의 무기력을 생각하면, 더 이상 모두가 마르코스를 싫어하기만 하는 것은 아니다. "마르코스 독재 초기에 우리는 큰 꿈을 꾸었습니다"라며 필리핀의 저명한 변호사 중 한 사람이 내게 말했다. "마르코스는 문화를 바꿀 좋은 기회를 가졌고, 가능성도 있었죠. 하지만 그의 권력에 대한 이해는 자바인다웠습니다. 그는 권력이 자신의 육체에서 나온다고 믿었으니까요. 그건 마키아벨리와 같은 권력도 아니에요. 마키아벨리는 권력이 카리스마가 아니라 권력자의 행위와 힘든 선택에서 나온다고 했습니다."

그 변호사는 말을 이어나갔다. 마르코스 이후로 "우리의 민주주의는 부패를 민주화시켰을 뿐입니다". 강력하고 자율적인 동아시아 사회에서 나타나는 "유교 사상"이나 말레이시아와 인도네시아의 말레이인에게 도움이 된 "이슬람 규율"도 없다고 말했다. "우리는 너그러운 문화를 가지고 있습니다. 서로를 난처하게 만들지 않죠. 따라서 처벌하기보다는 서로를 수용하고 못 본 체합니다. 이게 우리의 비극이에요." 그리고 그런 규율이 없기 때문에 필리핀이 중국에 맞서 강하고 단일한 대오를 유지할 수 있을지 회의가 든다고 일군의 필리핀 기자들은 내게 말했다.

그런 문화적 특성은 분명 변할 수 있다. 또 드라마틱하게 변할 수도 있다. 하지만 그것은 지속적인 좋은 정책과 탁월한 리더십을 요구한다.

미군 개입의 창구

마르코스를 제외하면, 필리핀의 핵심적인 딜레마는 지리다. 1521년 스페인의 탐험가 페르디난드 마젤란이 세부섬에 도착하기 전까지 필리핀의 여러 섬에는 결집력 있는 정치적 실체가 없었다. 1000년 이상의 민족의식을 가지고 있는 베트남 같은 나라와 비교하면 그 차이는 더 분명해진다. 필리핀 군도는 대략 세 덩어리의 섬들로 구성되어 있는데, 마젤란이 도착하기 전에는 거의 아무런 공통점이 없었다. 북쪽의 루손에는 주로 동남아시아에서 그 뿌리를 찾을 수 있는 타갈로그 언어 사용자들이 거주하고 있다. 남쪽의 민다나오와 술루 제도에는 문화적으로나 인종적으로 북쪽의 루손보다는 말레이시아와 인도네시아 사람들과 더 많은 공통점을 가지고 있는 무슬림 모로인이 거주하고 있다. 이러한 상황은 이슬람 테러리즘과 반군활동으로, 그리고 결국에는 미국의 직접적인 개입에 의한 반란 진압 작전으로 이어지고 있다. 세부를 포함해 넓게 퍼진 섬들로 구성된 비사야는 북쪽의 루손과 남쪽의 민다나오를 느슨하게 연결하고 있다. 결국 인종적, 종교적 다양성에 따른 내부 위협에 시달리며 2만2000마일의 해안선을 지켜야 하는 필리핀은 특히 중국과 같은 외부 세력의 침투에 취약해진다. 필리핀은 하나의 국가라기보다는 차라리 루손이 지배하고 있는 쓰러져가는 제국이라 할 수 있다. 실제로 수많은 섬으로 이뤄진 나라임에도 불구하고, 육군의 병력 규모가 해군보다 3배나 크다는 사실은 필리핀이 내부적으로 얼마나 불안한지를 잘 보여준다. 결국 필리핀은 지리적인 요인 때문에 중국 견제를 위해서 미국의 후원을 요청하지 않을 수 없다.[15]

필리핀이 1992년 루손에 위치한 미국의 클라크 공군기지와 수빅만의 해군기지를 폐쇄한 것은 사실이다. 하지만 그것은 중국의 해군력이 눈에 띄게 강력해지기 전의 일이다. 불과 2년 뒤인 1994년에 중국은 스프래틀리 군도에서 필리핀이 통제하고 있던 암초들을 점령했고, 1990년대 중반 이후부터는 해군력과 공군력을 크게 확충하며 남중국해에서 한층 더 공격적인 태도를 취하고 있다. 중국이 필리핀에게는 세 번째로 큰 무역 파트너라는 사실도 마닐라에 대한 중국의 지정학적 영향력 증대를 잘 설명해준다. 필리핀 내 화교의 거대한 부와 영향력 또한 무시할 수 없다.

사실 중국의 군사력 증강에 대한 필리핀의 가시 돋친 민족주의는 다른 측면에서 보면 그들의 지리적 취약성을 보여준다. 바다는 어업에서부터 에너지 자원 탐사에 이르기까지 모든 측면에서 필리핀 경제의 생명줄이다. 바다를 통해서 모든 석유를 수입하고 있고, 천연가스도 마닐라만 근처의 해저 유전으로부터 공급받고 있다. 따라서 해양 세력균형의 변동으로 인해 기존 어장은 물론 스프래틀리 군도나 스카버러 암초와 같은 남중국해 지역의 새로운 탄화수소 매장 지역에 대한 접근을 차단당한다는 것은 필리핀의 국가 안보에는 악몽을 뜻한다.[16]

내가 필리핀을 방문했을 때 중국은 반쯤 실패한 이 국가를 호시탐탐 노려보고 있었고, 워싱턴은 1899년부터 냉전이 끝날 때까지 거의 한 세기 동안 이곳 남중국해의 동쪽 끝에서 가지고 있던 전략적 플랫폼을 새로운 형태로 되살리기 위해 필리핀의 취약한 상황을 이용하고 있었다.

중국과 필리핀의 첫 번째 교전

내가 가장 최근 필리핀을 방문한 2012년 여름은 남중국해의 긴장이 높아지던 시기였다. 전 세계적으로 남중국해보다 더 큰 뉴스거리는 시리아 내전과 유럽의 부채 위기뿐이었다. 2012년 봄, 루손에서 서쪽으로 120마일 떨어진 스카버러 암초에서 시작된 필리핀과 중국 선박의 대치에서 중국은 "닭 잡는 데 소 잡는 칼을 쓰지는 않는다"는 자신감을 내

비쳤다.[17] 베이징은 진짜 군함을 보내는 대신 미국의 해안 경비함과 비슷한 20여 척의 가벼운 비무장 선박들을 수 주일간 현장으로 내보냈다. 그렇게 중국은 상업용 선박과 어선도 기뢰를 부설하거나 외국 군함을 관측하는 등 해상 권력 또한 다양한 옵션이 가능하다는 신호를 보냈다. 미국 해군대학의 제임스 홈스 교수와 요시하라 도시吉原俊井 교수의 주장에 따르면, 중국은 최신 해안경비함을 "소시지"를 잘라내듯 지속적으로 내보내고 있고, 이들 해상 민병대는 퇴역한 해군 군함들을 인수하고 있다. 중국은 해안 비함이라는 부드러운 방식을 이용함으로써, 이미 점유하고 있는 이 해역을 정찰하는 것일 뿐 다른 나라의 해군과 경쟁하여 새로운 해역에 대한 영유권을 주장하지는 않는다는 그들의 메시지를 강화시켰다. 그리고 누구도 중국이 인근 해역에서 빠르게 해상 권력을 증가시킬 수 있다는 점을 의심하지는 않는다. 중국의 해안 경비함에 맞선 것은 미국의 해안 경비대로부터 물려받아 그레고리오 델 필라르로 이름을 바꾸며 필리핀 해군의 자랑이 된 1960년대식의 싸구려 선박이었다.[18] 점증하는 중국의 힘과 필리핀이라는 나라의 무기력한 실패를 보여주는 이러한 불균형은 가슴 아픈 수준이었다. 해군력의 부족은 필리핀의 사회경제적 실패의 결과물이었다. 확실히 중국에 대해 필리핀인들이 그토록 격한 감정적 반응을 보인 이유는, 스카버러 암초에서 중국 해군의 오만한 행동이 자신들에게 매우 굴욕적이었음을 알게 되었기 때문이다.

미국과 필리핀의 군사동맹

스카버러 암초 사건 이전에는 몰라도, 그 사건으로 필리핀인들은 미국과의 실질적인 군사동맹이 필요하다는 점을 분명히 깨달았다. 필리핀과 미국의 관계는 한 세기가 넘지만, 냉전 이후 두 나라의 관계가 소원해졌다는 걸 감안하면 이는 새로운 상황이었다. 마치 1970년대에 미해군이 베트남의 캄란만에서 굴욕적으로 철수했다가 이제 다시 초대받아 돌아오는 것처럼, 1990년대 초반 루손의 수빅만을 떠난 미군은 이제 다시 돌아오도록 요청받고 있다. "우리가 가지고 있는 유일한 레버리지는 미국과의 동맹인데, 그 동맹 자체는 미국에 유리하도록 되어 있습니다"라며 에일린 바비에라 필리핀대학 교수는 말했다. 지역 내의 다른 국가들도 비슷한 결론을 내리고 있다.

미국의 관점에서 보면, 필리핀 대통령 베니그노 시메온 아키노 3세가 절호의 기회를 제공했다. 그는 1983년에 암살당해 마르코스에 대한 저항을 불러일으킨 인기 있는 정치인이었던 베니그노 아키노 2세의 아들이다. 마르코스가 축출된 이후 등장한 여느 필리핀 대통령들과 달리 젊은 아키노는 부패하지도 무능하지도 않아 보였다. 아키노는 부패를 뿌리 뽑고 남중국해의 원유와 천연가스를 이용해 빈곤을 완화하고자 했던 민족주의자였다. 당신은 아마도 행운을 빌어줄게라고 말할지도 모른다. 하지만 미국 관료들은 그의 임기를 이용해야 한다고 생각했다. 그 후에 어떤 사기꾼이 나타날지 모르기 때문이다. "아키노가 집권하는 동안 새로운 관계를 제도화시켜야죠"라고 한 미국의 관료는 내게 말했다.

냉전의 유산인 클라크와 수빅의 미군 기지는 폐쇄했지만, 미국의 군부는 실제로는 9·11 테러 이후 필리핀 육군과의 관계를 강화시켰다. 필리핀 남부에 있는 술루 제도가 알카에다와 느슨하게 연결된 이슬람 테러 조직의 은신처였기 때문에, 2002년 그곳과 남부 민다나오에서 미국은 수백 명의 특수작전부대를 이용한 대침투 작전을 펼쳤고, 수년 내에 제마 이슬라미야와 아부 사야프를 소규모 범죄 집단 수준으로 제압해버렸다. 그다음 과제는 북쪽, 즉 루손에 있는 허약하고 부패한 로마 가톨릭 마닐라 정부로 하여금 보르네오섬 인근의 잊힌 무슬림 극단주의자들에게 개발 원조를 보내도록 하는 것이었다. 필리핀 정부의 의지와 능력 부족 역시 남부 민다나오의 모로이슬람해방전선Moro Islamic Liberation Front과 산지가 많은 여러 섬에 있는 공산주의 신인민군New People's Army의 장기적이고 고질적인 폭동의 원인이었다. 하지만 술루 열도선이 정치적으로나 군사적으로 여전히 취약한 상황에서, 미 특수작전부대의 병력은 600명에서 350명으로 감소했고 고급 타깃으로 분류되는 다국적 테러리스트의 수도 극소수로 줄었기 때문에, 워싱턴은 이제 중국에 맞서기 위해 필리핀 군대를 국내 지향적인 육군에서 외부 '해양 영역'에 초점을 맞춰 조정하도록 필리핀 정부를 설득해야 했다. "오랜 기간 우리 국방력의 90퍼센트를 내부 반란 제압에 사용했는데, 이것은 아직 끝나지 않았습니다"라고 마닐라의 전략평가 담당 차관보인 레이먼드 호세 퀼롭이 말했다. 필리핀의 병력은 지나치게 육군 중심이기 때문에 공군과 해군은 협력의 여지가 거의 없었다. 예를 들면, 앞서 말한 것처럼 공군력과 해군력은 분리시킬 수 없기 때문에 필리핀이 실제로 운용할 수 있는 비행기는 C-130 수송기 한두 대와 진짜 구식 근접항공지원 플랫폼인 OV-10 7대 정도였던 것 같은데, 실제 작전 가능한 전투기는 4대 정도였던 듯하다. 미군의 눈에 필리핀은 "초보자용 도구"를 가진 수준이었다. 게다가 필리핀은 사이버 네트워크나 운영 보안 시스템이라 할 만한 것이 없었기 때문에, 미국인들이 최신 국방 기술을 합리적으로 마닐라에 전수할 방법이 없었다. 따라서 미국의 군사 전문가들 사이에서는 필리핀에 관한 한 "최소 방어"라는 단어가 유행하게 되었다. 한 미국 관료가 내게 설명했다. "필리핀은 중국과 정면으로 맞설 필요가 없습니다. 중국인들이 앞마당으로 넘어오려 할 때 주저하도록 만들 수 있는 개와 울타리가 필요할 뿐이죠." 미국이 퇴역한 1960년대식 해안 경비정을 서둘러 필리핀에 넘겨 필리핀 해군의 자랑이 되자 전 세계의 많은 사람이 웃었다. 하지만 미국인들은 매우 진지했다. "우리는 필리핀 해군을 제2차 세계대전 수준에서 1960년대로 끌어올렸습니다. 필리핀에게는 커다란 발전이죠"라고 누군가 내게 말했듯이 말이다. 미국인들은 1980년 후반에 제작된 호위함을 판매하려 했지만, 터빈 엔진을 포함해 필리핀이 유지하기에는 그 함선이 지나치게 복잡하다고 판단했다. 그래서 워싱턴은 운용이 좀더 용이한 구축함을 이탈리아로부터, 그리고 일본으로부터는 소형 초계정을 구매하도록 조언했고 필리핀은 이를 받아들였다. 현대적인 해군력과 공군력은 기술 수준 및 보안 조치, 비용 문제로 인해 한 나라의 발전 단계를 나타내는 리트머스 시험지와 같은데 필리핀이 현재 도달한 단계는 낮았다. 그러나 마닐라 정부는 상황 개선에 매우 진지했고, 18억 달러를 국방 예산에 추가로 투입했다. 그 정도 규모의 국가로서는 매우 큰 액수였다.

그리고 미국도 필리핀 해군력 향상의 속도를 높이기 위해 잠수함을 포함해 매년 100척의 군함과 보급선을 수빅을 비롯한 필리핀의 여러 항구로 보내고 있다. 필리핀에서도 더 많은 미 함정이 방문할 수 있도록 항구의 선박 정비 설비들을 업그레이드하고 있다. 게다가 워싱턴과 호놀룰루에 있는 미 합참의장, 태평양함대 사령관, 태평양 사령관, 태평양해병대 사령관 모두 마닐라를 공식 방문하고 있었다. 워싱턴 행정부의 차관급 고위 관료 다수의 해외 출장에도 마닐라를 포함시켰다. 한 미국 관료의 표현에 따르면, 필리핀에게 충분한 정치적·군사적 보호를 제공해서 1936년의 에티오피아와 이탈리아처럼 필리핀이 언제든 중국에 유린당할 수 있는 상황만큼은 막아보자는 생각이었다. 수빅만은 베트남의 캄란만과 마찬가지로 다시 완전한 미군 기지가 될 수는 없었다. 대신 미 해군은 필리핀과 베트남 항구에 대한 정기적인 "순회" 방문을 구상했다. 반면 필리핀 서쪽의 팔라완섬에서 남중국해 방향으로 스프래틀리 군도에 근접한 울루간만을 준설해 미래의 해군기지로 만들자는 논의가 있었다.

그럼에도 불구하고, 중국은 전혀 물러설 기미를 보이지 않았다. 언젠가 내가 방문하던 기간에 중국은 만조 시에는 물에 잠기는 수비 암초에 1마일 길이의 비행기 활주로를 건설하겠다고 발표했다. 수비 암초는 스프래틀리 군도 인근에 있는 필리핀 통제 지형물에서 불과 수 마일 떨어진 곳에 있다. 베트남을 압박하는 것과는 달리, 필리핀을 압박하면 베이징의 민족주의자들에게 도움이 되는 것은 사실이다. 베트남을 싫어하는 것은 중국 내부의 기본적인 감정이기 때문에, 베트남 압박으로 는 더 이상 중국 관료나 군인들의 민족주의 정서를 고무시키지는 못한 다. 반면, 필리핀은 미국과 정식으로 조약을 체결한 동맹국이므로, 필리 핀을 괴롭히는 것은 중국이 미국을 밀어내고 있다는 메시지를 전달한 다. 그리고 필리핀 군대가 허약했기 때문에 그것은 쉬운 일이었다. 마닐 라와의 국방 협력을 강화함으로써 워싱턴은 판돈을 올리고 있었다. 그 것은 중국과의 경쟁 강도를 높이는 것이다.

스스로를 지킬 수 없는 대국

이 모든 힘들고 인정하기 힘든 사실은 마닐라에 있는 필리핀 외교부 와의 대화의 배경이 되었다. 형광등은 희미했고, 성능이 의심스러운 에 어컨은 윙윙거리며 돌아가고 있었다. 필리핀의 전통 의상인 바롱 셔츠 를 잘 다려 입은 필리핀 관료들은 부드러운 악센트로 자신들의 약점을 설명하면서도 현실적이고 저항적인 주장을 펼쳤다. 법은 그 불편부당不 偏不黨으로 약자를 보호한다. 하지만 국제 체제는 정의롭지 못한 자를 처벌하는 리바이어던이 없다는 점에서 홉스주의적이었다. 따라서 그 순간 국제법보다는 지정학적 현실이 우선이었다. 내가 인터뷰한 필리핀 관료들은 이 모든 것을 잘 알고 있었다.

"이곳의 진짜 이슈는 중국 해군의 힘이 천천히 증가하고 있다는 점 입니다." 헨리 벤수르토 주니어 해양사무위원회 위원장이 입을 열었다.

그는 내게 필리핀 본토와 가까운 스프래틀리 군도 인근의 여러 암초와 환초에서의 중국의 활동을 요약해서 말해주었다. 중국인들은 그가 가리키는 "서필리핀해"의 그 어떤 작은 육지라도 조사하고, 부표를 띄우며, 주둔지를 계획하고 있다고 말했다. 그는 우디섬, 리드 뱅크, 더글러스 뱅크, 사비나 모래톱, 바조 드 마신록(스카버러 암초)과 같은 이름을 줄줄이 읊었다. "중국은", 그는 말을 이어나갔다. "계속해서 긴장을 높일 겁니다. 그리고 외교를 통해서 긴장을 낮췄다가 또다시 긴장을 높이죠. 마지막에는 결국 우리가 가진 모든 것을 삼켜버릴 겁니다. 중국은 자신들의 영유권 주장이 아무 근거가 없는 곳에서만 공동 개발을 원하죠." 파워포인트 발표가 끝나갈 무렵 그는 말했다. "중국은 군사력이 강력해질수록 점점 유연한 태도를 버릴 겁니다." 필리핀은 미국과 중국 모두에게 전략적이지만, 필리핀의 입장에서 보면 그 지리적 특성은 그야말로 악몽과 같다. 필리핀은 보호해야 하는 섬이 7100개나 되며, 도시의 70퍼센트가 해변에 접해 있다. 필리핀에게 바다는 모든 것을 의미하지만, "러시아가 흑해를 탐내듯" 중국이 남중국해를 탐내고 있다. 기술도 큰 도움이 되지 않을 것이다. 항공 운송은 비용이 높기 때문에 앞으로도 수십 년 동안 수만 척의 배가 "서필리핀해(남중국해)"를 통과하게 되면, 이 지역은 군함과 전쟁놀이로 인해 불안정해질 것이다. 그는 국제법에 호소하며, 결국 그들의 나약함을 가장 선명하게 입증하면서 발표를 마무리했다.

해양 문제를 관장하는 길베르토 아수케 차관은 더 직설적이었다. "그들은 우리 대륙붕에 있는 원유와 가스를 원합니다. 간단합니다. 중국이 모든 것을 자신의 주머니에 넣을 수는 없다는 점을 전 세계에 보여줘야 합니다." 외교관답지 않은 이 감정적인 발언의 이면에는 깊은 무력감이 숨겨져 있다. 필리핀은 석유와 천연가스를 거의 보유하고 있지 않다. 말레이시아와 인도네시아가 각각 매년 400개의 유정을 파는 동안, 필리핀은 지난 30년간 겨우 263개를 파냈을 뿐이다. 엑손은 탄화수소가 불충분하다는 이유로 술루 해역에서의 권리를 포기했다. 마닐라만 근처 가스전의 규모는 상대적으로 작았다. 2011년 필리핀은 팔라완에서 서쪽으로 40마일 떨어진 지점의 15개 구역에서 에너지 탐사 프로젝트를 시작했다. 그곳은 중국에서 동남쪽으로 575마일, 베트남에서 동쪽으로 450마일 떨어진 위치다. 하지만 이 구역들은 모두 중국의 구단선에 들어가 있고, 중국은 이미 그중 두 구역이 자신들의 것이라고 주장하고 있었다. "우리는 1억 명에 달하는 인구를 보유하고 있지만, 에너지 자원은 아직 제대로 개발되지도 못했고 그마저 다른 국가와 경쟁해야 합니다"라고 한 관료는 불만을 표시했다.

국방 협력을 위해 만들어진 대통령위원회 위원장을 맡고 있는 에딜베르토 아단 차관은, 최근 수십 년 동안 지속된 미국과 필리핀의 국방 협력 악화와 그로 인해 필리핀이 지불한 대가를 부드러우면서도 슬픈 어조로 얘기했다. 클라크와 수빅이 미국의 상설 군사기지였던 시절, 필리핀은 워싱턴으로부터 매년 2억 달러의 군사 원조를 받았다고 그는 말했다. 기지들이 폐쇄된 후 그 숫자는 "제로"로 떨어졌다. 1990년대 중반, 중국이 남중국해로 "서서히 침입"해 들어오기 시작하자, 1999년 워싱턴은 매년 필리핀에 3500만 달러를 지원하는 새로운 주둔군지위협정을 체결했다. "우리는 미국과 한층 더 긴밀한 국방 협력관계를 원합니다. 우리 스스로도 국방 예산으로 15억 달러나 편성했습니다. 비록 당신들의 잠수함 한 척 가격도 되지 않지만 말이죠." 그는 내가 방문한 기간에 필리핀이 호주와의 주둔군지위협정을 승인했다고 언급했다. 이제는 태평양에 있는 또 다른 국가의 군대도 필리핀의 영토를 주기적으로 순회하도록 허용했다는 것을 보여주는 중대한 진전이었다. 역시 이 모두는 중국 때문이다. "1995년 중국이 미스치프 암초를 점령한 이래로 그들의 의도는 바뀌지 않았어요. 이제는 그 야심을 뒷받침할 수 있는 힘도 갖게 된 것뿐입니다."19 그는 말을 이었다. "미 해군 함정들이 이곳 우리 수역에서 보급품도 채우고, 급유도 하고 또 어슬렁거리기도 해야겠죠. 바로 싱가포르(그리고 베트남) 모델입니다. 미국인에게 필요한 시설을 건설하면 미국인들이 오겠죠." 그는 국가가 정상적으로 작동하지는 않지만, 필리핀의 민족주의 정서는 강렬하다고 언급했다. 필리핀 사람들은 20세기로 넘어오는 시점에서 비정규전의 형태로 미국과 격렬하게 한 번 싸웠고, 제2차 세계대전 중에는 일본 점령군에 대항해 미국과 함께 용감하게 싸웠다.

중국이 거의 두 세기 동안의 국내적 혼란을 극복하고 아시아의 바다로 밀고 나오면서, 필리핀은 다시 한번 미국을 끌어들여야 했던 것으로 보인다. 필리핀 내의 일부 군부 인사와 관료들은 필리핀 해군이 벼랑 끝 전술을 택하면 워싱턴이 중국에 대해 더 대립적인 입장을 취하게 되고, 결국 마닐라에 전략적 이득을 가져다준다고 믿었다. 하지만 2012년에 오바마 정부는 마닐라에 경고하며 특히 그런 접근에 대해 반대 입장을 분명히 했다. 물론 중국의 남중국해 장악이 미국의 이익에 부합하는 것은 아니다. 하지만 베이징과 연계된 수많은 금융 자산과 실물 자산을 고려하면, 필리핀이나 베트남 같은 나라의 민감하고 다혈질적인 민족주의자들 때문에 중국과의 충돌로 말려들어가는 것 역시 미국에 이롭지는 않다. 필리핀의 전 참모총장 벤저민 디펜서 장군은, 바로 이런 이유로 "미국의 필리핀 원조는" 한계가 있을 것이라고 내게 말했다. 그를 포함해 여러 사람은 만일 중국으로부터의 새로운 위협으로 마닐라가 끊임없이 맞이하는 특히 남부 무슬림과 같은 내적인 도전을 상쇄시키지 못한다면, 필리핀은 차라리 인내심을 발휘하면서 동시에 세계 여론에 호소하는 편이 낫다고 말했다.

필리핀의 국방, 안보 관료들은 포위되었다고 느끼는 것이 분명했다. 중국에 포위되었고, 여러 낮은 수준의 내란 세력에 포위되었으며, 모호하기는 하지만 더 넓은 의미에서는 자국의 완고하고 융통성 없는 문화에 포위되었다고 느끼는 것이다.

사실 그런 고집스러움은 최고위급 정치인에게까지 만연해 있다. 필리핀대학의 정치학자 캐롤라이나 헤르난데즈는 내게 이렇게 말했다. "필리핀에는 전략적으로 생각하는 지도자가 거의 없었습니다. 6년 단임 대통령제 민주주의는 별로 도움이 안 됐죠. 우리 지도자들은 임기의 틀을 넘어서는 사고를 할 줄 모릅니다." 그녀는 계속 말했다. "미국에 의한 식민 경험 역시 의존성을 키웠고 전략적인 시고를 막았습니다. 솔직히 우리는 외부의 적을 방어할 능력이 없습니다. 1950년대 초반 공산주의 후크단의 반란을 제압한 이후, 1960년대 말 공산주의 신인민군이 등장하기 전까지 믿을 만한 국방 시스템을 만들 기회가 있었죠. 하지만 그렇게 하지 못했습니다."

그래서 115년이 지났어도 필리핀과 얽힌 미국의 경험은 여전히 똑같이 암울한 도전에 직면해 있다. 자신도 제대로 돌보지 못하는 이 커다랗고 바글거리는 나라를 어떻게 안정시키고 또 스스로를 지킬 수 있도록 만들 것인가?

울루간만의 미래

그 도전은 팔라완의 주요 도시인 푸에르토 프린세사를 방문하는 동안 내게 생생하게 다가왔다. 팔라완은 필리핀 서쪽의 길고 가느다란 창 모양의 섬이다. 남중국해 쪽으로 돌출되어 스프래틀리 군도에서 가깝다. 스프래틀리라는 이름은 1836년부터 1844년까지 영국의 고래잡이 어선 사이러스 사우스 시먼의 소유주였던 리처드 스프래틀리의 이름을 따서 1843년에 붙여졌다. 하지만 필리핀 사람들은 이 군도를 "프리덤랜드freedomland" 또는 칼라얀Kalayaan이라 부른다. 칼라얀은 필리핀의 탐험가이자 수산업계의 거물인 토머스 클로마가 1956년 수십 명의 부하를 이끌고 이곳의 여러 환초와 지형물을 점령하면서 붙인 이름이다. 칼라얀은 대부분 사람이 살 수 없고 접근이 어려운데도 불구하고, 칼라얀 시장 에우헤니오 비토오논은 푸에르토 프린세사에 사무실을 갖고 있다.

푸에르토 프린세사는 제멋대로 자란 마을이다. 매년 여러 달 동안 내리는 많은 비를 맞고 자라는 코코넛 야자나무와 바나나 잎 그리고 꽃나무들로 브로콜리 색의 짙은 녹음이 우거진 거리에는, 구불구불한 철판으로 만들어진 노점상이 듬성듬성 늘어서서 과일부터 자동차 부품까지 거의 모든 것을 팔고 있었다. 칼라얀 시장의 사무실은 번잡한 시장 뒤쪽의, 쇠창살이 있는 낡은 건물 안에 있었다. 그 작은 사무실은 스프래틀리 군도에서 가장 큰 파가사섬의 주민들에게 필요한 식량 공급과 관련된 도표로 가득 차 있었다. 파가사섬은 바깥 부분까지 돌출된 1마일에 조금 못 미치는 활주로를 가지고 있다. 그 활주로는 제2차 세계대전 중 일본 점령자들이 바다를 매립해서 만들었다. 파가사섬은 몬순과 태풍으로 몇 주일, 심지어는 몇 달씩 고립되기 때문에 시장은 푸에르토 프린세사에 거주한다. 게다가 그에 따르면 활주로는 움푹 파인 곳이 많고 작은 배로 접근하려 해도 험한 바다를 건너가려면 여러 날이 걸릴 수도 있다.

시장은 나를 차에 태우고 진흙투성이 숲길을 가로질러 술루해 끝부분의 맹그로브 늪지 옆에 위치한 필리핀군의 서부 사령부로 향했다. 개발도상국의 다른 군사기지처럼 이곳도 지역 내의 어떤 거주지보다 훨씬 더 깔끔하게 정돈되어 있었다. 일렬로 늘어선 야자나무들은 잘 관리되고 있었고, 검소한 사무실에는 마치 파가사 시장의 사무실처럼 잘 꾸며진 듯 보이는 서류들이 쌓여 있었다.

"우리는 미국의 전천후 항공기가 필요합니다." 내가 사무실에 들어서자마자 한 필리핀 관료가 말했다. 그는 몇 달 뒤로 예정된 두 나라의 해상 훈련 준비를 돕기 위해 미시시피의 걸프항에서 온 미 해군 중위와 얘기를 나누고 있었다. 나는 곧 필리핀 서부군 사령관인 후안초 사반 해군 중장을 만날 수 있도록 안내받았다. 그는 내게 그의 부대가 방어해야 하는 섬들과의 커뮤니케이션이 힘들 뿐만 아니라, 주변의 여러 수역이 해도에 실려 있지 않아서 선장들이 사실상 맹인처럼 항해하고 있다고 말했다. 내가 방문하기 직전 팔라완 남부에서 서쪽으로 겨우 60마일 떨어진 하사하사 모래톱에서 중국 해군의 소형 구축함이 좌초한 것도 바로 이 때문인 듯하다. "좋지 않은 기후와 원시적인 환경으로 인해 우월한 해군 장비들을 효과적으로 사용할 수 없는 중국보다는 우리가 상대적으로 유리합니다." 이어지는 브리핑에서 그와 다른 장교들은 "서필리핀해의 칼라얀"에서 중국이 저지른 많은 영토 침범 사례를 알려주었다. 세 대의 전투기가 이쪽에서 필리핀 영공을 침범하기도 했고, 해군 함정의 불법 침입이 저쪽에서 발견되기도 했다는 것 등등. 그들은 그 침범이 더 빈번해지고 있으며, 팔라완으로 점점 더 가까워지고 있다고 말했다. 그러고는 다시 이렇게 반복한다.

"우리는 더 많은 비행기와 군함이 필요합니다."

"우리는 더 많은 활주로가 필요합니다."

"우리는 사이버 작전 능력을 더욱 향상시켜야 합니다."

한 젊은 장교는 말했다. "하나의 국가로서 우리는 서필리핀해의 석유와 천연가스를 개발하는 일이 가장 중요합니다. 왜냐하면 우리는 서태평양에서 가장 가난한 나라니까요."

또 다른 젊은 장교는 이렇게 말했다. "중국은 (필리핀 본토인) 팔라완을 침입하기 위해 군함에 탑재할 수 있는 중간 규모의 탱크를 대규모로 생산하고 있습니다."

굴욕감이 섞인 강박증이었다. 최근 중국이 스프래틀리 군도를 파라셀 군도, 메이클즈필드 뱅크와 함께 묶어 산샤三沙라 부르고, 민간인 관할 지역으로 설정해 중국인 시장도 임명해놓았기 때문이다. 그래서 이제 스프래틀리 군도에는 시장이 두 명이 되었다. 그리고 중국인 시장이 훨씬 더 많은 자원을 가지고 있다.

팔라완의 술루 해안에서 한 시간 정도 운전해 산악지대의 정글을 지나자 남중국해가 나타났다. 나는 울루간만을 바라봤다. 개발도상국 어디서도 보지 못한 열악한 도로와 원시 삼림으로 이뤄진 해안선을 따라 검푸른 파도가 출렁이고 있었다. 바람에 흔들리는 나뭇잎 소리만이 적막하게 들렸다. 해군기지는 빈터에 세워진 흰색 건물 몇 동이 전부였다. 필리핀 해군의 서부 사령부는 한 해 전 이곳으로 옮겨왔고, 여전히 조경 공사가 진행 중이었다. 이곳이 생태여행의 천국이었다는 말이 들려왔다. 미 해군 함정의 정박지였다는 견해도 있었다. "울루간만. 그것이 바로 미래죠." 미국의 한 고위 관료가 진지하게 했던 말이 떠올랐다. 이곳에는 남중국해에서 은신처 역할을 할 수 있는 커다란 수역이 형성되어 있다. 스프래틀리 군도까지도 배로 36시간이면 도착할 수 있다. 수빅만에서의 거리의 절반에 불과하다. 이곳은 이미 필리핀 해군의 상징인 1960년대식 경비함 그레고리오 델 필라의 모항이다. 환경상의 이유로 준설은 허용되지 않지만, 만약 미국의 구축함과 항공모함이 이곳에 모여든다면 준설이 필요해질 테고, 눈앞에 펼쳐진 이 원시의 아름다움도 훼손될 것이다. 군사 전략가들에게는 어쩌면 울루간만이 환경론자들의 손에 맡겨두기에는 너무나 중요한 전략적 기회를 제공할지도 모른다. 전쟁과 군사적 경쟁은 불행할 뿐만 아니라 아름답지도 않다.

울루간만을 보호해온 유일한 요인은 자금 부족이었음을 나는 깨달았다. 준설과 항구 개발은 엄청나게 많은 돈을 요한다. 필리핀은 분명 그 돈이 없고, 현재 워싱턴의 재정 상황을 고려하면 미 국방부도 마찬가지다.

인간으로서 나의 모든 본능은 이 멋진 해안이 언제나처럼 유지되기를 바라도록 만들었다. 하지만 그 모든 것은 중국에 달려 있다. 언제나 그렇듯 당장은 중국의 지속적인 번영이 군사력의 팽창으로 이어지고 있다. 하지만 중국 경제가 계속 성장할까? 중국의 군사력 팽창으로 미 해군은 점점 더 필리핀을 감싸고 있었다. 식민지와 같은 의존 상태가 계속되고 있다.

제7장
아시아의 베를린

국가 주권의 상징

조지프 콘래드는 이렇게 묘사했다. "중국 바다의 북쪽과 남쪽은 모두 좁은 수역이다. 그 바다는 섬들과 모래사장, 암초들 그리고 빠르고 변화무쌍한 해류와 같은 일상적이고 생동감 있는 사실facts로 가득 차 있다. 그것은 복잡한 사실이지만, 그럼에도 불구하고 뱃사람들에게는 매우 분명하고 확실한 언어로 전해진다."[1]

세 개의 섬으로 이뤄진 환초지만, 그중 하나만이 수면 위로 드러나는 프라타스 군도가 바로 그런 생동감 있는 사실이다. 중국어로는 "둥샤東沙(동쪽 모래)" 군도라 불리며, 유일하게 사람의 거주가 가능하다. 길이는 2마일이 채 못 되고, 너비는 0.5마일에 불과한 움푹 패인 모양의 땅으로 석호潟湖를 포함하고 있다. 사실 이 땅은 수면 위로 살짝 올라와 있는 5000피트가 조금 넘는 활주로에 불과하지만, 남중국해에서 가장 큰 섬이기도 하다. 타이완과 중국 양쪽에서 거의 같은 거리에 있으며 남중국해의 북쪽 입구를 지키고 있다. 활주로와 두 개의 부두는 대략 200명의 타이완 해안경비대와 다양한 기술자들이 돌보고 있다. 섬에는 몇몇 생태학자도 있다. 일망무제一望無際의 바다와 대조되는 히비스커스, 판다누스, 작은 코코넛 야자, 자귀나무 그리고 해변의 식물들은 자연미의 극단을 기록해놓은 조물주의 명료한 윤리를 보여준다. 모든 땅덩어리를 둘러싸고 싸우려는 인류의 본능만 없다면 얼마나 좋겠는가.

2000년 전 한나라의 무제武帝가 남중국해의 지형물들에 대한 주권을 세웠다고 전해진다. 특히 1000년 전 위진시대 진나라의 기록에 프라타스가 나오는데 이는 결과적으로 중국의 주장을 뒷받침한다. 타이완과 중국 본토는 누가 진정으로 중국을 대표하는지 여전히 논쟁을 벌이고 있기 때문에, 메이클즈필드 뱅크와 스카버러 암초를 포함해 남중국해의 모든 섬과 마찬가지로 프라타스 역시 둘 사이의 논쟁거리가 된다. 소의 혓바닥 또는 U자 모양의 구단선은 원래 국민당의 개념이었고, 따라서 타이완에서 장제스의 후계자들은 그 주장을 고수했다.[2] 원래는 열한 개의 점선이었는데, 중국과 베트남이 통킹만에 관해 합의하며 두 개의 점선이 지워졌다. 중국과 타이완 모두에 따르면, 각각의 점선은 남중국해의 섬들과 그 섬에서 가까운 육지와의 중간선을 나타낸다.[3] 국립타이완사범대학의 왕관슝王冠雄 교수에 따르면, 소의 혓바닥처럼 생긴 구단선의 목적은 그 안쪽의 섬들과 해당 수역에 대한 소유권 주장이지, 전체 남중국해에 대한 소유권을 주장하는 것은 아니다. 프라타스는 본토와 타이완의 중국인이 모두 주권을 주장하는 가장 좋은 예다.

제2차 세계대전 중에는 일본인들이 프라타스를 점령했다. 1946년 마오쩌둥의 공산당이 본토에서 승리를 거두기 전에 중화민국中華民國을 대표하던 장제스의 해군이 프라타스에 상륙했고, 이듬해에 그 섬에 대한 법적 권리를 선포했다. 그 후 만조일 때에도 수면 위로 드러나는 그 작은 섬은 타이완이 관리해왔다. 그리고 1980년대에 현재의 시설을 건설함으로써 실효 지배를 확립했다.

나는 주기적으로 운항하는 타이완의 군용 비행기로 프라타스에 도착했다. 65분의 비행 후 나는 어두컴컴하고 귀청이 터질 듯한 소음으로 가득했던, 낡은 위장용 페인트를 칠한 C-130 허큘리스 밖으로 나왔다. 남중국해 지형물들을 비추는 특유의 강렬하고 압도적인 햇빛과 종교적인 고요함이 다가왔다. 열대의 풍요로움이 나를 감동시켰다. 211종의 식물과 231종의 조류, 577종의 어류가 있는 그곳에는 꽃들과 녹음, 광활한 바다가 사방에 펼쳐져 있었다.

섬의 해안경비대장이 나를 안내했다. 나는 레이더와 기상관측소, 20톤급 해안 경비정이 정박해 있는 2개의 부두와 4개의 담수 설비 그리고 윙윙거리며 돌아가는 4개의 발전기를 봤다. 그 발전기는 25일마다 한 번씩 해군 보급선으로 타이완에서 실어오는 디젤 연료를 이용하고 있었다. 지팡이를 짚고 챙이 넓은 모자를 쓴 장제스의 동상이 식물들 너머로 파수꾼처럼 서 있었다. 1948년 타이완인들은 이곳에 중국 사찰 어디에나 유명한 현란하고 짙은 붉은색의 대왕묘大王廟를 건립해, 삼국시대 촉나라의 장수로 충성심과 무공이 드높았던 관우關羽에게 바쳤다. 마지막으로는 한자로 "남해장벽南海屏障"이라고 쓰인 커다란 비석으로 안내받았다. 한 시간이 못 되어 섬 위의 모든 것을 둘러볼 수 있었다.

타이완의 병력은 활주로를 중심으로 배치되어 있었고, 섬 위의 다른 설비들이 그 주변을 빽빽하게 차지하고 있었다. 활주로 덕분에 타이완은 본토에 대해 '전략적 깊이'●를 가질 수 있다. 얼마나 많은 석유와 천연가스가 이 남중국해 북쪽의 대륙붕 밑에 매장되어 있는지는 확실치 않기 때문에, 당분간 해안 경비대의 임무는 인근의 풍부한 어장을 보호하는 것이다. 이곳에서 전쟁이 일어날 수 있을까? 나는 회의적이다. 최소한 남중국해를 둘러싼 미래의 전쟁이란 진짜 전투보다는 전파 매체의 발달 덕분에 전 세계의 구경꾼이 지켜보는 가운데 국제 회의장에서 시끄럽게 보여주는 민족주의적인 태도들과 좀더 관계가 있다. 지역 내의 모든 국가가 신형 군함을 원하기는 하지만 갈등이 고조되어 사소한 충돌 이상의 실제적인 전투로 이어지는 건 아무도 원하지 않는다.

"해안 경비대가 섬 전체를 지키고 있습니다." 경비대장이 내게 말했다. 그리고 그들은 언제든 연안 해역에서 중국과 베트남 어선들을 내쫓을 준비를 하고 있다. (스프래틀리 군도에서 가장 큰 섬인 이투아바도 마찬가지다. 역시 타이완이 140명의 해안 경비 병력으로 지키고 있다.4) "하지만 타이베이에 있는 상당수 입법위원들은 영토 주권에 대해 타이완이 진지하다는 것을 보여주기 위해 해군과 해병대의 배치를 주장합니다."

실제로 내가 프라타스 군도를 방문할 수 있었던 것은, 이 섬에 대한 타이완의 영유권 주장이 강력했고 또 그 사실을 외부 세계에 알리고자

●　전략적 깊이strategic depth란 일반적으로 최전방과 그 나라의 수도, 인구 밀집 지역 등 핵심 지역과의 거리를 나타내는 군사 용어다.

했기 때문이다. 두 번 시도하는 과정에서 타이베이의 여러 부처와 많은 이메일을 주고받고서야 이곳에 올 수 있었다. 다시 말하지만, 언론인들은 역사를 목격한다고 스스로 떠벌리기는 하는데, 그것은 대개 언론이 한결 수월하게 접근할 수 있는 육상전의 경우에 한정된다. 만약 어떤 사건이나 적대적 행위가 남중국해 한가운데의 깊숙한 바닷속이나 작은 모래톱 위에서 발생한다면, 언론은 어떤 일이 벌어지고 있는지를 관련국 정부의 보도에 의존하게 될 것이다.

섬 위에 아무것도 없다는 바로 그 이유로, 소위 지형물features이라는 표현이 정확하다는 생각 역시 떠올랐다. 그것은 아무런 역사도 없고 민간인도 전혀 살지 않는, 지구상의 아주 작은 땅덩어리일 뿐이다. 특히 그 공허함과 그에 따른 내재적인 추상성 덕분에 궁극적인 애국의 상징이 되기 쉬웠고, 실제로 글로벌 미디어 덕분에 독립 국가의 표상이 되어버렸다. 지위를 얻고자 하는 근원적인 욕구가 여전히 국제 체제를 결정하고 있다. 중국은 스프래틀리 군도에 대해 결정적인 전략적 가치가 없다고 판단했기 때문에 논쟁이 악화되도록 내버려둘 수 있었다. 반면 스카버러 암초와 같은 헐벗은 바위는, 예를 들면, 필리핀인들에게는 상징적인 중요성을 갖고 있다.

2012년 5월, 필리핀과 중국의 군함들이 스카버러 암초 앞에서 대치하는 상황을 이용해 필리핀인들은 전 세계에서 시위를 조직해 자신들의 영유권을 주장했다. 하지만 프라타스 군도는 타이완이 점령하고 있다는 점을 제외하면 그 자체로는 아무것도 아니다. 스프래틀리 군도의 이투아바와 샌드케이도 마찬가지다. 그래서 타이완 사람들은 그 부분을 가슴을 치고 후회한다.

자유의 전초기지

우리는 타이완으로 와서 아시아의 평화를 위협하는, 그러나 부정할 수 없는 불편한 사실과 마주하게 된다. 북한과 달리 타이완의 생동감 있는 민주주의와 시민사회는 21세기의 가치와 정확히 일치한다. 북한과는 달리 누구도 타이완이 붕괴하거나 사라질 것이라고 생각하지 않는다. 그러나 중국은 아무리 오랜 시간이 걸리더라도 타이완을 중국에 합병시킬 것이라고 단호하게 말한다. 그것이 서태평양의 가장 기본적인 갈등 요소다.

남중국해가 하나의 유리병이라면 타이완은 그 병을 막고 있는 코르크 마개처럼, 환태평양 지역에서 두 개의 안보 및 갈등 구조를 가지고 있는 동남아시아와 동북아시아로 향하는 진입로를 통제하고 있다.[5] 하지만 동북아시아는 남중국해에 의존하고 있다. 동북아시아에서 사용하는 대부분의 에너지 자원이 남중국해의 교통로를 통과하기 때문이다. 미국 국무부 동아시아태평양 담당 차관보를 지낸 오랜 아시아 전문가 폴 울포위츠는 타이완이 "아시아의 베를린"이라고 말한 적이 있다. 냉전 시기의 베를린처럼 타이완은 중국 본토에 대한 자유의 전초기지이자, 서태평양 전체의 정치 군사 정세의 풍향계 역할을 하고 있다. 만약 타이완의 실질적인 독립이 중국에 의해 심각하게 위협받는다면, 일본과 호주 등 미국의 동맹국과 남중국해 주변의 모든 국가는 스스로의 안보 태세를 신중히 재점검하면서 중국의 부상에 적절히 적응하게 될 것이다. 타이완섬 그 자체 그리고 2300만 타이완인의 운명보다 더 많은 것이 타이완에 달려 있다.

그리고 냉전 시대의 서베를린처럼 타이완은 매우 적극적이다. 프라타스 군도와 이투아바 점령이 그것을 잘 보여주었다.

새로운 민주주의와 그 정체성

그러나 싱가포르에서처럼 타이완의 수도 타이베이에서 나는 한 차례의 인지부조화를 경험했다. 타이완의 남쪽으로 향하는 반짝이는 고속철도 엔진의 강렬한 힘을 온몸으로 느끼면서, 나는 죽순처럼 솟아 있는 깔끔하고 각이 잡힌 도시의 경관을 바라봤다. 세련된 상점과 반짝이는 LCD 광고판 위의 한자를 어디서나 볼 수 있었다. 소비와 효율이 이곳에서도 최우선의 가치로 승격되어 있었다. 이론적으로 본다면 군비 경쟁에 기름을 붓는 것은 종종 그런 부유함이다. 하지만 나는 본능적으로 내가 틀렸다는 것을 깨달았다. 이렇게 번영하는 지역의 사람들은 전쟁을 원하지 않는다. 잃을 것이 너무 많기 때문이다.

그럼에도 불구하고 내가 이 지역의 거의 모든 곳에서 맞닥뜨린 두 가지 실체는 바로 쇼핑몰과 잠수함이다. 타이베이부터 쿠알라룸푸르까지 쇼핑몰에는 사람들로 넘쳐났다. 싱가포르의 한 애널리스트는, 이 지

역의 국방 장관들에게 잠수함이 새로운 액세서리가 되었다고 말하기도
했지만 말이다.

열차 안에서 무료 커피와 케이크가 제공되었다. 미국에서는 기대할
수 없는 서비스다. 간식을 먹자마자 컵과 포장지를 치워간다. 서양 사람
들 눈에는 아시아의 효율성이 때로는 극단적으로까지 보인다. 그런 효
율성이 전쟁에 적용된다면 어떨까 하고 생각해봤다. 이곳에서의 대규모
전쟁은 끔찍할 것이다. 아시아가 가지고 있는 역동성이 극단적으로 발
휘될 것이기 때문이다.

나는 다음과 같은 배경을 가진 타이완 역사의 랜드마크를 방문하기
위해 남쪽으로 향한다.

타이완은 지난 수백 년 동안 포르투갈어로 "아름다운 섬"이라는 뜻
을 가진 "일하 포르모자Ilha Formosa"의 줄임말인 포르모자로 더 유명했
다. 16세기 초부터 대략 20년 동안 수많은 포르투갈의 항해자가 인도
태평양으로 진출했는데, 가장 유명한 것 중 하나가 중국과의 무역을 개
설하기 위해 말라카 총독이 파견한 상인 토메 피레스의 여행이었다. 아
마도 이런 원정대 중 하나였을 페르낭 멘드스 핀투는 포르투갈인들을
이끌고 숲으로 우거진 타이완섬의 서쪽 해안을 따라서 여행했다. 여러
철자법으로 쓰인 "타이완Taiwan"이라는 이름 자체는 타이완 원주민 언
어로 "이방인foreigners"을 의미한다고 알려진다. 그리고 원주민들의 대화
에서 반복적으로 등장하자, 1620년대에는 네덜란드 이민자들도 그 단
어를 사용하기 시작했다. 현대 타이완인의 70퍼센트가 말레이인의 피
를 이어받은 원주민의 후손이다. 타이완은 바다 쪽을 향한 중국의 연

장선일 뿐만 아니라, 일본 오키나와 제도 최남단의 연장선이면서 동시에 말레이시아와 연결되는 동남아시아 최북단의 연장선이기도 하다.[6] 정치적으로는 말할 것도 없고, 지리적인 측면에서도 타이완은 서태평양의 핵심축이자 중추다. 타이완은 19세기 후반 프랑스령 인도차이나 안보의 중심이었다. 설령 타이완의 실질적인 독립이 일본의 교역로를 보장해주는 타이완 해협 안전의 열쇠일지라도, 그리고 설령 지난 세기 동안의 외세에 의한 굴욕을 끝내기 위해서는 타이완을 다시 베이징이 지배하는 것이 필요하다 해도 말이다. 타이완은 아시아에서 벌어지는 모든 크고 작은 사건에 영향을 미친다.

오나라와 수나라, 당나라가 타이완에 원정대를 보내기는 했지만, 고대와 중세에는 중국 본토와 타이완의 만남이 간헐적으로 이뤄졌다. 지리적으로 볼 때 중국 역사의 드라마는 육지에서 펼쳐졌다. 초기 중국의 농업 문명이 북부과 서부, 서남부의 목축 고원지대를 끊임없이 제압하고 관리하기 위해 분투하는 과정에서 국가의 에너지는 상대적으로 바다에서 멀어져 있었다. 하지만 해적이나 어부들은 타이완 해협을 왕래하며 해상활동을 했고, 9세기에는 먼바다로 편대를 보내기도 했다. 명나라 초기의 탐험가 정화鄭和의 인도양 항해가 가장 유명하지만, 그중 일부는 타이완을 방문했는지도 모른다. 명나라의 군대는 북쪽 평원지대로부터 진격해오는 만주인과의 싸움에 집중해야 했기 때문에, 황제는 타이완 해협 인근에서 네덜란드인들을 막아내기 위해 해적 출신의 군벌 정지룽鄭之龍을 파견했다. 그때 정지룽이 기근에 시달리던 수천 명의 푸젠인을 타이완에 정착시키면서 대륙과 타이완의 유기적인 관계가 시작되었다. 하지만 본토와 타이완 교류 역사의 중심인물은 바로 정지룡의 아들인 정성공鄭成功 또는 콕싱아Koxinga●다. 중국의 고전을 공부해 높은 문화적 소양을 갖춘 정성공은 쇠락하는 명나라와 부상하는 만주 청나라 모두의 정치적 압력을 막아낼 수 있었던 탁월한 군벌 장군이었다. 그는 본토의 푸젠으로부터 400척의 배와 2만5000명의 군대를 이끌고 타이완으로 왔다.

1662년 타이완 서남해안 질란디아●● 요새의 네덜란드인 포위에 성공하고서도, 그들로 하여금 모든 소유물을 챙겨 "깃발을 내걸고 북을 두드리며 완전무장한" 상태로 인도네시아의 바타비아●●● 로 떠나도록 허용한 사람이 바로 정성공이다. 그는 그 정도의 지혜와 관대함을 가지고 있었다. 정성공은 서른아홉이라는 젊은 나이에 죽었기 때문에, 절대 권력으로 부패해질 틈도 없었다. 그는 본토와 타이완 모두에서 "이상적인 군주"로 "신격화"되었고, 군벌이 국가원수보다 더 현명하고 교육 수준이 높을 수도 있다는 것을 입증했다. 본토에서 그는 서양의 식민주의자들을 쫓아내고 타이완 해협의 양쪽을 다스리면서 타이완에 대한 본토의 영속적인 권리를 만들어낸 민족의 영웅으로 존경받는다. 타이완에서 정성공은 타이완섬의 독자적인 정체성을 형성한 "시조"로 간주되며, 그를 기리는 사당이 60개나 있다. 타이완의 민주주의 발전과

● 정성공은 남명의 융무제로부터 명 황실의 성씨인 주朱를 하사받아, '나라의 성을 가진 아저씨'라는 뜻의 '국성야國姓爺'라고도 불렸다. 서양에 알려진 콕싱야는 국성야의 민난어閩南話식 발음이다.
●● 중국명은 안평고보安平古堡다.
●●● 지금의 자카르타를 가리킨다.

1895년부터 1945년까지 반세기 동안의 일본 점령에 비춰보면, 그리고 정성공이 진보의 완벽한 예를 보여주는 데다 일본인 어머니를 가졌다는 점까지를 고려하면 그가 정신적으로는 자유로운 타이완에 속한다는 걸 알 수 있다.7

정성공의 아들 정경鄭經은 아버지의 뒤를 이어 현명하게 타이완을 이끌었고, 상업과 농업을 번성시켰다. 그러나 정경의 죽음 이후 승계를 둘러싼 싸움이 시작되자 정씨 왕조도 오래가지 못했고, 이후 타이완은 200년 동안 청나라의 변방지역으로 몰락해버렸다. 청의 황제에게 올려진 한 문서는, "타이완은 중국에서 멀리 떨어진 바다 위의 고립된 섬으로, 해적이나 탈주범, 탈영병과 악당들의 은신처가 된 지 오래입니다. 따라서 계속 보유하여 얻을 것이 전혀 없습니다"라고 보고했다. 하지만 그 황제는 다른 의견을 받아들여 타이완을 합병했고, 다시 네덜란드인의 손에 떨어지지 않도록 했다. 역사학자 조녀선 맨스롭이 기술한 바에 따르면, 타이완은 1684년 청나라에 귀속되었지만 "하찮은" 곳으로 취급되었다.8

청 왕조는 팽창했다가 축소되었으며, 오스만튀르크와 유사하게 19세기 중엽부터는 쇠락의 길로 접어들었다. 1895년, 메이지유신으로 국력이 상승하던 역동적인 일본이 타이완을 장악해 황해와 동중국해는 물론 동남아시아와 남중국해를 통제하기 위한 발판으로 삼고자 했다. 1930년대와 1940년대에 일본 파시스트의 지배를 받은 동아시아의 어느 지역과는 달리, 일본은 타이완을 50년 동안 점령했지만 타이완에서 증오의 대상이 되지는 않는다. 고압적인 통치와 인종 차별도 있었지만,

타이완인의 교육 수준은 아시아에서 가장 높아졌으며 타이완의 근대 정체성을 형성시킨 깨끗한 정부와 제도의 발전이 이뤄졌기 때문이다. 청 왕조 말기의 낙후와 비교하면, 그리고 적어도 장제스 국민당이 초기에 보인 약탈과 폭력성에 비하면, 일본인들과의 경험은 견뎌낼 만한 것이었다. 일본인들은 의약품과 농업, 도로, 철도와 같은, 다시 말해 질서와 근대성을 타이완으로 가져왔다.

타이완은 아시아에서 일본 파시스트의 패배가 단기적으로 좀더 양호한 정부의 수립으로 이어지지 않은 유일한 지역이었다. 장제스 지배의 초기는 너무나 억압적이었기 때문에, 타이완이 공산주의자들의 손에 떨어질까 두려워하던 미국으로서는 한국전과 베트남전만 아니었다면 장제스를 포기했을지도 모른다. 타이완은 또 지리상 미군의 휴식과 여가는 물론 북베트남 폭격을 위해서도 편리한 후방 기지로 드러났다. 결과적으로 1950년대부터 미국의 대대적인 경제 원조와 성공적인 토지개혁이 진행되었고, 농민들이 소규모 공장에 투자할 돈을 갖게 되자 타이완의 경공업 혁명으로 이어졌다. 일본 점령의 결과물인 높은 교육 수준과 미국의 돈, 그리고 민주적이지는 않지만 공산주의나 전체주의도 아닌 정치체제가 생동감 있게 결합했고, 타이완은 결국 1990년대의 가장 성공적인 제3세계 민주화 사례의 하나가 되었다. 급속한 발전과 함께 타이완의 본토화 운동Taiwanization도 진행되었다. 예술과 언론, 대학에서 타이완섬의 독특한 문화가 꽃을 피우기 시작했으며, 지방 방언인 민난어의 부상과 국민당이 본토에서 가져온 베이징어_{Mandarine} •의 쇠퇴를 볼 수 있었다.

1996년 총통 선거는 타이완의 민주주의뿐만 아니라 미국의 군사력을 적나라하게 드러낸 일종의 파티였다. 선거가 막바지에 들어서자, 중국 본토의 정부는 자신의 힘을 과시하기 위해 타이완 해협 인근에서 미사일 시험과 모의 공격 훈련을 실시했다. 총통 선거의 소동을 틈탄 독립 선언은 꿈도 꾸지 말라는 일종의 무력시위였다. 빌 클린턴 대통령은 인디펜던스와 니미츠, 두 개의 항공모함 전단을 인근 수역으로 보내 대응했다. 순식간에 베이징은 무력감을 느꼈고, 서태평양에서 미 공군과 해군의 헤게모니를 견제하려면 대규모의 방위력 증강이 필수적이라는 걸 인식하게 되었다. 그래서 중국은 전자신호감청장비는 물론 잠수함과 전투기, 대공 및 대함 크루즈미사일 구입에 열을 올리기 시작했고, 항공모함 없이도 미 해군의 아시아 해안선 접근을 억지할 수 있게 되었다. 미국의 반응은 분명했다. 과거에는 해군 전력의 60퍼센트를 대서양 쪽에 배치했으나, 2005년에는 60퍼센트를 태평양 쪽으로 배치했다.9

타이완과 중국의 대결은 오랫동안 계속될 것이다. 중국이 꿈쩍도 하지 않을 것이기 때문이다. 베이징의 리더들은 대영제국이 홍콩을, 포르투갈이 마카오를 그리고 다른 서구 열강과 러시아가 중국의 개항지와 영토를 나누어 가졌을 때 일본이 타이완을 식민지로 만들었다는 걸 알고 있다. 이후 국공내전이 끝나자 장제스는 중화민국을 타이완으로 옮

• 표준 중국어를 가리킨다. 대륙에서는 보통화普通話, 타이완에서는 일반적으로 국어國語라한다.

겨와* 미국을 비롯한 많은 나라의 승인을 받았고, 이런 상황은 1972년 닉슨과 키신저의 외교가 시작되기 전까지 지속되었다. 따라서 베이징의 관점에서 이 굴욕적인 역사 전체를 씻어내기 위해서는 타이완에 대한 주권을 되찾는 것이 필수다.[10]

하지만 이곳 섬의 남부는 타이완에 건국신화를 제공하는, 본토의 역사와는 확연히 구분되는 현지의 역사가 있다. 내가 기차를 타고 보러 온 질란디아 요새는 네덜란드가 인도네시아의 바타비아에서 가져온 벽돌로 쌓아 올린 세 겹의 벽으로 이뤄져 있다. 벽돌과 석회는 오랜 세월로 얼룩져 있었지만, 그 옆을 따라서 늘어선 프랜지파니와 잘 다듬어진 반얀나무들이 우아했다. 네덜란드인이 남겨놓은 몇몇 청동대포도 보였다. 반얀나무 가지들은 질란디아 요새의 벽을 타고 오르며 아름다운 캘리그래피를 만들어내고 있었다. 그 요새는 사실은 정복자였던 정성공의 일본인 어머니를 기념하기 위해 일본 점령군이 재단장한 것이다. 동남아시아를 연상케 하는 무겁고 습한 공기와 나른한 분위기의 타이난시 어느 곳에나 정성공의 동상이 있다. 장제스의 동상들은 스스로를 본토에서 건너온 새로운 정성공으로 자리매김하려는 의도를 분명히 보여준다.

질란디아 요새는 더 이상 바다를 지키고 서 있지 않다. 지금은 매립된 땅에 들어선 좁은 도심의 도로에 둘러싸여 있어 그 옛날의 풍광을 잃어버렸다. 그러나 요새를 참관하면서 지나가는 타이완의 남녀노소를

● 저자는 타이완에 중화민국을 세웠다set up고 표현했다. 오해로 보인다.

보며, 그 요새는 여전히 타이완섬 고유의 역사를 상징하는 힘을 가지고 있다고 생각했다. 그렇다면 다음과 같은 질문으로 연결된다. 현재 타이완의 정체성은 얼마나 강력한가? 그동안 이룩해온 번영을 고려할 때, 정말로 본토와의 전쟁이 발발한다면 타이완은 그들의 자유를 위해 희생을 감내하고서라도 싸우려 할 것인가? 아니면 그들의 자유는 다소 훼손되더라도 생활 수준을 유지할 수만 있다면 베이징에 의한 합병을 허용하게 될 것인가? 내가 타이베이에서 만난 외교관과 국방 관료들은 이런 질문에 대한 답변이 필요 없도록 전략을 짜기 위해 노력하고 있었다.

타이완 해협의 장벽

류즈궁劉志攻은 타이완국가안전보장회의 부의장이다. 내가 워싱턴에서 알게 된 사실은, 어떤 정부에서든 실제 일과 아이디어는 그와 비슷한 고위급의 중간 정도 레벨의 관료에 의해 실행된다는 것이다. "우리가 오래 살아남을수록 중국 본토에서의 정치적 변화 발생 가능성도 커집니다"라고 그는 말했다. 타이베이 어디에서나 우리는 시간을 벌 수 있고, 그것은 약자 연기를 얼마나 잘 할 수 있는가에 달려 있다는 말을 들었다. 그러는 사이에 창조적인 외교와 강한 군사력을 통해 "현상유지에 최선을 다해야 합니다"라고 류즈궁이 말했다. "우리는 자체의 방위력 향상을 통해, 군사력 사용은 고려할 수 없는 일이라는 것을 본토에서 깨닫도록 시도할 수 있을 뿐이죠." 그는 고대 중국의 위대한 사상가 손자

孫子를 인용하여 말했다. "싸우지 않고 상대를 굴복시키는 것이 최선의 전략입니다."

류즈궁은 장기적으로 미국을 얼마나 신뢰할 수 있을까 하는 근심거리를 갖고 있었다. 이라크 전쟁과 아프가니스탄 전쟁은 타이완 관료들에게는 충격이었다. 공식적으로는 미국의 군사적 노력을 지지하기는 했지만, 미국이 아시아에서의 책임보다는 중동으로 관심을 돌리는 사건이 많다는 것을 알게 되자 타이완은 공포로 얼어붙어버렸다. 또 중국은 거침없이 군사력을 확장해나갔다. 지상 미사일, 잠수함, 우주기반감시시스템space-based surveillance system, 사이버 공격, 초지평선레이더, 무인 항공기, 상업용 선박으로 가장한 소규모 함정과 같은 전략 자산의 결합을 통해 타이완 해협과 중국 본토에 대한 미군의 접근 능력을 약화시키는 접근 차단 버블anti-access bubble을 만들려는 것이다.[11] 마지막으로 덩샤오핑 집권 이후 약 30년간의 비교적 조용하고 예측 가능했던 시기가 지나고, 본토에 정치적 혼란의 가능성이 높아지고 있다는 인식이 있다. 상황은 타이완에게 좀더 흥미롭게 변하기 시작했다.

베이징에서 정치적 자유화가 진행될 가능성은 있지만, 현재의 공산당 테크노크라트 엘리트 집단이 최소한 단기적으로는 타이완이 상대하는 가장 우호적인 정부일 수도 있다. 타이베이에 위치한 국립정즈대학國立政治大學의 허쓰인何思因 교수는 내게 이렇게 설명했다. "민주주의 국가들 간의 전쟁 가능성은 낮지만, 민주화 초기의 국가는 그렇지 않을 수도 있습니다." 베이징의 중앙 통제가 느슨해지면, 새로운 정당과 파벌 간의 애국심 경쟁으로 인해 더욱 민족주의적이고 통제 불능인 세력들이 난무할 수도 있다. 이는 타이완에게는 악몽과도 같다. "본토에서 타이완에 우호적이던 시기가 끝나고 있는지도 모릅니다"라고 허쓰인 교수는 말했다.

사실, 그의 주장대로 베이징의 공산당 조직은 그들의 경제 정책을 위해 타이완을 필요로 했다. 말레이시아가 싱가포르와 비교해 자신을 평가하는 것과 똑같은 방식으로 중화인민공화국은 타이완과 비교해 자신을 바라봤다. 중국인의 생활 수준을 높이도록 베이징의 통치자들을 자극한 것은 바로 타이완의 경제 모델이 제공한 경쟁이었다.

나는 허쓰인 교수에게 하나의 가설을 제시했다. 타이완에 진짜 위협은 중국에 의한 핀란드화가 아니냐는 것이다. 매주 수백 편의 상업용 항공기가 본토와 타이완을 연결하고 있지만, 타이완을 겨냥해 본토에 배치된 1500기의 지상 미사일은 중국이 무력 사용 없이도 타이완을 조용히 장악할 수 있다는 것을 의미한다. 하지만 그는 결코 동의하지 않았다. 그는 냉전 기간에 핀란드와 소련이 긴 국경선을 공유하고 있었기 때문에 핀란드의 독립이 소련에 의해 위협받았다는 점을 지적했다. 베트남 역시 국경선의 상당 부분을 중국과 공유하고 있다는 점에서 핀란드화할 수 있다. "하지만 우리에게는 타이완 해협이 있죠"라고 그는 설명했다. 타이완 해협도 좁기는 하지만, 영국해협보다 거의 5배나 넓다. 허쓰인 교수와 나는 존 미어샤이머 시카고대학 교수의 "물의 억지력" 이론을 기억해냈다.[12] 미어샤이머에 따르면, 해군은 해안 교두보에 상륙할 수는 있지만, 바다 건너로 지상군을 보내 내륙의 주민들을 영속적으로 지배하는 것은 극히 어렵다. 따라서 중국은 더 많은 그리고 더 좋은 잠수함과 군함, 전투기를 더 잘 훈련된 요원들이 운용하게 함으로써 지속적으로 군사력을 확충하고 개선할 것이다. 언젠가 가까운 미래에 미 해군과 공군이 타이완에 대한 중국의 공격을 막아낼 수 없는 날이 올지도 모른다. 하지만 베이징의 타이완 점령에는 미어샤이머 교수가 제기한 것과 같은 문제가 있다. 그리고 그 문제는 서태평양 지역에서 미군의 일방적 우위가 중국과의 양극 체제로 바뀌어 새로운 세력 관계가 형성된다 해도 여전할 것이다.

타이완 또한 홍콩처럼 상당한 정도의 자치와 독자적인 정체성이 허용되는 중국의 일부가 될 것인가? 그 대답 역시 아니오였다. 허쓰인 교수는 타이완이 섬이라는 지리적 특징 외에 홍콩에는 없는 또 다른 이점을 가지고 있다고 설명했다. 건국신화의 산물인 "정치적 상징"이 바로 그것이다. 국민당은 마오쩌둥의 공산주의자들과 마치 서사시와도 같은 투쟁에 실패해 바다를 건너 타이완으로 퇴각해왔으나, 모든 희망이 사라져버린 듯한 그곳에서 역동적인 사회를 건설해냈다. 홍콩은 현지인의 방어 의지를 고무시킬 만한 그런 스토리가 없다. 그저 단순한 무역 거점이었을 뿐이다.

최근 타이완은 대담하고 창의적인 외교를 통해 살아남았다. 중국의 위협으로 인해 타이완은 겨우 20여 개 국가와만 외교 관계를 맺고 있기 때문에 전 세계의 많은 현직 외교관은 부득이하게 타이완을 회피한다. 하지만 타이완은 많은 나라에서 과거와 미래의 외교관들과의 관계를 부지런히 개척해왔다. 그들이 여전히 각각의 나라에서 영향력을 행사할 수 있다고 믿기 때문이다. 또 밀도 있는 일대일 미팅의 자리를 마련하고 나와 같은 언론인들을 지속적으로 초청했다. 타이완은 이스라엘보다 더 고립되어 있지만, 그 사실에 대해 별로 고통스러워하지는 않는다. 타이베이에서는 그 누구도 불만스러운 성향을 가지고 있지 않았다. 누구든 금방 좋아하게 되는 곳이다. 그리고 영리하게도 타이완은 그 매력을 그들 전략의 일부로 활용하고 있다.

"멜로스인과의 대화에서 말이죠." 허쓰인 교수는 투키디데스를 인용했다. "아테네인들은 멜로스인들에게 이렇게 말했습니다. 강자는 그들이 할 수 있는 모든 것을 하고, 약자는 그들이 겪어야만 하는 고통을 겪는다고 말이죠. 하지만 이렇게 긴밀하게 상호 연결된 세계에서는 잔인한 자연의 법칙이 같은 수준으로 작동하지는 않습니다. 타이완은 혼자가 아니기 때문에 멜로스인처럼 취약하지는 않죠."

효과적인 방어

정중한 태도와 미소, 작은 선물들 그리고 "설득의 소프트파워"에도 불구하고, 타이완의 정책에는 거칠고 완고하면서도 강철 같은 면이 있었다.[13] 국방부 부부장 양녠주楊念祖의 사무실에는 타이완과 타이완 해협 그리고 인접한 본토까지 담고 있는 거대한 지도가 걸려 있었다. 그는 타이완이 24시간 감시하는 본토를 향한 넓은 만원형의 방공식별구역을 가리켰다. "우리는 수십 년 동안 이 일을 해왔습니다. 우리의 준칙은 항공 방어와 해상 통제로 어떠한 봉쇄나 상륙도 허용치 않을 것입니다. 적이 활주로를 폭파하면, 우리 전투기들은 고속도로를 이용할 겁니다." 그의 보좌관 중 한 명이 중국이 상륙작전을 시도할 수 있는 몇 안 되는 타이완의 해안을 가리켰다. "지리적인 특성 때문에 선택권은 많지 않습니다. 적이 상륙작전을 시도한다면, 제2차 세계대전 중 태평양에서 일본이 점령한 섬을 공격했던 미 해병대와 마찬가지로 끔찍한 경험을 하게 될 겁니다. 우리는 방어자이고, 방어자에게는 이점이 있죠."

양녠주 부부장은 2020년이 되면 미국이 더 이상 타이완을 군사적으로 방어할 수 없게 될 것이라고 분석한 랜드 연구소의 2009년 보고서를 거론하면서 "지나치게 산술적"이라고 말했다. 그 보고서는 타이완 점령에 필요한 무형의 요소들을 보지 못했다. 다시 한번 미어샤이머의 주장을 떠올려보자. 해안 교두보를 세운 뒤 대규모 병력을 내륙으로 이동시키는 것은 분명 힘든 일이다. 그리고 요즘 타이완과 관련해서는 거의 거론되지 않지만, 북한 요인도 있다. 장제스의 새로운 정권이 가장 취약했을 때 타이완이 중국 본토의 공격에서 벗어날 수 있었던 것은, 중국이 대규모 병력을 투입한 한국전쟁 덕분이었다. 향후 수십 년 내에 평양의 정권이 어떤 방식으로든 흔들린다면, 중국은 한반도 문제에 발이 묶여 타이완에 대한 공격은 생각조차 할 수 없게 될 것이다.

물론 실제 공격은 아니더라도 중국이 타이완을 압도해 일종의 정치적 굴복을 강요할 수 있는 다양한 시나리오가 있다. 예를 들면, 중국이 타이완의 전력망과 사회기반시설을 겨냥한 사이버 공격을 지속해 타이완의 사기를 저하시킬 수도 있다. 양녠주는 이러한 점을 모두 이해하고 있었지만, 독자적인 방공 능력과 패트리엇 포대, 더욱 강력한 미국의 F-16C/D 전투기 구매, F-16A/B 전투기 개조에 관한 타이완의 절실한 필요성을 계속해서 얘기했다. 타이완에게 진짜 필요한 것은 중국의 타이완 활주로 폭파 전략을 약화시킬 수 있는 최신예 F-35B 수직이착륙 전투기라고 그는 말했다. 그와 다른 관료들은 글자 그대로 박물관으로 보내버려야 할 35년 된 F-5 기종에 대한 불만을 털어놓았다.

본토와 타이완의 무장 능력 격차가 점점 더 커지면서 이제 그 수치 비교는 두려운 수준이다. 타이완은 430대의 전투기를 보유하고 있는데, 중국은 수천 대를 가지고 있으며 그중 700대를 타이완 인근의 해안지역에 배치했다. 하지만 최근에는 타이완의 경제성장률이 3~5퍼센트 수준에 불과해 무기 구매 비용 마련에 어려움을 겪고 있다. 그나마 구매가 가능하다면 말이다. 타이완에 무기를 팔거나 최신 군사 기술을 타이베이에 전수하는 나라는 베이징의 분노를 각오해야 한다. 심지어 미국도 위험에 처할 수 있는 자산을 중국에 훨씬 더 많이 가지고 있기 때문에 매우 정교한 외교적 판단을 한다. 베이징과의 관계를 근본적으로 훼손시키지 않는 한도 내에서 얼마나 많은 무기를 팔 수 있는지, 어떤 수준의 하드웨어와 소프트웨어를 타이완의 군대에 이전할 수 있는지 말이다.

양녠주 부부장은 타이완이 1970년대에 네덜란드로부터 구매한 잠수함들을 신형으로 교체해야 하며, 중국 상륙함정의 타이완 접근을 막을 수 있는 수중기뢰가 더 많이 필요하다고 말했다. 하지만 누가 타이완에 판매할 것인가? 미국은 타이완이 관심을 보이는 초저소음 디젤 전력 잠수함이 아닌 핵추진 잠수함만을 제조했다. 제3의 국가가 관심을 보인다 해도, 역시 베이징의 분노를 유발한다는 문제가 있다. 한편 최근 타이완 의회는 적의 선박에 대항해 "늑대 무리"처럼 독립적으로 작전을 수행하고자 타이완의 거친 해안 곳곳의 동굴이나 은신처에 숨겨놓을 수 있는 쉰하이迅海 고속정찰함대를 편성하기 위한 자금을 마련했다.[14] 타이완의 안보에 관한 한, 비관적이지는 않더라도 또한 낙관적이지도 않았다. 타이완이 원하는 것과 타이완이 가지고 있는 것이 다르다는 게 문제였다. 하지만 전체적으로 내가 받은 메시지는, 타이완이 충분히 강력한 군사력을 보유해 본토로부터의 어떠한 형태의 군사적 개입도 환상에 그치도록 만들겠다는 것이다.

그러나 문제는 남아 있다. 냉전 시기의 핀란드만큼 지리적으로 취약하지는 않다 하더라도, 서태평양에서 중국이 거침없이 해군력과 공군력을 증가시키고 있는 상황에서, 정치적으로 중국의 요구를 전보다 더 많이 수용할 여지가 있을까? 장래에는 중국이 투표로 선출된 타이완의 지도자에 대해 보이지 않는 거부권을 행사할 수 있게 될까? 전도가 유망한 특정 후보자나 장관이 중국에 대해 지나치게 적대적이라는 이유로 공직에서 배제될 수 있을까? 다시 말해서 앞으로 타이완의 선거에 중국이 점점 더 큰 영향력을 행사할 수도 있다. 미국은 1996년 타이완의 총통 선거 기간에 힘의 과시를 통해 중국의 타이완 압박 시도를 좌절시켰다. 하지만 중국의 실력 상승으로 인해 미래에는 그것이 점점 더 어려워질 것이다. 타이완 수출의 40퍼센트를 중국 본토가 차지하고 있는 상황에서 타이완의 실질적인 독립은 시나브로 사라지고 있는 것은 아닌가?[15] 타이완 총통 마잉주馬英九(2008~2016년 재임)는 현재 통일도 독립도 하지 않는다고 선언하며 현상유지를 추구하고 있다. 그러나 하루가 다르게 군사력을 성장시켜가고 있는 중국이 언제나 그 상태에 만족하려 할 것인가?

고궁의 정치적 함의

타이베이에서 가장 선명한 민족적, 문화적 자부심을 보여주는 상징은 국립고궁박물원國立古宮博物院이다. 이곳의 수천 점의 전시물은 상고시대까지 기슬리 올라가는 중국 역대 왕조의 물질 유산을 보여준다. 1948년 마오쩌둥의 공산주의자들에 의해 장제스 국민당의 패색이 짙어지자, 베이핑고궁박물원北平古宮博物院 •의 소장품들, 베이핑중앙도서관北平中央圖書館의 희귀 서적들, 중앙연구원역사언어연구소中央研究院歷史語言研究所의 유물들이 선별되어 바다와 하늘을 통해 타이완으로 이송되었다. 1949년까지 거의 25만 점의 문화재가 나무 상자에 담겨 섬에 도착했다. 그것은 당시 베이핑에 있던 전체 명품의 5분의 1 정도였지만 모두 "최상품"이었다.[16] 수장품 목록은 1954년에야 완성되었고, 1965년에 짙은 녹음이 우거진 산등성이에 새로운 박물관이 견고하게 지어졌다. 본토로부터의 유품 절도가 얼마나 부당한 일이건 간에, 한

• 원문에는 베이징Beijing으로 쓰여 있지만, 당시의 정확한 지명은 베이핑北平이었다.

문명 전체가 남긴 물질 유산의 대부분을 소유하고 있다는 것은 그들이 보여주는 민주주의 발전과 함께 타이완에 일정한 정통성을 부여한다. 그것은 바깥세계와의 외교 관계가 부족하다 해도 앗아갈 수 없는 것이다.

미학적으로 무엇이 중국을 구성하는가에 관해서는, 중국 본토 전역을 여행해봐도 타이완에 있는 이 박물관만큼 압축적이면서도 광범위한 통찰을 제공해주는 곳은 찾을 수 없다. 자신의 문화가 만들어낸 경이로움을 보기 위해 찾아온 본토 관광객을 태운 수많은 관광버스가 모여들고 있었다.

나는 청동기 시대까지 거슬러 올라가는 중국 역대 왕조의 연표를 본다. 상商, 주周, 진秦, 한漢, 삼국三國, 진晉, 수隋, 당唐, 북송北宋, 남송南宋, 원元, 명明, 청淸. 일시적이고 간헐적인 통일과 여러 분열의 시기가 나열되어 있었다. 박물관에 전시된 보물들을 하나하나 바라봤다. 신과 조상들에게 경외와 존경을 전했던 상나라의 거대한 청동기들, 한나라 황제의 소유였던 옥으로 만든 동물들, 용과 봉황들, 당삼채唐三彩, 단순한 몇 개의 선으로 광대한 아우라를 창조해내는 송나라 도자기의 수학적 간결함, 몽골 유목민의 기원을 보여주는 풍부한 원제국의 그림들, 명나라의 청화백자와 흐릿하면서도 고상한 산수화, 청제국 영토의 광대함을 입증하는 인도 색채를 띤 청나라의 자기들. 나는 산호와 옥, 터키석으로 상감된 중국의 나무 상자나, 100마리의 사슴이 그려진 꽃병, 청자 유약이 입혀진 그릇 또는 수묵화가 그려진 비단만큼 아름다운 것은 많지 않다는 것을 알게 되었다.

이 박물관은 정치적인 선언문이다. 이 문화유산들을 소유하고 있으므로 우리 타이완이 진정한 중국이며, 본토가 우리를 변화시키기 전에 우리가 본토를 변화시킬 것이다.

문제적 인물 장제스

타이완의 시작과 끝 모두 장제스의 유산과 떼어놓고 생각할 수 없다. 그는 아들 장징궈蔣經國와 함께 맨 처음 이 대규모 물질문화 유산의 타이완 이송을 지휘했다. 타이완에게 장제스는 싱가포르의 리콴유만큼이나 중요하다. 그리고 마하티르 빈 모하맛이 말레이시아에 미친 영향보다는 더 중요하다.

하지만 장제스는 리콴유보다 훨씬 더 문제적 인물이며, 특히 20세기 역사라는 측면에서도 훨씬 더 중요한 인물이다. 리콴유는 작은 싱가포르를 건설했지만, 장제스는 마오쩌둥에게 중국을 빼앗겼다. 장제스의 군대가 타이완으로 쫓겨간 후 새로운 정치 질서를 세우게 된 것은 그 냉정한 현실에서 시작된다. 장제스를 기념하는 타이베이의 중정기념당中正紀念堂 본관은 70미터 높이의 하얀 대리석으로 세워졌으며, 처마 끝이 하늘로 치켜올라간 전통 중국 스타일의 청색 지붕을 얹고 있다. 커다란 광장으로 연결되는 두 줄 여든아홉 칸의 화강암 계단, 높고 우아한 정문 그리고 거대한 전시 공간은 기업가와 비즈니스 스타일의 리콴유에게서는 찾아볼 수 없는 허영심과 웅장함을 보여준다. 현재의 타이완이 과거 본토의 국민 정부와는 다르게 진화함에 따라 장제스의 유산도 이제 점차 희미해지고 있지만, 근위병들은 여전히 링컨 동상처럼 생긴 장제스 동상 앞을 지키고 서 있다. 사실 타이완을 번영하는 민주주의 체제로 변화시킨 데에는 장제스의 아들 장징궈가 더 큰 역할을 했다.

그럼에도 불구하고, 남중국해에 관한 한 장제스는 신성한 인물이다. 남중국해는 채굴 가능한 석유와 천연가스가 있을지도 모르는 지도상의 영토를 둘러싼 분쟁 이상을 의미하기 때문이다. 남중국해는 무엇보다 지정학적으로 이 지역의 전쟁과 평화를 결정하게 될 중국의 운명과 관계있다. 마오쩌둥을 제외하면, 20세기 중국의 운명에 장제스보다 더 많은 영향을 미친 인물은 없다. 냉전이 끝나자 사람들은 공산주의가 파시즘 못지않게 사악했다는 것을 알게 되었을 뿐만 아니라, 2010년대의 시점에서 보는 마오쩌둥에 대한 평가는 점점 더 나빠지고 있다. 그의 정책으로 수천만 명이 죽었기 때문이다. 반면, 최근 학자들 사이에서 장제스에 대한 평가는 다소 좋아졌는데, 장제스에 대한 이런 수정주의적 관점은 중국의 미래를 보여주고 있다.

장제스에 대한 관심이 생기자 내 여행에서 놀라운 일이 생겨났다. 그 놀라움은 두 눈으로 보는 것에서뿐만 아니라, 어느 순간엔가 내 지적 관심을 촉발시켜 이전에는 생각지도 못했던 책들을 읽고 또 읽게 되는 것들에서도 생겨났다. 타이완에 매혹되어버린 나는 장제스에 관한 책들을 읽게 되었고, 몇몇 대담한 역사학자를 만나게 되었다.

두 권의 장제스 전기

런던의 『옵저버』와 홍콩의 『사우스차이나모닝포스트』의 편집인이었던 조너선 펜비는 2003년 장제스에 대한 수정주의 관점의 『장제스: 중국의 대원수와 그가 잃은 나라Chiang Kai-shek: China's Generalissimo and the Nation He Lost』를 출판했다. 펜비는 장제스가 부패하고 어리석은 지도자였다는 세상의 일반적인 상식에 어느 정도 도전한다. 사람들은 장제스가 제2차 세계대전 기간에 미국이 제공한 원조에도 불구하고 일본과의 싸움에 미온적인 태도를 보인 나약한 지도자였기 때문에 마오 쩌둥에게 중국을 잃게 되었다고 믿고 있었다. 펜비는 장제스가 1936년 말 10여 일 동안 납치되지 않았다면, 여전히 허약했던 공산당을 즉시 공격할 수 있는 정치적 상황이었고, 그랬다면 중국의 20세기 역사는 매우 다르게 진행되었을 것이라고 가벼운 방식으로 서술했다.[17]

그 이후 미 국무부의 중국 담당관이었다가 나중에는 하버드대학 페어뱅크 중국연구센터 연구원이 된 제이 테일러는 2009년 장제스에 대한 더욱 강력한 수정주의 관점의 전기를 썼다. 그가 쓴 『대원수: 장제스와 근대 중국을 위한 투쟁The Generalissimo: Chiang Kai-shek and the Struggle for Modern China』은 펜비의 책보다 더 많이 타이완의 설립자에 관한 여러 선입견을 벗겨냈다. 두 저자 모두, 특히 테일러는 장제스에게 부당하게 덧씌워진 부정적인 이미지에 대해서는 제2차 세세대선 중 중국을 담당했던 언론인과 국무부의 외교관들을 비판했다. 그 핵심 인물은 당시 중국 주재 미군 사령관이었던 육군 중장 조지프 스틸웰이다. 스틸웰은 장제스가 없는 곳에서는 그를 "땅콩"이라 부르며 무조건 싫어했고, 그 반감을 언론인과 외교관들에게 전달했다. 그들은 스틸웰로부터 융숭하게 대접받았기 때문에 자연스럽게 스틸웰의 편에 서게 되었다. 테일러는 『타임』의 시어도어 화이트와 『뉴스위크』의 해럴드 아이작 그리고 『뉴욕타임스』의 브룩스 앳킨슨을 언급했다. 특히 그들이 장제스에게 오명을 씌워 후대에까지 영향을 미치도록 만들었다는 것이다.

실제로 시어도어 화이트는 스틸웰이 "진주만 공습 당일부터 '이 무식한 개새끼는 결코 일본과 싸우려 하지 않았고 (…) 전쟁의 큰 실수들이 직접적으로 장제스와 연관되어 있다'고 우리에게 알려주려 했다"고 자신의 자서전에 썼다. 사실 화이트는 1943년의 허난성河南省 대기근을 보도하면서 장제스에 대해 적대감을 갖게 되었다. 그때 화이트는 장제스의 군인들이 곡물을 세금으로 징수하자 수많은 농민이 글자 그대로 굶어 죽어가는 것을 목격하게 되었다. 다른 요인은 마오쩌둥의 공산주의자들에 대한 화이트와 같은 언론인의 찬사로 가득한 보도들이었다. 그는 2인자였던 "점잖고 매력적인" 저우언라이周恩來와는 "친구가 되었다"고 인정했다. 화이트는 저우언라이와의 관계에 대해 "우정이 흘러넘쳤다"고 회상했다. 전쟁이 끝나고 30여 년이 지난 1978년의 시점에서, 화이트는 저우언라이에 대해서는 "모든 불신이나 의문을 보류했었는데 (…) 나는 이제야 저우언라이의 진면목을 알게 되었다. 그는 이 시대의 다른 어떤 공산주의자 못지않게 총명하면서도 냉혹했다"고 인정했다. 그리고 그는 제2차 세계대전 중 중국 북부 지역 옌안延安의 공산당 근거지에서 마오쩌둥을 직접 만난 귀중한 경험이 있었다. "그(마오쩌둥)의 침착함이 뚜렷하게 기억 속에 남아 있다"라고 화이트는 말했다. "그는 장제스처럼 다리를 떨지도 않았고 (⋯) 결코 잊을 수 없는, 가장 인상 깊었던 것은, 무력을 써서라도 자신의 이상을 향해 역사를 움직이 겠다는 그의 정신이었다." 반면 장제스에 대해서는 "낡아빠진 도덕관념 (⋯) 짐승과 같은 표리부동, 군벌의 잔혹함, 근대 국가가 필요로 하는 것 이 무엇인지 모르는 형언할 수 없는 무지"와 같이 묘사했다. 화이트는 전쟁 초기에 장제스가 물러나게 되었더라면 훨씬 더 나았을 것이라고 말했다.[18]

역사학자인 제이 테일러와 조너선 펜비는 화이트 같은 이들의 관점 을 바꿔놓기 위해 많은 노력을 했다.

장제스에 대한 서양인들의 인식을 고려하면, 하버드대출판사에서 간 행된 테일러의 책은 특히 통렬하다. 확실한 점은 테일러가(펜비도 마찬 가지이고) 조금도 꾸미려 하지 않기 때문에, 그들의 책을 다 읽으면 우 리는 스틸웰에 의해 나쁜 영향을 받은 서구 언론의 프리즘을 통해서가 아니라, 장제스를 그 내부로부터 알게 된다고 느낀다는 것이다.

테일러는 장제스가 마오쩌둥과는 달리, "카리스마도 없고, 대체로 동 료들이 좋아하지 않았으며 (⋯) 내성적이었고 (⋯) 성격은 불같은 데다 유머감각이라고는 찾아볼 수 없는 고지식한 인간이었다"고 인정했다. 좀더 본질적으로는 어린 시절 교육의 영향으로 그는 정치 질서와 가족 및 위계 질서에 대한 존중 그리고 보수적인 안정성을 강조하는, 의식적 으로 유교적인 세계관을 가지고 있었다. 동의하건 말건, 마오쩌둥과 저 우언라이의 공산주의가 철저하게 외면당했는데도 불구하고, 결국은 최근 수십 년 동안 동아시아의 많은 나라 그리고 특히 중국에 번영을 가져온 것이 바로 이 유교적 신념 체계다.[19]

유교 사상 외에도 어린 시절의 장제스는 철도 시스템에서부터 교육과 제조업에 이르기까지 "규율된 효율성"을 중시하는 일본 문화로부터도 큰 영향을 받았다. 일본의 맹렬한 근대화를 보면서 장제스는 부패와의 싸움을 절실하게 느꼈다. 하지만 바로 그 점에서 장제스는 커다란 저항에 직면했다. 국민당 군부의 사령관들이 군대의 재정을 일원화하자는 장제스의 요구를 거절한 것이다. 테일러에 따르면, 장제스는 "부패와 싸우는 것보다는 민간인과 군부 모두에서 이질적인 지지자들의 단결과 충성을 확보하는 것이 훨씬 더 중요하다는 점을 곧 깨달았다. 그는 선택의 여지가 없었다". 장제스는 종종 부패를 묵인했다고 비난받고 있지만, 그가 활동하던 군벌의 시대에 그 대안이란 마오쩌둥처럼 극단적인 이념론자가 되는 것이었다. 장제스는 결코 완벽한 인물은 아니었다. 하지만 서구의 기준을 혼란스러운 20세기 초의 중국에 적용하도록 요구하면서 그를 비난하는 사람들의 주장처럼 장제스가 심각한 잘못을 저질렀던 것도 아니다. "교활함과 의심은 장제스와 같은 환경에서 성공한 정치 지도자들에게 나타나는 일반적인 특징"이라고 테일러는 설명한다. 탱크도, 지도도, 트럭도 없는 1920년대와 1930년대 초반의 전쟁에서 장제스가 겨우 몇 개의 철로와 때로는 개인적인 용기만으로 수천 마일의 전선 여기저기에 포진해 있는 부대들을 통솔하는 탁월한 군사령관이 되었다는 점에는 의심의 여지가 없다. 그는 군벌들에 대해 뇌물과 함께 분할 통치 전술을 사용하면서도, 자신의 일기장에 "신유교주

의자들의 틀에 박힌 듯한 자기 수양의 표현 방식으로" 스스로의 부족함에 대해서도 비판을 가했다.[20]

이 시기의 중국 지도는 장제스가 거둔 상당한 성취와 함께 그가 직면했던 만만찮은 상황을 보여준다. 중국의 해안과 중원지역 전체는 여러 군벌 세력에 의해 분할되어 있었는데, 장제스는 천천히 그리고 공들여가며 아주 미약하게나마 그들에 대한 우위를 확보해나가고 있었다. 그리고 마오쩌둥의 공산당과는 달리 이를 외국의 도움 없이 이뤄냈다. 테일러에 따르면, 장제스의 연설이나 일기 어디에도 그가 히틀러의 파시즘을 받아들였다는 증거는 없지만, 무기 구입과 훈련을 위해 독일에 돈을 지불하고 있었다. 19세기 중반 이후 그 어느 때보다 장제스 시기의 중앙 정부는 힘과 권위를 갖고 있었으며, 같은 기간 정부군의 문맹률도 70퍼센트에서 30퍼센트로 낮아졌다고 테일러는 말했다. 펜비도 이에 동의했다. 그는 장제스의 국민 정부가 장악한 중국 일부 지역에서는 "중국이 이전에는 한 번도 겪어보지 못한 근대화가 진행되었으며 (…) 사상과 문학과 예술, 영화가 꽃피고 있었다"고 말했다. 반면 장제스 정권이 사용한 억압은 이후 공산당에 의해 자행된 것과는 비할 바가 아니라고 했다. 펜비는 만약 장제스가 없었다면, "중국의 군벌 시대가 지속되고 군웅들이 끝없이 충돌하며 분열된 나라가 되었을 가능성이 컸다"고 말했다. 히틀러가 소련의 서쪽을 공격하는 동안 중국과 일본이 연합해 소련의 동쪽을 공격하려는 국민 정부 내의 친일 분자들을 막아낸 이도 장제스였다. 1937년 난징이 일본에 함락된 이후, "장제스는 심금을 울리는 성명을 발표했는데, 21개월 뒤 처칠이 영국 국민에게 바친

것과 비견될 만하다"고 테일러는 말했다.[21]

스틸웰은 이 모든 점을 놓쳤다. "스틸웰의 머릿속에서 장제스는 아무런 가치도 없었다. 나라를 다스릴 능력도 장군으로서의 자질도 없었다. 중국의 근대화와 복지에 대한 진정한 관심도 (…) 인간적인 가치라 할 만한 그 어떤 것도 가지고 있지 않았다. (…) 스틸웰에게 인생은 흰색 아니면 검은색이었을 뿐, 그 사이의 미묘한 차이라는 것은 존재하지 않았다"고 테일러는 말했다. 스틸웰의 영향을 받은 미국 관료들은 장제스가 훗날 공산당과의 싸움에 대비하기 위해 무기를 비축하느라 일본군과의 싸움을 피하려 했다고 믿었지만, 1941년부터 1942년까지의 버마전투에서 장제스군의 사상자는 8만 명에 달했다. 반면 같은 시기 전 세계적으로 미군의 사상자는 3만3000명에 불과했다. 일본과의 14년에 걸친 전쟁이 끝났을 때, 300만 명에 달한 중국인 사상자의 90퍼센트는 장제스의 군인이었다. 반면 마오쩌둥의 공산당은 장제스가 오해로 인해 비난받았던 바로 그 전략을 추진하고 있었다. 그들은 국민당과의 전투에 대비해 일본군과의 격렬한 싸움은 피해가면서 힘을 비축해두고 있었다. 하지만 스틸웰을 위해서 일했던 존 페이턴 데이비스나 존 스튜어트 서비스와 같은 외교관들은 여전히 마오쩌둥의 공산당이 "농촌민주주의자"이며, "형식과 정신적인 측면에서는 러시아보다 훨씬 더 미국적"이라고 묘사했다. 마오쩌둥은 정부가 초래한 기근과 잔혹 행위들로 적어도 수천만 명, 아마도 6000만 명의 사람들을 죽게 했다. 그것은 절대적인 수치로 볼 때, 제2차 세계대전에 이어 13세기 몽골의 정복 전쟁과 함께 역사상 두 번째로 큰 인위적인 학살로 볼 수 있다.[22] 이들 외교관과 기자가 간과한 것은 마오쩌둥의 군중 조직 능력이었다. 펜비에 따르면 장제스는 바로 마오쩌둥의 그러한 점을 믿지 않았지만, 결과적으로는 그것이 마오쩌둥의 움직임을 더 역동적으로 만들었고, 서구의 방문자들에게는 더욱 인상적으로 다가왔다. 하지만 그 군중 조직이 전체주의적인 방향으로 선회한다면 더욱 위험할 터였다.[23]

제2차 세계대전이 끝나갈 무렵 장제스는, 마오쩌둥의 세력이 농촌민주주의가 아니라 "러시아 공산당보다 더 공산주의적"이라 했고, 그 평가는 옳았던 것으로 밝혀졌다. 실제로 이후 불과 20여 년 만에 대약진운동과 문화대혁명이 발생했다. 그러나 장제스의 국민당 군대는 스틸웰의 기대에 전혀 미치지 못했고, 여전히 마오쩌둥에 의해서 사라져야만하는 부패하고 비효율적인 집단이었다. 장제스의 결점을 가장 잘 짚어낸 사람은 스틸웰에 대해 동정적인 전기작가였던 바버라 터크먼이었다. 한 중국인 학자의 표현에 따르면, 국민당 내에서 "배신할 만한 사람이 보이지 않는데도", 터크먼은 장제스에게 사회 변화보다는 "생존을 위해 통치"한 "음모"의 대가라는 딱지를 붙였다. 터크먼에 따르면, 미국인들의 눈에 장제스가 "화날 정도로 양심 없는" 것처럼 보이는 이유 중 하나는 대부분의 원조와 관심이 유럽으로 향하는 대신 중국은 대수롭지 않게 취급되는 데 대해 장제스가 분노했기 때문이기도 하다.[24]

터크먼은 스틸웰이 미처 깨닫지 못한 점을 찾아냈다. "국민당 군대의 구조를 개혁하려면 그것을 발생시킨 시스템 개혁이 선행되어야" 하지만, 중국은 "서방이 마음대로 주무를 수 있는 손바닥 위의 점토"가 아니었다. 또는 펜비의 표현에 따르면, 스틸웰은 "마치 정치의 간섭을 받지 않으며 선출된 정부에 복종하는 직업군인이 있는 안정된 민주주의 체제에서 살고 있는 것처럼 행동하고 있었다'. 중국과 장제스의 비극을 장제스 본인만큼 잘 이해하고 있는 사람은 없었다. 공산당이 본토를 장악한 뒤인 1949년 1월에 쓰인, 테일러의 표현으로 "놀랄 만큼 솔직한" 평가에서, 장제스는 "우리는 낡은 시스템이 무너졌지만 새로운 시스템은 세워지지 않은 전환기에 살고 있다"고 말했다. 그가 직접 운영해온, 결국은 군벌 시대의 산물인 사분오열된 골치 아픈 시스템이 문제라는 뜻이다.[25]

현명한 권위주의

1949년 7월, 타이완의 서남쪽에 도착하자마자 장제스는 국민당의 재정비를 선언하고 현명한 권위주의 체제를 강조했다. 그것은 독재이기는 하나, 국민의 요구에 응답하는 좋은 독재를 말한다. 그가 본토에서 데려온 국민당의 특무기관은 1만 명이 넘는 타이완 본토인을 체포하고 그중 1000명 이상을 사형시켰다. 그의 통치 초기는 매우 억압적이었다. 동시에 재정에 관한 모든 업무는 군부로 집중되었고 따라서 많은 형태의 뇌물 수수가 제거되었다. 나아가 부패를 완전히 뿌리 뽑기 위해 장제스는 모든 개인과 기업의 계좌 정보를 세무 당국에 제공하도록 은행들에 명령했다. 또 토지 임대료를 큰 폭으로 삭감하는 대규모 토지개혁을 발표해 타이완인들에게 곧바로 혜택이 돌아가도록 했다. 이는 개혁적 인사들을 공직에 임명하는 것을 포함하는 진보적인 방향으로의 정책 전환 중 일부일 뿐이었다. 장제스의 정책들은 종종 잔인하고 거칠었지만, 다수의 진보적인 관리 방식을 도입해 중국 본토 공산당의 침입으로부터 타이완을 보호하려는 미국의 정치적 지지를 획득했다. 특히 장제스의 토지개혁 프로그램은 대약진 운동이 시작되기 전인 1950년대 초반에만도 100만 명 이상의 죽음을 불러온 마오쩌둥의 혁명적 토지 몰수와 극단적인 대조를 이루었다. 그제야 사람들은 유토피아를 꿈꾸는 마오쩌둥의 마르크스·레닌주의 신조와 장제스의 유교적인 계율의 차이가 얼마나 큰지 알게 되었다. 두 형태의 리더십은 독재라는 점에서는 차이가 크지 않았지만 말이다.[26]

장제스가 규율된 철권통치와 진보적인 사회경제 정책을 결합한 데에는 동기가 있었다. 그것은 본토 공산당의 공격에 대비하는 한편, 타이완에 대한 미국의 지지를 끌어내기 위해서였다. 장제스는 1950년 6월 중국의 지지를 받는 북한군이 38선을 넘어 남한을 침입했다는 소식을 듣는 순간 안도의 숨을 내쉴 수 있었다. 마오쩌둥의 관심이 한반도로 옮겨가면 타이완은 위험에서 벗어날 수 있을 것이라 생각한 것이다. 그가 옳았다. 해리 트루먼 대통령은 타이완 방어가 태평양에서의 미국의 이해에 가장 중요하다고 생각하게 되었고, 그렇게 만든 것은 바로 한국전쟁이었다.

그때부터 타이완이 걸어온 길은 번영 그리고 궁극적으로는 민주주의였다. 한편 이미 오래전에 마오쩌둥의 마르크스·레닌주의의 명칭만을 남겨놓고 그 실질은 모두 폐기해버린 중국에서는 점차 분권화가 진행되고 있다. 마오쩌둥은 주로 민족주의의 아이콘으로만 살아남았다. 만약 중국에서 이런 자유주의적인 흐름이 지속된다면, 그리고 타이완과 좀 더 밀접한 경제적, 문화적 관계를 만들어나간다면, 장제스는 어쩌면 마오쩌둥보다 훨씬 더 중요한 역사적인 인물로 드러날 수도 있을 것이다.

제8장

자연
상태

베이징의 세계관

나는 베이징의 미세먼지 사이로 저 멀리 처마가 하늘로 향한 지붕들과 회색 탑이 바라보이는 얼어붙은 호숫가에 있었다. 공기 중에는 메스꺼우면서도 달큰한 석탄 태운 냄새가 섞여 있었다. 전통 찻집 안에는 붉은색의 커다란 터키 융단이 깔려 있었고 자기 그릇과 수묵화, 보리나무 가구들로 가득했다. 전 세계를 무대로 활동하는 글로벌 엘리트들도 좋아할 만한 분위기의 우아하면서도 전통적인 아름다움이었다. 이곳은 고급스러운 커피숍에 비치된 화보집에서 볼 수 있는 중국이다. 나와 함께한 이들은 베이징에 있는 국제적으로 유명한 외교정책연구소의 구성원들이었다. 화기애애한 분위기 속에서 대화가 이어졌다. 우리의 지정학적 배경에는 차이가 있지만, 문화적인 차이는 크지 않았다. 우리는 유사한 교육을 받았고 상대 국가들을 빈번히게 왕래하며 결국에는 모두 타협을 추구하기 때문이다. 모든 이가 똑같이 북한 정권의 안정성에 대해, 미국과 중국 경제의 향방에 대해 걱정하고 있었다. 어떻게 하면 미중 두 나라 해군의 협력을 증진시킬 수 있을까 하는 논의도 있었다. 그 모임은 미중 관계가 얼마나 풍부하게 발전할 수 있는가를 깨닫게 해 주었다. 수백만 명의 미국인과 중국인이 서로의 나라를 방문했고, 수만 명의 미국의 사업가가 베이징과 상하이를 거쳐갔다. 중국의 정치 지도자들은 자녀를 미국의 대학으로 보내고 있다. 미국과 소련의 냉전 시기에 나는 외로운 미국인으로 동유럽의 수도에 서 있었지만, 지금은 그렇지 않다. "봉쇄"는 중국에 관한 미국의 안보 정책에는 적합하지 않은, 지나간 시대의 단어라고 스스로에게 말했다.

하지만 그날 저녁에는 베이징의 좀 다른 곳에 있었다. 조용하지도 우아하지도 않았다. 대신 날카롭게 화려한 불빛이 반짝이는 시끄럽고 저속한 신축 호텔이었다. 도금한 가짜 황금 물건과 플라스틱이 넘쳐났다. 나는 중국공산당의 외교 정책 싱크탱크에서 나온 두 명과 저녁을 같이 했다. 옷차림이 썩 훌륭하지 않은 그들과는 통역을 통해서 얘기했다. 그들은 진주만 공격 이래로 일본의 민족성은 변하지 않았다고 말했다. 또 사실상 남중국해 전체에 대한 중국의 주권을 가리키는 아홉 개의 점선(구단선)을 옹호했다. 그들은 인도양을 거쳐 중동으로 이어지는 교통로를 보호해야 하는 중국 해군의 권리를 주장했다. 베트남인들은 합리적이지 않다고 말했다. 19세기 후반과 20세기 초반 중국에 행해진 서구와 일본의 침략에 대해 내가 잘 알고 있다고 말하고 나서야 그들은 나에 대한 긴장을 풀었다. 그렇다. 나는 다시 냉전의 동유럽으로 돌아온 것이다.

현재의 미중 관계가 냉전 시기의 미소 관계와는 다르지만, 중국과 미국이 서태평양에서 경쟁적인 이해관계를 가지고 있는 두 강대국이라는 사실은 여전하다. 다행히 베이징의 대학과 연구소에서 만나는 글로벌 엘리트 전문가들은 유연한 듯 보이지만, 그들에게는 권력이 없다. 반면 권력을 갖고 있는 이들은 덜 유연하다. 물론 상황은 그것보다 훨씬 더 복잡하지만 말이다. 중국 해군 내부에서조차 강경파와 함께 상당한 정도의 온건파가 있다.[1] 베이징에는 실로 다양한 의견이 존재한다. 그러나 베이징 전체적으로는 "미국이 압박하고 중국은 방어만 한다"는 만병통치약이 넘쳐나고 있다. 남중국해가 바로 핵심 쟁점이다. 베이징의 강경파와 온건파 모두 근세에 중국이 서구 열강에 의해 겪었던 고통을 깊숙이 내면화하고 있어서, 남중국해는 중국 영해에 관한 문제, 즉 국내 이슈로 바라본다. 중국 학생들과 세미나를 가진 어느 날 밤이었다. 한 젊은 남학생이 수줍어하며 떨리는 목소리로 다음과 같이 말했다. "미국은 왜 우리의 협력과 선의를 패권으로 대응하지요? 중국이 부상하면서 미국의 패권은 큰 혼란을 불러올 겁니다!"

이는 대략 중국이 미개인에 맞서 자신을 지켜야 했던 중세 왕국의 사고방식과 비슷하다. 그의 주장에 따르면 남중국해와 그 인근 지역에서 중국은, 서구 열강으로부터의 굴욕에서 벗어난 이후 다시 조화롭게 현상유지를 주장하고 있을 뿐이다. 하지만 미국은 남중국해에 대해 지속적으로 영향력을 행사하기 위해서는 지구의 반 바퀴를 돌아와야 하기 때문에 그런 행위는 명백히 패권적이다. 마찬가지로 중국이 합법적인 상업적·지정학적 이해를 갖고 있는 인도양에서도 미국의 이해관계란 역시 패권일 뿐이다. 따라서 베이징의 논리에 따르면, "아시아를 손

아귀에 쥐고서는 오만하게도 자신의 막강한 힘을 보여주려 시도하는 것은" 바로 미국이다. 미국이 남중국해 분쟁을 "선동"하는 것으로 보이기 때문에, "억지"될 필요가 있는 것은 중국이 아니라 미국이다.[2] 어쨌든 중국은 유교적 가치에 기반해 수백 년간 동아시아 국제관계를 규정한 조공제도를 지배했고, 그것은 유럽의 세력균형 체제와 비교해 전쟁보다는 협력적 관계를 가져왔다. 따라서 평화 유지에 관해서는 서방과 미국이 중국에 가르칠 만한 것은 없다.[3]

이는 서로 다른 지리적 판단 기준에 의해 형성된 세계관의 차이이기 때문에, 궁극적인 해결책을 찾지 못할 수도 있다.

따라서 우리는 불행하게도 거대한 진실을 가리키는 봉쇄라는 잘못된 단어로 다시 돌아오게 된다. 지리적으로 중국이 아시아에서 매우 중요하기 때문에, 미국의 동맹인 작은 국가들의 독립을 유지하기 위해 중국의 경제적·군사적 힘을 제한해야 한다는 것이다. 쉬운 말로 하자면, 그것이 일종의 봉쇄. 비즈니스맨처럼 자신감 넘치는 베이징의 한 외교관은 그 딜레마를 완전히 이해하고 있었다. 그리고 반쯤 경고하듯 내게 말했다. "베트남이나 필리핀과 같은 작은 국가들에 속지 마시오." 중국은 힘이 무엇인지 알고 있기 때문에, 미국의 힘을 잘 알고 있다. 하지만 중국은 이 작은 국가들이 미국과 동맹을 맺어 자신에 대항하는 것을 용인하지 않을 것이다. 지난 200년 동안의 중국 역사를 생각하면 그것은 받아들일 수 없는 노릇이다.

남중국해의 구단선에 대해 베이징에 있는 한 대학교수는 이렇게 말했다. 정부와 외교 및 국방 정책을 다루는 연구 기관의 똑똑한 사람들은 앞으로 어떤 식으로든 타협이 불가피하다는 점을 인식하고 있지만, 민족주의가 깊이 뿌리 내린 중국의 대중이 타협을 받아들이도록 하기 위해서는 일종의 정치적 전략이 필요하다는 것이다. 그사이에 중국은 남중국해 200만 제곱킬로미터의 공간에 흩어져 있는 200개의 작은 섬과 암초들을 묶어 지급시地級市●를 설립하고 45명의 인민대표를 선출해 구단선 주장을 강화해왔다.

실제로 내가 호텔에서 만난 두 명의 공산당원이 보여준 민족주의 정서가 바로 과도한 부채와 경기 과열로 심화되는 통제되지 않는 민주화와 사회경제적 격변의 과정에서 공산당의 힘이 약해지거나 분열될 경우 중국에 닥칠 수 있는 상황의 일면인지도 모른다. 그 누구도 미래를 예측할 수는 없다. 하지만 바르샤바 조약 기구 시기의 중부 유럽처럼 부르주아적 전통이 먼저 확립된 이후 민주화가 진행되거나, 제2차 세계대전 이후의 독일과 일본처럼 패전과 점령으로 극단적인 민족주의가 정당성을 잃어버린 이후가 아니라면, 민주주의로의 체제 전환의 초기 국면은 종종 민족주의를 불러일으킨다. 독재가 완화되기만 하면 중국의 민족주의도 약화될 것이라는 생각은 역사에서 그 예를 찾아보기가 상대적으로 어렵다. 현재 베이징 공산당 집단지도 체제의 답답한 기술 관료들은 적어도 대외 정책에 관해서는 당분간 가장 합리적인 인물들일 것이다.

물론 중국은 격변의 상황을 계속 맞을 것이다. 지난 35년 동안 공산

● 성省보다는 작고, 현縣(우리의 군에 해당)보다는 큰 중국의 행정구역. 지급시 아래에 현과 현급시縣級市 등이 포함되어 있다.

당이 지휘한 비약적인 경제성장으로 인해 일당 지배 국가로는 더 이상 추진할 수 없는 시급한 개혁과 새로운 제도가 필요한 좀더 복잡한 사회가 되었기 때문이다. 하지만 국내적인 불안과 경제적 어려움으로 인해 인근 해역에서 중국의 태도도 누그러질 것이라 생각하면 안 된다. 『파이낸셜타임스』의 칼럼니스트 기디언 래크먼은 중국에 대한 낙관적 관점과 비관적 관점 모두 진실의 일면을 지니고 있을지 모른다고 했다. 마치 미국의 남북전쟁이 미국에게 전 세계의 공업화를 이끌고 갈 수 있는 조건을 만들어준 것처럼, 중국 내부의 격변이 결국 중국의 힘을 강하게 만들 수도 있다.[4] 분명 커다란 변화가 중국을 기다리고 있으며, 상징과 우상은 무너지고 새로이 만들어질 수 있다. 마오쩌둥의 거대한 초상화가 자금성의 입구에 걸려 있는 것은, 그가 6000만 명이 넘는 중국인을 죽였음에도 불구하고 한 세기 동안의 제국주의의 속박과 내전을 끝내고 중국을 통일시켰기 때문이다. 따라서 그는 중국의 민족주의자들에게는 호소력을 지니고 있다. 마오쩌둥에 대한 내부 토론은 아직 시작되지 않았다. 하지만 그 논의가 어떤 형태로 전개되든 초강대국으로 향하는 중국의 정치 발전에는 필수적일 것이다. 그리고 중국이 21세기의 글로벌 문명사회가 요구하는 법적 규범에 대부분 부응하며 통합해 가는 과정에서, 역사적으로 중국 스스로가 인식했던 거대한 지리적인 영향력을 절대 과소평가해서는 안 된다.

1754년 남중국해 남쪽 끄트머리에 있던 자바의 왕이 그의 땅을 공식적으로 중국에 포함시키고, 그 주민 역시 청나라의 신민으로 기록해줄 것을 요청했었다. 하지만 청나라의 건륭제乾隆帝는 그럴 필요가 없다고 응답했다. 왜냐하면 "적어도 그의 눈에는" 자바의 땅과 사람들이 "이미 우리의 밝은 통치 아래에" 있기 때문이었다.[5] 따라서 중국 역사의 관점에서 보면, 남중국해, 심지어 자바해까지 베이징이 장악하는 것은 전혀 이상하지 않다.

남중국해의 자연 상태

아리스토텔레스의 다음과 같은 말은 셰익스피어의 스타일을 연상시킨다. 갈등은 "작은 일을 위해서 발생하지는 않지만, 작은 일들로부터" 발생한다.[6] 영토에 관한 주장과 사건들은 외부인에게는 아무리 하찮게 보일지라도, 그것이 권력자의 중대한 이해관계와 연결될 경우에는 전쟁으로 이어질 수도 있다. 12세기 중국 송나라와 17세기 베트남의 응우엔 왕조의 문서들이 스프래틀리 군도를 언급하고 있다는 사실은, 대부분 담수조차 없는 그 메마른 섬들에 대한 중국과 베트남의 영유권 주장을 강화시킨다. 그리고 두 나라는 가까운 장래에 무력으로 그 주장을 현실에 옮기려 할지도 모른다. "전쟁은 정상적이죠"라고, 이미 세상을 떠난 미국 컬럼비아대학의 탁월한 현실주의 정치학자인 케네스 왈츠가 특유의 억양으로 말했다. 그에 따르면, 글로벌화와 동의어인 상호의존interdependence은 더 많은 전쟁을 초래할 수 있다. 왜냐하면 상호 간의 이해가 밀접하게 뒤얽혀 있는 매우 유사한 사람들은 곧잘 갈등에 빠지기 때문이다. 게다가 "자연 상태state of nature에는 부당한 전쟁이란 없다."7 남중국해는 바다 위 군함의 움직임으로 힘의 세기를 가늠할 수 있고 그에 따라 서로 다른 국가들이 어떻게 상호작용해야 하는가를 일러주기는 하지만, 기본적으로는 영유권에 대한 법적 주장이 서로 충돌하고 따라서 협력 기반이 거의 없는 일종의 자연 상태를 반영하고 있다. 이는 남중국해에서 전쟁이 일어나거나 곧 일어날 가능성이 크다는 것을 의미하지는 않는다. 하지만 전쟁의 가능성은 여전히 남아 있기 때문에 지역 내의 모든 세력은 주의를 기울여야 한다는 것을 의미한다.

자연 상태를 완화하기 위해서는 새로운 안보 질서가 요구된다. 마키아벨리의 『군주론』과 『로마사 논고』는 모두 새로운 질서 창조가 정치에서 가장 어려운 일이라는 점을 우리에게 알려준다.8 사실 서태평양 해역에서 미군의 일방적인 우위라는 옛 질서는 서서히 사라져가고 있다. 한편 미국은 1982년의 유엔해양법협약에 아직 서명하지는 않았지만, 자신의 군함을 이용해 지속적으로 실행을 담보할 수 있는, 국제법 규범에 기반한 새로운 질서를 요구하고 있다. 하지만 중국은 이제 미국의 군함에 의해 지배되는 국제 질서가 아닌 새로운 역내 질서를 요구한다. 그리고 지역에 기반한 지배적인 세력으로서 중국은 그 질서 유지에 가장 큰 역할을 하려 한다. 중국의 해군이 성장하고 있기 때문에 상황은 매우 유동적이다.

법적 분쟁

인류의 분화에 대한 지리의 영향을 연구하는 것이 지정학이므로, 남중국해를 그린 지도는 분명 지정학의 가장 고전적인 문서다.[9] 남중국해는 기술이 아닌 정치적인 이유로 에너지 개발에 어려움을 겪고 있는 상대적으로 수심이 얕은 바다다. 하지만 그곳이 지도 위에 나타나는 갈등의 상징이라는 사실 때문에 매력적이지 않은 것은 아니다. 남중국해 지도는 선박들과 해상 운송 노선으로 빽빽한 공간임을 분명하게 보여준다. 매년 130억 배럴 이상의 석유를 실은 유조선을 포함한 6만 척의 선박이 말라카 해협을 통과한다.[10] 분쟁지역의 매력적인 이름들은 그곳에 있는 작은 섬이나 산호초, 모래톱에서 좌초된 선박들의 이름을 따온 것이다. 남중국해 지도는 다양한 형태의 영유권 주장을 나타내는 경계선들과 섬이나 바위와 같은 지형물들로 복잡해서 눈이 어지러울 지경이다. 이 지형물 중 상당수는 만조가 되면 수면 아래로 사라지는데, 150개의 지형물을 가지고 있는 스프래틀리 군도만 해도 항상 수면 위로 드러나는 것은 48개에 불과하다.[11] 그리고 수많은 영유권 주장이 거의 언제나 다른 영유권 주장과 충돌하기 때문에, 완전한 해결책을 찾기보다는 모든 당사자의 이익에 부합하는 현상유지만을 관리하는 좀더 현실적인 기대를 가지고 있는 것이 사실이다. 그래야만 인구 증가와 에너지 가격 상승에 직면한 모든 당사국이 원유와 천연가스를 개발할 수 있게 되는 것이다. 그러나 그것은 쉽지 않다. 예를 들면, 필리핀의 말람파야와 카마고 천연가스 유전은 중국이 영유권을 주장하는 수역에 있다. 베트남과 중국은 베트남 해안 외곽의 에너지 미개발 수역에 대해 모두 자신의 영유권을 주장하고 있다. 중국은 베트남과의 분쟁지역인 파라셀 군도 부근 해저에서 천연가스의 새로운 에너지원이 될 수 있는 고체 메탄이 발견되었다고 발표했다. 영유권 주장은 이런 식으로 펼쳐진다.[12]

물론 남중국해가 가지고 있는 탄화수소의 중요성을 과대평가할 필요는 없다. 남중국해의 매장량으로는 중국의 수요와 자국 내 생산량 사이의 간극에 별다른 영향을 미치지도 못하며, 타이완을 에너지 순수출국으로 만들 수도 없을 것이다. 베트남과 말레이시아, 필리핀은 해저에서 얼마나 많은 석유와 천연가스를 채굴할 수 있는가와 관계없이 계속해서 에너지 순수입국 처지를 벗어나지 못할 것이다. 이 문제에 관한 한, 브루나이는 이미 거대한 원유 순수출국이다. 따라서 거시적인 측면에서 본다면, 이 지역의 에너지 문제는 별다른 변화를 기대하기 어렵다. 남중국해의 중요성이 증가하는 이유는 해저에 매장된 탄화수소 자원보다는 남중국해의 해운 항로를 통과하는 원유와 천연가스 수송량의 증가 때문이다.[13]

문제는 원유와 천연가스만이 아니다. 남중국해는 어업 자원이 매우 풍부해 전 세계 어획량의 약 10분의 1을 차지하고 있다.[14] 분쟁 수역에서 작업하는 중국의 어선들 옆에는 중국어업어정관리국中國漁業漁政管理局의 선박들이 함께한다. 남중국해에 대한 중국의 관할권을 주장하기 위해서다.[15]

그러나 이 모든 복잡하면서도 도발적인 사건들에도 불구하고, 이 수역의 법적 문제는 적어도 어느 정도는 단순하게 정리할 수 있다. 지도를 유심히 살펴보면 몇 가지 기본적인 사실이 드러난다.

문제의 핵심은 북쪽의 프라타스 군도, 서북쪽의 파라셀 군도, 동남쪽의 스프래틀리 군도에 대한 역사적인 영유권 주장과 얽혀 있다. 프라타스 군도는 중국이 영유권을 주장하고 있지만, 타이완이 관할하고 있다. 어떤 경우든 이 군도가 중국에 속한다는 점에는 거의 이의가 없다. 베이징의 관점으로는 타이완이 국가가 아니며 따라서 영유권 주장의 당사자로 인정하지 않는다는 점만 제외하면, 사실 남중국해의 많은 문제에 대해 중국과 타이완은 동일한 입장을 가지고 있다. 따라서 논쟁은 남중국해 자체보다는 향후 타이완의 실질적인 독립과 더 많은 관련이 있다.

파라셀 군도에 대한 베트남의 영유권 주장은 강력하다. 하지만 1974년 베트남 전쟁 막바지에 베이징은 쓰러져가는 사이공 정부로부터 파라셀 군도 서쪽에 대한 통제권을 빼앗았고, 그 후로 중국이 계속 점령하고 있다. 사실 중국과 베트남은 어느 정도는 양국 공산당 간의 연대와 실용적인 사고 덕분에 통킹만에 관한 분쟁은 해결했다. 하지만 파라셀 군도를 비롯한 다른 지역들에 대한 중국과 베트남 간의 분쟁이 남중국해 갈등의 핵심이 되었다.

그리고 1950년대 이후부터 필리핀이 영유권을 주장해온 스프래틀리 군도는 칼라얀 군도로 알려진 다각형 경계선 안에 위치해 있다. 바로 옆에는 언제나 물에 잠겨 있지만, 부근에 많은 석유와 천연가스가 매장되어 있다고 확신하는 필리핀 사람들이 소리 높여 영유권을 주장하는 리드 뱅크가 있다. 중국인들은 파라셀 군도에 대한 베트남의 영유권 주장을 개인적으로는 존중하기도 하고 우려하기도 하는 반면, 스프래틀리 군도에 대한 필리핀의 관점은 존중하지 않는다. 베트남은 거칠고 전쟁으로 단련된 국가지만, 앞서 말한 것처럼 필리핀은 허약한 제도와 극단적으로 허약한 군대를 갖고 있는 반쯤 실패한 정치체제이기 때문이다. 중국인들은 이 모든 것을 알고 있다. 그렇다고 할지라도 중국은 필리핀 공격을 자제해야 한다. 필리핀은 미국과 조약으로 맺어진 동맹국이기 때문이다.

유일하게 말레이시아가 1979년에 지도를 발행했지만, 베트남과 말레이시아 그리고 브루나이까지 모두 스프래틀리 군도의 지형물에 대한 영유권을 주장한다. 2009년까지는 누가 섬을 소유하는가가 문제의 핵심이었다. 그러다가 베트남과 말레이시아는 그들의 배타적 경제 수역을 초과하는 경계 획정 제안서를 국제기구에 공동으로 제출했다. 1982년 유엔해양법협약에 따르면, 배타적 경제 수역은 해안선으로부터 200해리 떨어진 곳까지의 권리를 인정한다. 해양법협약은 사실 바다가 아닌 육지에 관한 조약이다. 영유권의 기반이 해안선의 위치이기 때문이다. '육지가 바다를 지배한다'는 것이 해양법협약의 기본 원칙이다. 해안선에 기반한다면 바다 쪽으로 200해리의 권리를 갖게 되고 만약 대륙붕이 있다면 조금 더 늘어날 수도 있다. 하지만 섬에 대한 소유권을 바탕으로 한 권리는 12해리에 불과하다. 예를 들면 브루나이는 해안선이 보르네오섬 서북쪽의 50마일에 불과하지만, 베트남 방향으로 남중국해의 거의 중간쯤에 있는 루이사 암초와 라이플먼 뱅크에 대한 영유권을 주장한다. 베트남과 말레이시아 또한 해양법에 기반한 주장을 제기하고 있다. 그러면 어떤 일이 벌어지겠는가? 중국은 스프래틀리 군도에서 배제된다. 스프래틀리 군도가 필리핀과 브루나이는 물론 베트남과 말레이시아의 배타적 경제 수역에도 포함되어 있기 때문이다. 해양법으로는 중국의 영유권이 프라타스 군도와 파라셀 군도까지만 미칠 뿐, 가장 많은 에너지가 매장되어 있다고 여겨지는 스프래틀리 군도에는 이르지 못한다. 그리고 파라셀 군도라면 중국은 더 강력하게 법적 주장을 펼치려는 호전적인 베트남과 불확실한 싸움을 치러야 할 운명에 처하게 된다.

다시 말해 일단 해양법이 개입하게 되면 중국의 구단선은 즉시 법적인 의미나 논리를 잃게 된다. 지리적 특성상 바다를 접하고 있는 모든 나라의 배타적 경제 수역은 많은 에너지를 보유하고 있다 여겨지는 수심이 얕은 해안가의 많은 섬을 포함하고 있다. 반면 중국의 배타적 경제 수역은 해안선에서 남쪽으로 향하기 때문에 프라타스 군도와 메이클즈필드 뱅크, 스카버러 암초 그리고 군청색의 바다를 제외하면 거의 아무것도 없다.

중국인들은 1982년에야 세상에 나타난 해양법은 오직 진실의 일부만을 말해줄 뿐, 역사적으로는 자신들이 진정한 권리를 갖고 있다고 말한다. (중국은 1996년 해양법협약을 비준했지만 실제로는 준수하지 않는 반면, 미국은 협약을 준수하고 있지만 아직 비준하지 않았다.) 2009년 중국 관료들은 처음으로 구단선이 그려진 지도를 펼쳐놓고 다른 나라의 탐사선들에 간섭을 하기 시작했다. 2011년 중국은 유엔에 제출한 보고서를 통해 스프래틀리 군도의 모든 섬으로부터 200해리에 이르는 모든 해상에 대한 권리를 주장했다.[16] 중국의 계속되는 군비 확장과 함께 그 주장이 등장한 순간, 모두 부상하는 중국의 힘에 두려움을 느끼게 되었다.

미국은 표면적으로는 법과 규칙에 기반한 질서를 보호하고 따라서 구단선이 위협하는 항행의 자유를 보장한다는 이유로 남중국해에 개입하고 있다. 그러나 실제로 중국과 관련한 미국의 고민은 남중국해 서북쪽 모퉁이에 있는 하이난섬 잠수함 기지의 확장이다. 하이난섬은 중국의 최신 디젤전력 잠수함과 핵추진 탄도미사일 잠수함의 모항이다. 크게는 이 잠수함 기지 때문에, 그리고 중국의 지속적인 잠수함 배치가 이 지역에서 미국의 전력 투사를 위협하기 때문에, 미국은 2010년 소규모 연해국과의 관계를 강화한다는 미명 아래 이런 골치 아픈 해상 분쟁을 중재해주겠다고 제안했다. 2011년 미국은 중동에서 태평양으로의 "회귀pivot"를 발표했다.[17] 미국이 중국 해군의 단순한 무기 구입이나 기존 법 질서에 대한 중국의 도전 자체를 두려워한 건 아니었다. 미국이 두려워하는 것은 그 둘의 결합이었다.

한발 물러서서 생각해본다면, 분쟁을 완벽하게 해결하지는 못하더라도 상황을 완화시키기 위해서 모든 종류의 협상이 가능하다고 이 지역의 한 법률 전문가는 내게 말했다. 예를 들면 중국이 구단선과 배타적 경제 수역에 대해 어느 정도 양보를 하고, 대신 남중국해의 깊은 바다 한가운데서 충분한 어업권을 인정받을 수도 있을 것이다. 진짜 문제는, 말레이시아는 좀 덜하지만, 모든 당사자가 영유권 분쟁을 국내 정치에 이용한다는 점이다. 그리고 모든 국가에서 민족주의자들이 활개를 치면서 타협은 더 어려워지고 있다. 남중국해 문제는 많은 사람의 감정의 영향을 받게 되는 민주적 절차를 개입시키기보다는, 지역 내의 전문가와 엘리트들에게 맡겨야 다양한 분쟁의 해결 가능성이 높아질 것이다. 다시 한번 아리스토텔레스를 인용한다. "법은 욕망 없는 지성이다."[18] 대중은 "욕망"을 갖고 있기 때문에, 그들이 문제에 참여하지 않는다면 평화가 찾아올 가능성은 커진다.

세력균형

하지만 법이 존재한다 해도, 심지어 중국이 해양법협약을 준수하고 미국이 해양법협약에 서명하더라도, 평화는 결국 세력균형에 의해 유지되어야 한다.

아시아 국가들이 과도하게 미국에 의존하는 대신 급성장 중인 중국의 군사력에 대해 자력으로 균형을 맞춰간다면, 전 세계에서 가장 중요한 두 나라인 미국과 중국의 관계는 더욱 건강하게 발전할 것이다. 가장 분명한 방법은 동남아시아국가연합(아세안)을 강화하는 것이다. 아세안이 주목받고 있기는 하지만, 민주주의라는 공통의 정부 형태를 기반으로 하는 유럽연합과 같은 통합의 수준에 이르지는 않았다. 민주주의는 유럽연합 국가들에게 철학적인, 따라서 정치적인 존재 이유를 제공한다. 게다가 중국은 아세안 내부의 분열을 활용할 능력을 가지고 있다. 그럼에도 불구하고 아세안의 민주주의 국가들과 그보다 조금 덜 민주적인 국가들은 지난 수십 년간 조금씩 통합을 진전시켜왔다. 그것은 부상하는 중국으로부터의 도전 때문이기도 하지만, 다른 한편으로는 아세안의 개별 국가들이 역사상 최초로 자신의 힘을 보여줄 수 있는 좀더 능력 있는 관료 기구들로 진화하고 있기 때문이다. 아세안 6억 인구의 GDP를 모두 합하면 1.7조 달러에 이른다. 이는 향후 20년 내에 전 세계에서 가장 많은 인구를 보유한 국가가 될 인도의 GDP보다 큰 수치다.[19]

유럽연합은 냉전 이후 약 20년 동안 최고 수준의 결속력과 세력 과시 능력을 보여주었다. 아세안은 아마 그 수준에 이르지는 못하겠지만, 미중 관계 역시 미소 관계처럼 이데올로기적인 적대감과 긴장으로 가득하지는 않을 것이다. 분명 중국과 미국의 전략적 지향이 완전히 다르고, 중국이 군사 강국으로 떠오르고 있다는 점이 특히 두렵지만, 우리는 여전히 21세기 아시아의 바다에서 그리고 남중국해에서 20세기의 유럽 대륙보다는 훨씬 더 미묘한 세력균형이 형성될 것이라 희망한다. 그리고 반복하지만, 주일미군과 주한미군의 감소가 아니더라도, 군사 작전의 무대는 육지가 아닌 바다가 될 것이고 충돌의 가능성은 좀더 낮아질 것이다.

그럼에도 불구하고 지역 내 각국 해군의 전투력 증강은 좀더 많은 해상활동으로 이어지게 되고, 전쟁을 촉발할 수 있는 우발적인 사건의 위험성도 커진다는 점에 유의해야 한다.

미국과 아세안만이 부상하는 중국을 견제하는 것은 아니다. 서태평양과 인도양 해운 항로를 따라 포진해 있는 아시아 국가들 간의 새로운 양자관계 네트워크도 같은 역할을 할 것이다. 2009년에서 2011년 사이에 이 지역에서 최소 19개의 새로운 방위협정이 체결되었다. 베트남은 특히 인도, 한국, 일본, 필리핀, 말레이시아, 싱가포르, 인도네시아와 호주를 연결하는 새로운 협력 체계의 중심이 되었다.[20] 그리고 이들 중 많은 국가가 유사한 협정을 맺고 있다. 이런 추세가 진전될수록, 이 지역에 공공 안보를 제공하는 미국의 부담은 가벼워질 것이다.

그러나 워싱턴은 환상에 빠져서는 안 된다. 이들 국가 중 한국과 일본, 호주를 제외하면, 중국의 군사력 증강에 맞서 의미 있는 도전이 가능한 작전 능력을 가진 나라는 없다. 그리고 이 세 나라의 군사력 역시 미국의 근처에도 미치지 못할 뿐만 아니라, 지난 수십 년간 유용한 전투 경험을 가지고 있는 나라는 호주와 베트남 두 나라에 불과하다. 게다가 하늘과 바다, 사이버 영역 등을 포함한 중국의 총체적인 군사력이 증가하면서, 해상에서 그들의 표면적인 권리를 주변국에 대해 "더 강력하게 밀어붙이"려 할 것이다.[21] 따라서 서태평양에서 미국이 한발 물러나 앉는 대신 지역 내 국가들이 좀더 큰 역할을 수행토록 하는 아이디어는, 장기적으로는 몰라도 단기적으로는 가능하지 않다. 단기적으로는 남중국해 지역에서 미국의 의지가 약해지면, 중국의 주변국들이 용기를 잃고 중국에 편승하는 결과를 초래할 수도 있다. 이는 눈에 띄게 드러나지 않고 서서히 은밀하게 진행될 것이기 때문에 특히 위험할 뿐만 아니라, 그런 위험을 감수할 만한 가치도 없다. 그리고 자유주의 국제정치학자들과 신보수주의자뿐만 아니라 역외 균형자를 주장하는 전통적인 현실주의자도 지구의 동반구에서 미국이 세력균형을 유지하는 것이 중요하다고 생각하는 점을 고려하면, 베이징이 동반구에서 지배적인 권력을 갖도록 내버려두는 것은 무책임한 일이 될 것이다.

한 가지 문제가 더 있다. 만약 중국이 국내 경제의 위기로 인해 전체적으로 또는 부분적으로라도 붕괴되는 일은 없을 것이라 가정하면, 남중국해 지역에서 안정 효과stabilizing effect를 가져오던 미 공군력과 해군력의 대폭 감소로 인해 중국과 인도, 중국과 러시아와 같은 나라들이 서로에게 훨씬 더 공격적으로 변할 수 있다. 심지어 일본, 한국, 베트남과 같은 나라들이 중국에 편승해도 발생할 수 있는데, 이런 위험한 상황이 노골적인 적대 행위로 이어지지는 않겠지만 전 세계 금융 시장에는 일정한 부정적인 충격을 가할 수 있다. 이런 시나리오에서는, 로버트 케이건의 표현을 빌리자면, 미국이 만든 세계가 돌이킬 수 없을 만큼 먼 길을 가게 될 것이다.[22]

사실은 케이건이 바라는 대로 아직 상황은 그 반대다. 10여 개에 이르는 미 항공모함 전단 중 거의 절반이 태평양 지역에 편제되어 있다. 물론 그중 2개는 최근 페르시아만에서 임무를 수행하고 있기는 하다. 미국과 중국의 해군 전력의 차이는 여전히 압도적이다. 예를 들면, 미국은 편제상으로 태평양 지역에 6개의 항공모함 전단을 가지고 있지만 중국은 아마도 하나뿐이다. 미국은 12척의 미사일 장착 순양함을 이 지역에 배치하고 있지만, 중국은 하나도 없다. 미국은 29척의 미사일 장착 구축함을 배치한 반면, 중국은 첨단 구축함 8척을 보유하고 있다. 하지만 앞서 언급했듯이 중국은 미국을 따라잡고 있기 때문에, 향후 10년 정도면 서태평양에서 미 해군보다 더 많은 군함을 갖게 될 것이다. 그리고 해군에서 점점 중요성이 커지고 있는 수중작전 능력과 같은 중요 분야에서도 미국을 따라잡고 있다. 중국이 잠수함 함대의 규모에서 결국 미국과 동등해지면 다음 두 가지 측면을 고려해야 한다. 첫째, 중국이 수중전에서 미국 선원들과 겨룰 정도의 기술을 익히려면 아직 한 세대의 시간이 더 필요할 것이다. 둘째, 이를 상쇄하는 것은 수심이 매우 낮은 남중국해와 동중국해에 대한 중국의 "익숙함familiarity"이다. 브뤼셀에 있는 이 분야의 전문가인 조너선 홀스래그는 이렇게 말했다. "복잡한 수온층과 조류潮流의 소음, 강물의 유입은 정박해 있는 잠수함의 위치 탐지를 매우 어렵게 만듭니다." 중국이 보유하고 있는 "재래식 디젤 전력 잠수함은 이런 환경에서의 항행에 이상적이죠. 신형 버지니아급 잠수함을 제외하면, 미국이나 일본이 가지고 있는 구식 잠수함은 이런 지역에서의 운용에 필요한 정교한 탐지 능력이 없습니다"라고 그는 덧붙였다. 게다가 중국은 대량의 기뢰와 함께 잠수함을 배치해 미 해군의 작전을 어렵게 만들 것이다.[23] (이와 함께 사실상 정규군의 보조부대로 활동하는 중국의 민병대도 있다. 예를 들면, 베이징은 2013년에만 해상 정찰 활동을 위해 36척의 새로운 선박을 추가 투입할 것이다.[24])

중국의 궁극적인 전략 목표는 전쟁 발발 시 미 해군의 타이완 해협 진입을 단념시키고, 결국 미국의 타이완 방위 능력을 약화시키는 것이다. 이는 수심이 얕은 타이완 근해 바닷속에는 조용한 재래식 잠수함을 배치하고, 바다 위에는 소형 수상 작전 전투 함정으로 이뤄진 대규모 함대를 배치함으로써 가능할 것이다.[25] 우리의 질문은, 중국이 공중과 해상의 전쟁에서 미국에 맞서 승리할 수 있는가가 아니다. 예측 가능한 미래에는, 그 대답은 분명 아니오다. 오히려 중국이 언젠가는 서태평양에서 미국의 아우라를 약화시킬 수 있도록 해군력과 공군력을 비대칭적으로 배치할 수 있게 될 것인가를 물어야 한다. 그것은 분명히 가능하다.

하지만 그건 민감한 첨단 기술을 이용하는 비대칭적인 해상 전력에 관한 문제일 뿐만 아니라, 대양 해군을 육성하겠다는 중국의 오랜 야심의 문제이기도 하다. 즉 2010년까지 중국 해군은 이미 여섯 차례나 제1열도선을 통과해 태평양으로 진입했다.[26] 2001년 시카고대학 정치학자인 존 미어샤이머가 자신의 책 『강대국 국제정치의 비극』에서, 지난 역사 속 신흥 강대국이 그랬던 것처럼 중국도 정치적·군사적 방식으로 대국의 지위를 추구하게 될 것이라 주장했는데, 그때 중국의 해군과 공군의 전력은 지금에 비하면 아무것도 아니었다. 다시 말해서, 중국이 내부적으로 경제적·사회적 대변동을 겪을 경우에만 방위비 지출의 증가를 억제할 것이고, 미어샤이머의 예측은 어긋날 것이다.[27]

그럼에도 불구하고, 이것이 반드시 전쟁으로 이어지지는 않는다. 매사추세츠 공과대학의 정치학자인 테일러 프레이블은 이렇게 설명한다. 중국의 군사력 증강은 역설적으로 중국이 힘을 사용하지 않고 기다릴 수 있다는 것을 의미한다.[28] 해가 지날수록 중국 해군의 지위는 강화된다. 베이징의 목적은 전쟁이 아니라, 지정학적 힘과 권위를 강화시켜줄 역학관계의 변화다.

만약 중국 경제가 붕괴된다면

하지만 중국에 심각한 경제 위기가 발발해 군수품 구매의 하향 추세를 촉발하거나, 아니면 적어도 상승 곡선이 둔화된다면 어떻게 될 것인가? 이 또한 진지하게 생각해봐야 한다!

사실 중국의 지도자들은 지속되는 빈곤과 일자리 부족에 대한 대중의 분노를 완화시키는 정치적 효과를 위해서라도 군대에 일종의 희생을 요구할 수도 있다. 이런 상황이 계속되면 유라시아 해상 질서의 기반을 흔들 수도 있다. 물론 베를린 장벽의 붕괴가 유럽 대륙의 질서를 흔들었던 것만큼은 아닐지라도 말이다.

이라크 전쟁과 아프가니스탄 전쟁의 실패 그리고 미국의 국방 예산 삭감에도 불구하고, 중국의 국방 예산 동결은 동해부터 페르시아만에 이르는 팍스 아메리카나를 되살려낼 것이다. 미 해군은 제2차 세계대전 종결 직후와 같이 모든 바다를 지배하게 될 수도 있다. 일본은 공군과 해군의 현대화를 지속적으로 추구하고 있다. 특히 영국 해군보다 몇 배나 더 큰 해군을 보유하고 있는 일본은 아시아에서 공군과 해군의 강자로 부상할 것이다. 미래에 한국이 통일되고 서울이 주도권을 갖게 된다면 같은 일이 발생할 수 있다. 중국이 약화되는 상황이라면, 한국의 주요 적수는 일본이 될 것이고 미국은 두 국가 사이에서 평화를 유지하게 될 것이다.

중국의 혼란은 타이완과의 경제적 통합을 늦추게 될 것이다. 타이완을 겨냥한 본토의 수많은 탄도미사일과 매주 양안을 왕래하는 수많은 민간 항공기를 고려하면, 타이완에 대한 미국의 군사 원조는 타이완 방어보다는 어떤 형태로든 불가피하게 전개될 양안 간의 통일을 늦추려는 목적을 가지고 있다. 하지만 베이징의 정치적·경제적 위기가 장기화되면 그런 불가피한 통일이 발생하지 않을 수도 있다. 이 경우 좀더 그럴듯한 시나리오는 중국이 민주주의 수준에서 차이가 나는 여러 지역으로 분리된 채 베이징을 중심으로 느슨하게 묶이는 것이다. 미국의 국방 예산 삭감이 과도한 수준이 아니라면, 이 역시 새로운 팍스 아메리카나로 귀결될 것이다.

만약 중국의 경제위기가 군비 증강에 심각한 영향을 미치지 않는 정도라면 어떻게 될까? 그러면 남중국해는 지정학적인 의미에서 미국의 점진적인 쇠퇴의 영향을 가장 뚜렷하게 느낄 수 있는 곳이 될 것이다. 만약 미국의 국방 예산이 대폭 삭감되는 경우라면, 중국의 지리적인 위치와 경제적 중요성 그리고 급성장하는 공군과 해군의 전력은 결국 어느 정도는 베트남, 말레이시아, 필리핀, 싱가포르의 핀란드화로 나타날 것이다. 하지만 미국의 국방 예산 삭감이 태평양의 병력에는 근본적인 영향을 미치지 않는 수준에 그치는 상황에서, 중국 내부의 혼란은 정반대의 효과를 발생시킬 수도 있다. 인구 규모에 비해 이미 무기 구매에 엄청난 투자를 한 싱가포르와 호주 같은 나라들은 미군의 지속적인 주둔과 중국 군대의 약화를 틈타 아시아의 작은 이스라엘로 부상할 수도 있다. 한편으로는 베이징의 장악력이 약화되는 상황에서, 터키나 이란보다 더 큰 인구를 가지고 있으며 남중국해의 서쪽 해안을 장악하고 있는 베트남이 자국의 국내 경제를 안정시킬 수 있다면 그 자체로 중

등 강국이 될 수도 있을 것이다.

중국이 소수민족 통제에 어려움을 겪는 등 심각한 정치적·경제적 위기에 봉착하면 베트남과 타이완처럼 인도 역시 최대의 수혜자가 될 것이다. 인도 대륙에 인접한 티베트고원의 인종 갈등에 중국이 갑작스럽게 취약해질 수도 있다. 이는 인도의 북쪽 국경 지방에 대한 중국의 위협을 완화시킬 것이며, 나아가 중국과 조용히 경쟁해온 네팔, 방글라데시, 스리랑카, 버마와의 양자 관계에서 인도에 더 큰 외교적 협상력을 제공할 것이다. 버마는 예로부터 인도와 중국의 문화적·정치적 영향력이 중첩된 곳이었다. 비록 최근 수십 년 동안 버마 경제에 지배적인 영향력을 행사하고 있는 것은 중국이지만, 제2차 세계대전 이전에는 인도에서 온 중개인들이 수도 랑군의 주요 세력이었다. 중국 정치가 부분적으로라도 붕괴한다면 버마에서 인도의 역할은 극적으로 증가할 것이다. 버마가 가지고 있는 풍부한 천연가스, 석탄, 아연, 구리, 보석, 목재, 수력발전을 고려할 때 이는 결코 사소한 지정학적 변화만이 아니다. 인도 해군의 남중국해 진입도 쉬워질 것이다. 인도의 영향을 받은 베트남참파 문명의 영광이 21세기의 전략적 현실에서 되살아나는 것이다.

이 모든 것은 중국이 일종의 경제적 붕괴를 겪게 된다는 가정하에서나 이론적으로 가능하다. 하지만 나는 이제 이 글을 쓰고 있는 현실로 돌아와야만 한다.

'인도태평양'과 21세기의 중부 유럽

투키디데스는 펠로폰네스 전쟁의 "진짜 이유"가 해양 세력으로서 아테네의 부상과 "이에 대한 스파르타의 경계심"이었다고 말한다.[29] 사실, 전쟁은 예를 들면 아무도 살지 않는 무인도 같은, 종종 겉으로 보기에는 사소한 문제로 인해 발발한다. 마치 그 사소한 것들이 매우 중대한 이유라도 되는 듯이 말이다. 따라서 해양 세력으로서 중국의 부상을 가볍게 볼 수만은 없다. 아테네인들은 민주적이었을지도 모르고, 더욱이 중국은 어떤 정복의 동기도 없을지 모른다. 하지만 인류의 오랜 역사 속에서 적대 행위의 위험을 높인 것은 바로 새로운 세력의 등장으로 인한 현상의 변화였다. 이란처럼 성직자들이 지배하는 불량국가도 아닌 중국의 군비 증강이 합법적이라는 사실로 큰 차이가 발생하는 것은 아니다. 중국 공군과 해군의 무기 구입으로 인한 지역의 세력균형 변화 자체가 안정을 깨뜨리고 있다는 점을 생각한다면 말이다. 물론 현상유지가 신성불가침은 아니다. 우리가 알고 있는 역사는 오히려 역동적이다. 그리고 현상유지는 때때로 불공정하며, 그럴 때 변화는 가치 있다. 하지만 현상에 중대한 변화가 발생할 때 종종 전쟁이 발생하는 것도 사실이다.

서태평양에서 중국 해군의 입지가 강화되고 지역의 현상이 점차 변화하면서, 서태평양과 인근 인도양의 지정학적 운명을 놓고 미국과 중국 사이의 "거대하면서도 장기적인 협상 과정"이 이어질 것이라고, 스위스모어칼리지의 정치학자 제임스 커스는 말했다. "결국 마지노선, 뚜렷한 기준점들, '눈에는 눈, 이에는 이'와 같은 상호 반응 등의 개념에 기반한 분명하고 효과적인 상호억지 시스템이 구축될 것이다."[30]

우리는 최근 수년간 이런 과정이 시작되는 것을 볼 수 있었다. 2011년 힐러리 클린턴 국무 장관은 아시아로의 "회귀"를 선언했다. 동시에 리언 파네타 국방 장관은 국방 예산 삭감이 태평양의 미군 배치에 영향을 미치지는 않을 것이라고 선언했다. 중국의 군사력 부상에 대해 공군과 해군의 역량을 유지하고 나아가 그 영향력을 강화하려는 미국의 의지를 드러내는 강력한 메시지였다. 반면 2011년 오바마 대통령은 서태평양과 인도양이 만나는 곳에 위치한 호주 북부 및 서부 기지에 2500명의 해병대를 순환 근무시키고, 가까이에 있는 싱가포르에는 새로운 연안 전투함을 배치할 것이라고 선언했다. 두 개의 해양에 전력을 분산 배치하려는 미국의 의지를 보여주는 것이었다. 그렇게 미국의 중동 및 동아시아 해상 안보 시스템은 유라시아 대륙의 모든 남쪽 주변 지역을 하나로 묶는 거대한 지리적 통합을 시작할 것이다. 그 직접적인 결과는 남중국해를 중심으로 한 갈등 구조 속으로 남아시아를 끌어오는 것이다. 전쟁 기술의 발전은 공간의 제약을 뛰어넘게 한다는 점을 기억해야 한다. 따라서 향후에는 인도-태평양이라는 단어가 점점 더 많이 사용될 것이다. 미국기업연구소American Enterprise Institute의 마이클 오슬린은 이렇게 설명했다. "개념적으로, 이 새로운 전략 체계는 대략의 지리적 위치를 근거로 한 '두 개의 삼각형'으로 생각해볼 수 있습니다. 바깥쪽의 큰 삼각형은 일본, 한국, 인도와 호주를 연결하고, 그 안쪽의 작은 삼각형은 인도네시아, 말레이시아, 싱가포르, 베트남을 연결하는 거죠."[31] 한편 중국을 견제하기 위해서 인도, 베트남과 같은 아시아의 신흥 세력은 "강력한 전략적 동반자 관계"로 연결되고 있다.[32]

자, 이제 좀더 큰 지도를 보자. 2050년이 되면, 전 세계 90억 인구 중 대략 70억 정도가 동아시아, 동남아시아, 남아시아, 중동, 동부 아프리카에 살게 된다. 인구 분포로 볼 때 지구의 심장부에 해당되는 이 지역의 해양세계는 인도양과 서태평양으로 구성될 것이다. 주로 러시아가 차지하고 있는 유라시아 북부 해안선의 대부분이 앞으로 상당 기간 얼음으로 봉쇄되어 있을 것이라 가정한다면, 이것이 바로 바다에 의해 유라시아가 통합되는 지도가 된다. 이 지도에서는 아프리카의 뿔에서 인도양과 인도네시아의 여러 섬을 지나 한반도의 동해에 이르는 지역이 하나의 세계를 형성한다. 그리고 인도 대륙과 일본, 호주가 이 지도의 외부 경계선의 꼭짓점이라면, 남중국해의 여러 국가는 내부의 꼭짓점 또는 전략적 핵심이 된다. 남중국해가 바로 21세기의 중부 유럽 Mitteleuropa이다.

평화로운 상태건 전쟁 중이건, 남중국해는 우리가 살고 있는 세계의 현재와 미래 모습을 상상하게 해준다. 그곳은 군함과 대형 유조선들로 가득 차 있으며, 실제 전투로 항상 연결되지는 않으나 끊임없는 전쟁 게임이 일상화되어 있다. 또 정치적으로 남중국해 지역의 풍향계 역할을 하는 베트남과 같은 나라의 행동이 베이징과 워싱턴의 최고위급 정책 결정에 영향을 미치는 긴장으로 가득한 세계다. 그곳은 해상 통제보다는 해상 억지가 쉽고 값싸기 때문에, 중국이나 인도와 같은 상대적으로 약한 세력이 미국 같은 초강대국의 야심을 견제할 수 있으며, 잠수함과 기뢰, 육상 기지 미사일로 항공모함이나 대형 전투함단의 운용을 막아낼 수 있는 그런 세계다.[33] 미국 관료들은 이 수역에 대해 지속적인 지배를 계획하는 것만으로는 충분하지 않다. 왜냐하면 이 지역에서 가장 큰 토착 세력인 부상하고 있는 중국 해군의 정당한 지위를 어느 정도는 받아들일 준비를 해야만 하기 때문이다. 그렇다. 미국은 세력 균형 체제로 뒷받침되는 국제해양규범이라는 시스템을 지켜내야 한다. 하지만 냉전 시기와 냉전 직후에 존재했던 미국이 단독으로 지배하던 시대는 곧 지나갈 것이다. 좀더 불안하고 복잡한 세계가 우리를 기다리고 있다.

에필로그
보르네오의
빈민굴

종교, 종족, 국가

진흙 섞인 강물이 기름진 녹색 삼림을 구불구불 헤쳐나가고 있었고, 나무들로 빽빽한 산등성이는 비구름 아래 웅크리고 있었다. 짙은 녹색의 바다는 고통스러운 듯한 하늘의 색깔을 혼란스럽게 반사해내고 있었다. 이 모두가 봉쇄를 상징하는 풍경이다. 보르네오섬의 북쪽 끝에 자리한, 영국 식민지 시절에는 제셀턴이라 불린 코타키나발루는 혼잡한 도심과 고가도로에도 불구하고 마치 정글을 잘라내온 듯한 느낌이었다. 잡초들이 보도의 여기저기를 덮어버렸고, 수십 년 동안 비를 맞은 돌담들은 검게 변해 있었다. 주택가의 녹슨 발코니마다 물탱크와 플라스틱 의자들, 축 늘어진 빨랫줄로 어지러웠다. 말레이반도 쿠알라룸푸르의 최신 포스트모더니즘을 흉내 낸 이 사바주의 주도는, 그 촌스러운 분홍색과 크림색의 겉모습에도 불구하고 어떤 흑백의 아우라를 드러내고 있었다. 다양한 인종 집단의 조합으로 이뤄진 말레이반도 위의 말레이시아라는 국가는 신비하며 역동적으로 보인다. 반면, 인도네시아 영해에 의해 말레이반도에서 분리된 이곳 동부 말레이시아에서 말레이시아라는 아이디어는 보잘것없고 절망적으로 느껴졌다.

나는 스콜피온급 디젤 잠수함 2척이 정박해 있는 해군기지를 방문하기 위해 말레이시아의 사바주에 왔다. 그 잠수함들은 남중국해의 동남쪽에서 중국과 베트남, 필리핀의 해상 공격을 막아내겠다는 말레이시아의 의지를 보여주는 것이었다. 그러나 나는 기지 방문을 허가받지 못했다.

대신 나는 말레이시아 친구의 도움을 얻어 나무로 만든 소형 모터보트를 가진 젊은이에게 45달러 정도의 돈을 주고 코타키나발루만을 건너 가야섬 부근의 수상 마을인 캄풍 아이르로 갔다. 그 마을은 가야섬에서도 출렁이는 바다 쪽으로 한참 뻗어나간 나무 기둥들 위에 형성된 거대한 빈민가였다.

값싼 나무와 철제 골판으로 지어진 토끼장 같은 판잣집과 좁은 골목들이 물속에 직각으로 잠긴 뒤틀린 나무 기둥 위에 얹혀 있었다. 반쯤 발가벗은 아이들은 수상 가옥들을 연결해주는 좁고 낡아빠진 널빤지들 끄트머리에서 곧 떨어져버릴 것처럼 어디에나 있었다. 수천 명을 수용하고 있는 이 수상 마을 한가운데에는 평평한 금속판에 금칠을 해 만든 이슬람 사원의 돔형 지붕이 보였다. 이들은 대부분 이슬람 반군이 장악하고 있는 필리핀의 최남단 술루 제도에서 불법으로 건너온 무슬림 이민자들이었다. 그 반란은 수도 마닐라의 허약하고 부패한 가톨릭 정권이 자국 내 외딴 지역의 소수 인종을 적절히 다스리지 못해 발생한 것이었다.

이들은 어부로, 공사장의 노동자로 그리고 솔직히 다른 말레이시아 인들은 꺼리는 잡다한 일들로 생계를 꾸렸다. 태풍과 화재가 이들을, 심지어 더 큰 바닷가의 마을들을 쓸어버리기도 했지만, 이민자들은 재빨리 다시 집을 지었고 더욱 절박한 필리핀 사람들이 계속 몰려들었다. 사바 인구의 대략 4분의 1이 불법 이민자였는데, 지리적 위치가 그것을 가능케 했다. 말레이시아의 한 해안경비대장의 말에 따르면, 필리핀 남쪽 끝의 섬에서 말레이시아 북쪽 끝의 섬까지 모터보트로 7분이면 도착한다.

　그러고는 내게 남중국해의 또 다른 현실을 얘기해주었다. 수상 마을이 질병과 해적 그리고 밀수의 세계로 열린 창문이라는 점이다. 남중국해 각국의 해군은 강력한 국가나 바다에 대한 영유권 주장 같은 21세기 전략에 관심을 가지지만, 해안 경비대들이 상대하는 것은 근대 국가가 존재하기도 전인 19세기의 세계였다. 그것은 남부 필리핀과 말레이시아, 인도네시아의 많은 섬이 하나로 통합된 무슬림 세계였다. 말레이인과 자바인 모두 옛 영국과 네덜란드 동인도제국의 여러 곳을 왕래하며 살고 있었다. (타이 남부에서도 말레이인의 반란이 발생하기 때문에, 그곳 역시 무슬림 세계의 일부다.)

　말레이반도에서는 권위주의적 통치자 마하티르 빈 모하맛이 만들어낸 강력한 제도가 민족국가를 건설하는 동안, 이곳 보르네오 북부 지역에서는 지리적 편리성으로 인해 부정할 수 없는 글로벌화의 한 형태로서의 이슬람 세계화가 오히려 말레이시아 민족국가를 해체하고 있었다. 물론 마하티르 역시 정치적으로 또 이데올로기의 형태로 이슬람의 세계화를 대표했다. 문제는 이슬람이 결국 이곳에 어떻게 자리 잡을 것인가다. 근대 국가 형성의 동력이 될 것인가 아니면 근대 국가의 토대를 약화시키는 국가 간 난민 이동의 동력이 될 것인가?

사바는 남중국해 지역에서 중국 해군의 위협을 얘기하지 않는 유일한 곳이었다. 대신 그들은 불법 이민자들을 얘기했다. "그들이 모든 문제의 근원이죠." 한 부미푸트라 기독교인이 바다 건너편 무슬림이 대다수인 캄풍 아이르를 가리키며 말했다. 그의 조상은 가톨릭 선교사들에게 세례를 받았었다. 동료들과 함께 긴 나무 탁자에 앉아 있던 그 남자는 지역의 유력 정치인이었다. 그들은 모두 이제 불법 이민자들보다 인구가 더 적어진, 사바의 원주민인 카다잔과 두순 부락 출신이다. 내 옆에는 말레이반도와 남중국해 지역의 많은 곳에서 볼 수 있는 고급 쇼핑몰과 화려한 색유리가 아닌 예수와 성모마리아의 자애로운 조각상이 있었다. 그리고 정글을 뚫고 들려오는 성난 목소리가 있었다. 그들은 나를 탁자 앞에 몇 시간이나 앉혀두고서는 영국으로부터 나라를 돌려받은 뒤 엉망으로 만들고 있는 말레이반도의 식민주의자들과 필리핀 무슬림 불법 이민자들에 대한 자신들의 강렬한 반감을 구구절절 털어놓았다.

코타키나발루에서의 다른 만남도 비슷했다. 그들은 모두 영국 북보르네오 주식회사에 대한 아름다운 기억들을 불러내려는 듯했다. '오! 제셀턴, 중국인들은 도시를, 말레이인과 부미푸트라는 캄풍을, 인도인들은 플랜테이션을 차지하고 있었죠. 유럽의 깃발 아래에서 모두가 자신의 자리를 지키며 서로 잘 지내고 있었고, 그래서 어느 정도 평화가 유지되었죠.' 하지만 지금은 기독교인과 무슬림, 토착 신앙을 가진 사람들 간의 다양한 결혼은 물론, 부미푸트라, 말레이인, 중국인, 인도인 간의 다문화 결혼도 상당한 수준에 달해 말레이반도보다 훨씬 더 다양한 정체성이 형성되고 있지만, 그럼에도 불구하고 말레이반도로부터의 정치적 이슬람화와 필리핀 남부로부터의 이슬람 인구의 유입으로 인해 제로섬 게임과도 같은 다양한 인종적, 종교적 긴장과 생각, 의견을 불러일으키고 있다.

글로벌화와 민족국가 이전으로의 회귀

남중국해로의 도전은 적어도 부분적으로는 탈식민주의가 제기하는 도전으로 드러났다. 이제 세계적인 제국에서 벗어난 새로운 국가들에서 내부적으로는 어떤 집단 또는 파벌이 무엇을 통제할 것인가, 그리고 외부적으로는 어떤 국가가 저 바다 너머에 있는 그 무엇을 통제할 것인가를 결정해야만 한다.

그리고 그것은 단지 해양 주권만의 문제가 아니다. 예를 들면, 필리핀은 사바주에 대해서 주권을 주장할 잠재적인 가능성이 있는데, 그것은 19세기 후반 술루 술탄이 보르네오 북부를 영국에 양도했는지 아니면 단순히 임대했는지에 대한 논쟁에서 시작된다. 따라서 사바 해안에 곰보 자국처럼 제멋대로 들어선 캄풍들은 불법 이민 그 자체로 인한 특정 사회적 문제 이상의 더 난해한 수수께끼를 의미했다. 그것은 말레이시아라는 국가가 온전히 합법적이지는 않다는 문제 또는 그런 두려움을 나타내며, 이론적으로 말레이시아는 영국이 점령하고 있던 말레이 군도를 계승한 법적 장치에 불과하다는 주장이 언제나 가능하다. 1963년 싱가포르가 말레이연방에 들어오지 않았더라면, 그래서 인종 구성상 중국인이 유리해지지 않았더라면, 쿠알라룸푸르는 처음부터 보르네오 북부의 말레이인과 부미푸트라들을 연방에 포함시킬 필요가 없었을 것이다. 말레이시아의 국가 형성은 그렇게 즉흥적이었다. 그것은 압둘 라흐만 왕자와 리콴유 두 사람의 복잡한 관계의 산물이기도 했고, 보르네오에서 대영제국과 네덜란드 간의 지리 및 영토 경계의 산물이기도 했다.

"우리는 여전히 인종 집단과 종족일 뿐 아직 시민으로 구성된 국가가 아니죠." 그 부락의 정치인은 모든 것을 정리하듯 내게 말했다. "말레이반도에 있는 마하티르의 이슬람 정부가 우리를 억압하고 있습니다. 쿠알라룸푸르의 무슬림 권력 구조에서 필리핀의 불법 이민은 매우 편리합니다. 술루에서 온 불법 이민자들이 무슬림에게 유리한 쪽으로 인구 구조를 변경시키고 있기 때문이죠. 사바주의 원유 생산은 말레이시아 전체의 60퍼센트를 차지하지만, 예산으로 그 원유의 겨우 5퍼센트만을 돌려받을 뿐입니다." 그는 계속해서 말했다. "내가 살아 있는 동안에는 아니겠지만, 말레이연방은 결국 붕괴할 겁니다."

그는 마치 그것을 희망하듯, 남수단이나 옛날의 동파키스탄을 대하듯이 사바에 대해서 얘기했다. 이 지역의 새로운 강자들 간의 해양 분쟁이 현재를 지배하는 가장 뜨거운 주제이고, 그래서 내가 그에 관해 어쩔 수 없이 무언가를 계속 기록해왔지만, 그는 유럽에서 이미 그랬듯이 글로벌화 그 자체는 아시아에서보다 세분화된 지역주의의 등장을 불러온다고 말하려는 듯했다.

그렇게 내가 남중국해에서 현대의 민족주의 등장에 집중하는 동안, 사바는 마치 베트남 중부에서 봤던 참파의 폐허처럼 민족주의가 아직 생겨나기도 전인 중세 시대의 재등장 가능성을 말하고 있었다.

라자와 추장

보르네오는 분명 과거를 돌이켜보게 해주는 장소다. 그 지역은 마치 베트남의 참파처럼, 중국이 얼마나 중요한 실체인지 그리고 전함과 유조선과 현대적인 독재자가 얼마나 중요한지에 관한 내 이론에 의문을 제기한다. 보르네오 북부 사바주의 아래쪽에는 원주민 소수 종족인 멜라나우 부족 출신의 압둘 타입 마흐무드가 수장으로 있는 사라왁주가 있다. 그는 민주적으로 선출되기는 했지만, 1981년부터 전근대적인 가부장적 스타일의 작은 폭군처럼 통치해왔다. 그곳은 벌목 계약부터 지역 신문 통제에 이르기까지, 정실주의와 뇌물이 모든 것을 지배하는 세상이었다. 30년 동안 지속된 그의 권력은 지역 발전에 윤활유를 제공하기도 했지만, 진정한 제도의 발전은 가로막았고 내륙 토착 부족들은 여전히 빈곤 상태에 머물렀다. 사라왁의 나른한 수도 쿠칭은 그의 집권을 상징하는 환상적인 구조물들이 지배하고 있었다. 예를 들면, 연중 의회가 열리는 겨우 16일 동안만 사용되는 우산처럼 생긴 3억 달러짜리 주의회 의사당과 같은 것들 말이다.

19세기 중반부터 20세기 중반까지 사라왁은 사실 일련의 영국 '백인 라자white rajah'들에 의해 지배되었다. 그 첫 번째 라자는 영국령 인도에서 성장해 인도양과 태평양이 만나는 곳인 마드라스,● 페낭, 말라카, 싱가포르 주변을 여행한 제임스 브룩이었다. 그는 물려받은 유산으로 대형 범선을 사서 사라왁강을 거슬러 올라가 1839년 쿠칭에 도착했다. 브룩은 스스로 그 지역의 위대한 군주Tuan Besar로 거듭나, 지역의 전쟁에 개입하고 해적을 제압했으며 다른 부족들을 이간시키기도 했다. 그는 조지프 콘래드가 쓴 드라마에서나 나올 법한 행정과 법률 시스템의 초기 형태를 만들어내기도 했다. 조카 찰스 브룩이 제임스를 계승했고, 찰스의 아들 찰스 바이너 브룩이 그 뒤를 이어 제2차 세계대전까지 사라왁을 통치했다.[1] 사라왁의 수장 압둘 타입 마흐무드의 가부장 스타일은 브룩 일가와 매우 유사했기 때문에 그는 "갈색의 라자"로 불렸다. 2013년 현재 쿠칭 사람들의 걱정은 중국이 아니었다. 그들은 수장이 사망하고 난 뒤 지역이 혼란에 빠지면, 말레이반도 쪽에서의 개입이 강화되지 않을까 걱정하고 있었다.

● 현재의 인도 첸나이를 말한다.

미래의 여정

상대적으로 발전한 말레이시아의 사바주와 사라왁주가 북쪽에 자리 잡고 있기는 하지만, 보르네오섬은 바로 남쪽의 거대하고 무질서한 인도네시아로 상징되는 빈곤하고 혼란스러운 세계를 보여주는 창문이었다.[2] 이 책에서 그리고 남중국해를 둘러싼 경쟁에서 나타나는 해군과 공군의 발전은 그 자체로서 성공적인 현대화와 그에 따른 강력한 제도를 잘 보여준다. 하지만 남중국해에서도 필리핀부터 인도네시아로 연결된 수많은 섬은 완전히 다른 현실을 반영한다.

그러므로 내 여행의 종착점에는 더욱 많은 질문이 기다리고 있다. 내가 앞 장에서 암시했듯, 만약 중국에서 심각한 정치적·경제적 위기로 인해 일종의 혼란스러운 분열이 발생하면 어떻게 될 것인가? 그것이 공군력과 해군력을 끊임없이 증강시켜 전쟁 수행 능력을 높이고자 주변 국들을 위협하려는 중국에 어떤 영향을 미칠 것인가? 만약 남중국해의 미래가 영유권을 주장하는 새로운 강국에 관한 문제뿐만이 아닌, 허약한 중앙 정부와 이슬람의 세계화로 초래될 새로운 중세 시대에 관한 것이기도 하다면 어떻게 될 것인가? 물론 우리는 그 둘이 결합된 결과를 볼 수도 있다. 중국이 상대적으로 약화되고 그것이 말레이시아와 필리핀, 인도네시아 중앙 정부의 권력 분산과 결합된다면, 해적이나 난민과 같은 문제들을 촉발시키고 나아가 남중국해 지역에서 미 해군과 공군의 우위가 유지될 수도 있을 것이다. 다시 말해, 지역의 변화가 반드시 어느 한쪽 방향이라고 생각할 수는 없다.

다양한 미래가 가능하다. 그러니 이제까지 말한 모든 것은 그저 한 시대의 이야기에 불과할지도 모른다. 내가 초점을 맞춰온 21세기 두 번째 10년의 핵심은 바로 서태평양과 인도양이 만나는 지역에서의 중국의 군사적 부상이다. 나는 여행 내내 잠수함 얘기를 듣고 또 들었다. 그러나 바닷가 나무 기둥 위에 세워진 빈민 수상 가옥의 이미지가 또한 뇌리를 떠나지 않는다.

감사의 글

이 책의 초기 버전을 출판하고, 팩트체크 해준 『포린폴리시』『애틀랜틱』『내셔널 인터레스트』 편집자들에게 감사드린다. 저작권 페이지에서 언급했듯이, 필리핀 역사에 관한 1000자 분량의 원고는 2005년에 출간한 내 책, 『제국의 최전선』에서 가져왔다.

언제나처럼 나는 맨해튼에 있는 브랜트 호크만 저작권 대리인, 특히 고故 칼 브랜트와 마리안 머롤라에게 많은 빚을 졌다. 슬프게도 이 책을 마칠 때쯤 세상을 떠난 칼 브랜트는 지난 20여 년간 나의 가장 절친한 친구였다. 또한 게일 호크먼과 헨리 테이어에게도 감사 인사를 전해야만 한다. 랜덤하우스의 편집자 조너선 자오와 그의 동료 몰리 터핀에게도 매우 감사하다.

스트랫포의 수많은 동료가 이 책의 내용을 풍부하게 만들고 완성도를 높이기 위해 내게 엄청난 도움과 함께 자유를 주었다. 그럼에도 불구하고 나는 초고의 세부적인 내용을 살펴준 스트랫포의 설립사 조지 프리드먼과 아시아 애널리스트 매트 거트켄, 존 미니크 두 사람을 특별히 언급하고 싶다. 미국신안보센터의 셀 수 없이 많은 동료가 프로젝트의 처음부터 끝까지 격려와 도움을 아끼지 않았다. 그중에서도 특히 패트릭 크로닌, 리처드 폰테인, 로버트 워크는 여러 해 동안 아시아에 대해서 그리고 해군에 대해서 많이 가르쳐주었다. 스미스 리처드슨 재단은 기꺼이 내 작업을 지지해주는 관대함을 다시 한번 보여주었다. 특히 나디아 스캐드로에게 감사하다.

베이징에서는 카네기-칭화글로벌정책센터의 폴 핸리와 그의 동료들이 여러 면에서 나를 멋지게 대접해주었다. 쿠알라룸푸르에서는 션 폴리와 탕 시우 문이 맨 처음 나에게 말레이시아를 소개해주었다. 샤흐리만 록먼은 연락처들과 물적 지원을 제공해주었을 뿐만 아니라, 유쾌하고 놀라운 우정을 내게 선물해주었다. 싱가포르에서는 피터 베크만과 이언 스토리, 고 배리 웨인이 그들의 전문적인 지식을 너그럽게 제공해주었다. 필리핀에서는 『마닐라타임스』의 단테 프란시스 앙과 그의 스태프들이 내 스케줄을 매우 능숙하게 조정해주었다. 하노이에서는 베트남 외교아카데미가 그 역할을 해주었다. 타이완 정부는 타이베이로의 여행을 지원해주었으며, 분쟁 중에 있는 남중국해의 섬까지 방문할 수 있도록 내게 물적 지원을 제공해주었다. 내 비서 엘리자베스 로카이어는 스트랫포와 함께 지도들을 포함해 이 프로젝트의 많은 세부 사항을 조율해주었다. 오랜 시간 자리를 비워도 너그럽게 기다려준 아내 마리아 케브럴이 있었기에 이 모든 것이 가능했다.

"거친 파도를 피해 정박하고 있는 어선일 뿐이다."

얼마 전 필리핀 해상경비대가 남중국해 '횟선 암초Whitsun Reef' 근처에 떼 지어 정박해 있는 중국 선박 200여 척에 대해 떠날 것을 요구하자, 주필리핀중국대사관이 반박하며 한 말이다.

중국은 어선이라고 했지만, 로버트 D. 캐플런이 남중국해를 주목하는 이유는 그리고 남중국해 인근 각국이 자신의 영유권을 강력하게 주장하고 있는 이유는 그 바다 속의 풍부한 어족자원 때문만은 아니다. 370만 제곱킬로미터 넓이의 남중국해에는 약 70억 배럴의 석유와 900조 입방피트의 천연가스가 매장되어 있다고 한다. 또 동북아시아에서 인도양을 거쳐 중동과 아프리카로 가려면 남중국해를 남북으로 가로지른 뒤 싱가포르 앞바다를 거쳐 말라카 해협을 통과하는 것이 최단노선이다. 때문에 한국이 사용하는 에너지의 2/3가, 일본과 대만은 60퍼센트 정도가 남중국해를 통해 공급되고 있다. 캐플런에 따르면 중국도 원유 수입물량의 80퍼센트를 남중국해 루트에 의존하고 있다. 2016년 국제상설중재재판소PCA의 판결에도 불구하고 중국이 남중국해 이쪽 끝에서 저쪽 끝까지 '소 혓바닥' 모양으로 9개의 점선을 긋고 그 안의 모든 것에 대해서 영향력을 확대하려는 것도 그 때문이다. 한 세기 전 카리브해에서 미국이 그랬던 것처럼 말이다.

한국인에게 남중국해와 동남아시아는 어떤 의미일까? 말레이시아의 코타키나발루, 인도네시아의 발리와 같은 신혼여행지? 아름다운 해변과 맑은 공기, 저렴하고 맛있는 열대 과일? 풍부한 노동력과 중국을 대체할 새로운 해외 생산기지? 누군가는 우리의 맹호부대와 백호부대가 참전했던 베트남전쟁을 기억하겠지만, 그들이 지나갔던 싸움터가 1000년 전에는 힌두문명의 영향을 받은 참파 왕국이 번성했던 곳이라는 걸 아는 이는 많지 않다. 나아가 보르네오섬 어디쯤에서 인도네시아와 말레이시아의 국경선이 그어지는지, 그 국경선이 왜 그어졌는지 아는 이는 얼마나 될까? 7000개가 넘는 섬으로 이루어진 필리핀이 정치적, 문화적으로 바다 건너편의 말레이시아, 인도네시아, 베트남과 얼마나 다른지 그리고 그것이 21세기 남중국해 연안 국가들의 운명과 어떤 연관이 있는지를 읽어낼 수 있는 사람은 더더욱 적을 것이다.

캐플런은 마치 남중국해에 관한 르포르타주를 쓰듯 중국과 베트남, 말레이시아, 싱가포르, 필리핀, 타이완에 이르기까지 남중국해를 둘러싸고 있는 나라들을 방문해 외교 군사 담당자와 대화를 나누고 그들의 이야기를 듣는다. 대화를 마치고 사무실을 나서면 쿠알라룸푸르의 고급 쇼핑몰을 오가는 무슬림과 오토바이를 타고 바쁘게 질주하는 베트남인들 그리고 보르네오섬 북쪽의 수상가옥 빈민촌 사람들에게 다가간다. 캐플런은 서로 다른 삶의 방식과 언어, 역사, 관습과 종교를 가지고 있는 사람들의 목소리와 그들이 살고 있는 풍경을 통해 남중국해 인근 국가들이 가지고 있는 열망과 두려움을 보여준다.

로버트 D. 캐플런은 대가大家다. 대가의 역작을 읽고 우리말로 옮겨본다는 즐거움에 덥석 번역 작업의 일부를 맡았지만 어려움이 적지 않았다. 인물과 풍경에 대한 그의 세밀한 관찰에 대해 원문이 가지고 있는 의미와 맛을 놓치지 않고 적절한 우리말로 옮겨놓는 일이 쉽지만은 않았다. 펼쳐진 상황과 맥락에서 캐플런이 나타내고자 하는 정서를 제대로 읽어내는 것 또한 만만치 않았다. 노력을 다했으나 역시 평가는 독자들에게 맡길 수밖에 없을 것 같다.

이 책『지리 대전: 일촉즉발 남중국해의 위험한 지정학』은 남중국해와 동남아시아에 관해 관심 있는 이들에게 좋은 길잡이가 될 것이다. 당신이 그저 백팩을 메고 싱가포르 창이국제공항에 내리는 관광객이든, 중국과 동남아시아의 국제관계에 관심 많은 대학생이든, 중국의 부상에 대해 어떻게 대응해야 좋을지 고민하는 지정학자나 전략가든 말이다.

2021년 4월

김용민

주註

1. Jean-François Hubert, *The Art of Champa*, Parkstone Press, Ho Chi Minh City, 2005, pp. 7-8, 17-18, 20, 22-23, 28-29, 31-32.
2. 고대 참파에 관한 전체 사진 보관소는 프랑스 파리의 기메 미술관에 자리 잡고 있다.

제1장 인본주의자의 딜레마

1. John J. Mearsheimer, *The Tragedy of Great Power Politics*, W. W. Norton, New York, 2001, p. 114.
2. U.S. Energy Information Administration, "South China Sea: Oil and Natural Gas," March 2008; Robert D. Kaplan, "China's Caribbean," *Washington Post*, September 26, 2010.
3. Regional Program on Partnerships in Environmental Management for the Seas of East Asia, "Current Activities in GEF-UNDP-IMO PEMSEA Programme Relating to Maritime Safety and Security"; Center for a New American Security, "The South China Sea: The First Testing Ground of a Multipolar Age," Washington, D.C., September 2010.
4. U.S. Energy Information Agency and Scott Snyder, "The South China Sea Dispute: Prospects for Preventive Diplomacy," United States Institutefor Peace, August 1996; Center for a New American Security, "The South China Sea: The First Testing Ground of a Multipolar Age." 스프래틀리의 원유 매장량은 과장된 듯 보이고, 천연 가스와 같은 탄화수소 자원이 더욱 풍부하다. Sam Bateman and Ralf Emmers, eds., *Security and International Politics in the South China Sea: Towards a Cooperative Management Regime*, Routledge, New York, 2009. p. 17; John C. Baker and David G. Wiencek, *Cooperative Monitoring in the South China Sea: Satellite Imagery, Confidence-Building Measures, and the Spratly Islands Disputes*, Praeger, Westport, Connecticut, 2002, p. 6. 를 참고하라.

5. Rear Admiral (ret.) Michael A. McDevitt in conversation at a conference at the Center for a New American Security, Washington, D.C., September 29, 2011.

6. BP Statistical Review of World Energy, London, 2011; Andrew Higgins, "In South China Sea, a Dispute over Energy," Washington Post, September 17, 2011.

7. Carl Ungerer, Ian Storey, and Sam Bateman, "Making Mischief: The Return of the South China Sea Dispute," Australian Strategic Policy Institute, Barton, Australia, December 2010.

8. Energy Information Administration, "South China Sea: Country Analysis Briefs."

9. Geoffrey Till and J. N. Mak, essays in Bateman and Emmers, eds., *Security and International Politics in the South China Sea*, pp. 38–39, 117–118; Robert D. Kaplan, *Monsoon: The Indian Ocean and the Future of American Power*, Random House, New York, 2010, p. 7.

10. Baker and Wiencek, *Cooperative Monitoring in the South China Sea*, p. 7.

11. Rommel C. Banlaoi, "Renewed Tensions and the Continuing Maritime Security Dilemma in the South China Sea," paper presented at the International Forum on Maritime Security, Keelung, Taiwan, April 2010.

12. Kaplan, "China's Caribbean."

13. Robert B. Strassler, ed., *The Landmark Thucydides: A Comprehensive Guide to the Peloponnesian War*, trans. Richard Crawley, Simon & Schuster, New York, 1998, p. 352. "약육강식弱肉强食"이라는 유사한 뜻의 한자 성어도 있다.

14. Andrew Marshall, "Military Maneuvers," Time, New York, September 27, 2010; "China's New Naval Base Triggers U.S. Concerns," SpaceWar.com, May 12, 2008.

15. "Map of Nineteenth Century China and Conflicts," www.fordham.edu/halsall, reprinted in Reshaping Economic Geography, World Bank, Washington, D.C., 2009, p. 195.

16. Jonathan D. Spence, *In Search of Modern China*, W. W. Norton, New York, 1990, pp. 300, 450–451.

17. Piers Brendon, "China Also Rises," The National Interest, Washington, November/December 2010.

18. Mearsheimer, *The Tragedy of Great Power Politics*, pp. 2, 168.

19. Mark J. Valencia, "The South China Sea: Back to the Future?," *Global Asia*, Seoul, December 2010.

20. Andrew F. Krepinevich, "China's 'Finlandization' Strategy in the Pacific," *Wall Street Journal*, New York, September 11, 2010.

21. Mark Helprin, "Farewell to America's China Station," *Wall Street Journal*, New York, May 17, 2010.

22. Abraham M. Denmark and Brian M. Burton, "The Future of U.S. Alliances in Asia," *Global Asia*, Seoul, December 2010.

23. Hugh White, "Power Shift: Australia's Future Between Washington and Beijing,"

Quarterly Essay, Collingwood, Australia, 2010, pp. 1, 2, 48.

24. Ibid., pp. 4-5.

25. Ibid., p. 12.

26. Ibid., p. 22-26.

27. Ibid., p. 65.

제2장 중국의 카리브해

1. Bill Emmott, *Rivals: How the Power Struggle Between China, India, and Japan Will Shape Our Next Decade*, Allen Lane, London, 2008, p. 16.

2. Desmond Ball, "Asia's Naval Arms Race: Myth or Reality?," AsiaPacific Roundtable, Kuala Lumpur, May 30, 2011.

3. Leslie P. Norton, "Dragon Fire," Barron's, New York, June 27, 2011.

4. Amol Sharma, Jeremy Page, James Hookway, and Rachel Pannett, "Asia's New Arms Race," *Wall Street Journal*, New York, February 12-13, 2011.

5. Ball, "Asia's Naval Arms Race."

6. Ibid.; W. S. G. Bateman, *Strategic and Political Aspects of the Law of the Sea in East Asian Seas*, Australian Defence Force Academy, Canberra, 2001, p. 85.

7. James C. Bussert and Bruce A. Elleman, *People's Liberation Army Navy: Combat Systems Technology, 1949-2010*, Naval Institute Press, Annapolis, Maryland, 2011, p. 183.

8. Sharma, Page, Hookway, and Pannett, "Asia's New Arms Race"; Carl Ungerer, Ian Storey, and Sam Bateman, "Making Mischief: The Return of the South China Sea Dispute," Australian Strategic Policy Institute, Barton, Australia, December 2010.

9. Jonathan Holslag, *Trapped Giant: China's Military Rise*, Routledge Journals, Oxfordshire, 2011, p. 103; Jonathan Holslag, "Seas of Troubles: China and the New Contest for the Western Pacific," Institute of Contemporary China Studies, Brussels, 2011.

10. David Axe, "Relax: China's First Aircraft Carrier Is a Piece of Junk," Wired.com, June 1, 2011.

11. Fumio Ota, "The Carrier of Asia-Pacific Troubles," *Wall Street Journal*, Asia Edition, Hong Kong, August 11, 2011.

12. "China Expanding Fleet of Warships at a Fast Clip: Stepped-Up Construction of Amphibious Vessels Part of Drive to Be Maritime Power," Reuters, February 16, 2012; David Lague, "Firepower Bristles in the South China Sea," Reuters, June 11, 2012.

13. Stephanie Kleine-Ahlbrandt, "A Dangerous Escalation in the East China Sea," *Wall Street Journal*, New York, January 5, 2013.

14. Hugh White, *The China Choice: Why America Should Share Power*, Black, Inc.,

Collingwood, Australia, 2012, p. 69.

15. Norton, "Dragon Fire."

16. Wayne A. Ulman, "China's Military Aviation Forces," in Andrew S. Erickson and Lyle J. Goldstein, eds., *Chinese Aerospace Power: Evolving Maritime Roles*, Naval Institute Press, Annapolis, Maryland, 2011, p. 45.

17. Office of the Secretary of Defense, August 16, 2010; Andrew S. Erickson, "Beijing's Aerospace Revolution: Short-Range Opportunities, Long-Range Challenges," in Erickson and Goldstein, eds., *Chinese Aerospace Power*, p. 7.

18. Paul Bracken, *The Second Nuclear Age: Strategy, Danger, and the New Power Politics*, Times Books, New York, 2012, pp. 207–209, 211.

19. Ball, "Asia's Naval Arms Race"; Richard A. Bitzinger and Paul T. Mitchell, "China's New Aircraft Carrier: Shape of Things to Come?," *RSIS Commentaries*, Singapore, May 6, 2011.

20. Aaron L. Friedberg, *A Contest for Supremacy: China, America, and the Struggle for Mastery in Asia*, W. W. Norton, New York, 2011, p. 201.

21. Michael D. Swaine, *America's Challenge: Engaging a Rising China in the Twenty-First Century*, Carnegie Endowment for International Peace, Washington, D.C., 2011, p. 53.

22. Erickson, "Beijing's Aerospace Revolution," in Erickson and Goldstein, eds., *Chinese Aerospace Power*, p. 14.

23. Ding Ying, "FTA Driving ASEAN Growth," *Beijing Review*, January 22, 2011; cited in Swaine, America's Challenge, p. 4.

24. Mingjiang Li, "Reconciling Assertiveness and Cooperation? China's Changing Approach to the South China Sea Dispute," *Security Challenges*, Kingston, Australia, Winter 2010, pp. 51–52.

25. Friedberg, *A Contest for Supremacy*, p. 7.

26. James R. Holmes, "Maritime Outreach in the South China Sea," Center for a New American Security, Washington, D.C., 2011; John Pomfret, "U.S. Takes a Tougher Tone with China," Washington Post, June 30, 2010; June Teufel Dreyer, "The Growing Chinese Naval Capacity," Topics, American Chamber of Commerce, Taipei, August 1, 2011; George Will, "The 'Blue National Soil' of China's Navy," *Washington Post*, March 18, 2011.

27. Mingjiang Li, "Reconciling Assertiveness and Cooperation? China's Changing Approach to the South China Sea Dispute," p. 53.

28. Ibid., pp. 63–65.

29. Bussert and Elleman, People's Liberation Army Navy, p. 186; Bruce A. Elleman, "Maritime Territorial Disputes and Their Impact on Maritime Strategy: A Historical Perspective," in Sam Bateman and Ralf Emmers, eds., *Security and International Politics in the South China Sea: Towards a Cooperative Management Regime*,

Routledge, New York, 2009, p. 51.

30. Elleman, "Maritime Territorial Disputes and Their Impact on Maritime Strategy," in Bateman and Emmers, eds., *Security and International Politics in the South China Sea*, p. 42.

31. Bussert and Elleman, *People's Liberation Army Navy*, pp. 141, 180.

32. Andrew S. Erickson and David D. Yang, "Chinese Analysts Assess the Potential for Antiship Ballistic Missiles," in Erickson and Goldstein, eds., *Chinese Aerospace Power*, p. 340.

33. Gabriel Collins, Michael McGauvran, and Timothy White, "Trends in Chinese Aerial Refueling Capacity for Maritime Purposes," in Erickson and Goldstein, eds., *Chinese Aerospace Power*, pp. 193, 196–197.

34. Felix K. Chang, "China's Naval Rise and the South China Sea: An Operational Assessment," *Orbis*, Philadelphia, Winter 2012.

35. John J. Mearsheimer, *The Tragedy of Great Power Politics*, W. W. Norton, New York, 2001, p. 401, and in conversation.

36. B. W. Higman, *A Concise History of the Caribbean*, Cambridge University Press, New York, 2011, pp. 98, 109, 189–190, 197–198.

37. James R. Holmes, "Monroe Doctrine in Asia?," *The Diplomat*, Tokyo, June 15, 2011.

38. David Healy, *Drive to Hegemony: The United States in the Caribbean, 1898–1917*, University of Wisconsin Press, Madison, 1988, pp. 3–4, 9.

39. Richard H. Collin, *Theodore Roosevelt's Caribbean: The Panama Canal, the Monroe Doctrine, and the Latin American Context*, Louisiana State University Press, Baton Rouge, 1990, p. x.

40. Ibid., pp. 56–57.

41. Ibid., p. 308.

42. Ibid., pp. 410, xiii.

43. Healy, Drive to Hegemony, p. 261.

44. Higman, *A Concise History of the Caribbean*, p. 230.

45. Collin, *Theodore Roosevelt's Caribbean*, p. 561.

제3장 베트남의 운명

1. Henry Kissinger, *On China*, Penguin, New York, 2011, pp. 342–343.

2. Clive Schofi eld and Ian Storey, "The South China Sea Dispute: Increasing Stakes and Rising Tensions," Jamestown Foundation, Washington, D.C., November 2009.

3. Lee Kuan Yew, *From Third World to First: Singapore and the Asian Economic Boom*, HarperCollins, New York, 2000, pp. 309–310, 314.

4. Carlyle A. Thayer, "Vietnam's Defensive Diplomacy," *Wall Street Journal*, Asia Edition, Hong Kong, August 19, 2010.

5. David Lamb, *Vietnam, Now: A Reporter Returns*, PublicAffairs, New York, 2002, p. 43.

6. M. C. Ricklefs, Bruce Lockhart, Albert Lau, Portia Reyes, and Maitrii Aung-Thwin, *A New History of Southeast Asia*, Palgrave Macmillan, New York, 2010, pp. 33–34.

7. Robert Templer, *Shadows and Wind: A View of Modern Vietnam*, Penguin, New York, 1998, p. 294.

8. David C. Kang, *East Asia Before the West: Five Centuries of Trade and Tribute*, Columbia University Press, New York, 2010, p. 166.

9. Neil L. Jamieson, *Understanding Vietnam*, University of California Press, Berkeley, 1993, pp. 8–10.

10. Keith Weller Taylor, *The Birth of Vietnam*, University of California Press, Berkeley, 1983, pp. 298, xix–xxi.

11. Ricklefs, Lockhart, Lau, Reyes, and Aung-Thwin, *A New History of Southeast Asia*, pp. 7, 34.

12. Templer, *Shadows and Wind*, p. 297.

13. Lee, *From Third World to First*, p. 314.

14. Thayer, "Vietnam's Defensive Diplomacy."

15. Jamieson, *Understanding Vietnam*, p. 235.

제4장 문명의 콘서트?

1. Thorstein Veblen, *The Theory of the Leisure Class*, Oxford University Press, New York, (1899) 2007, pp. xix–xx, 24, 59, 60–61, 75.

2. V. S. Naipaul, *Among the Believers: An Islamic Journey*, André Deutsch, London, 1981, pp. 270, 272.

3. V. S. Naipaul, *Beyond Belief: Islamic Excursions Among the Converted Peoples*, Random House, New York, 1998, p. 365.

4. Ernest Gellner, *Muslim Society*, Cambridge University Press, New York, 1981, pp. 1–2, 4.

5. Clifford Geertz, *The Interpretation of Cultures*, Basic Books, New York, 1973, p. 36.

6. Ibid., p. 283.

7. Samuel P. Huntington, *The Clash of Civilizations and the Remaking of World Order*, Simon & Schuster, New York, 1996.

8. Harold Crouch, *Government and Society in Malaysia*, Cornell University Press, Ithaca, New York, 1996, pp. 20–21, 23.

9. Virginia Matheson Hooker, *A Short History of Malaysia: Linking East and West*, Allen & Unwin, Crows Nest, Australia, 2003, pp. 27–28.

10. M. C. Ricklefs, Bruce Lockhart, Alber Lau, Portia Reyes, and Maitrii Aung-Thwin, *A New History of Southeast Asia*, Palgrave Macmillan, New York, 2010, p. 110.

11. Huntington, *The Clash of Civilizations and the Remaking of World Order*, p. 82.
12. Samuel P. Huntington, "The Clash of Civilizations?," *Foreign Affairs*, New York, July/August 1993.
13. Joel S. Kahn, *Other Malays: Nationalism and Cosmopolitanism in the Modern Malay World*, University of Hawai'i Press, Honolulu, 2006, p. 55.
14. Anthony Milner, *The Malays*, Wiley-Blackwell, Malden, Massachusetts, 2008, pp. 49, 238.
15. 물질적인 측면에서 자바의 문화가 더욱 풍부하게 전해지기는 했지만, 말레이시아인과 인도네시아인은 기본적으로 같은 언어를 사용한다.
16. Leonard Y. Andaya, *Leaves of the Same Tree: Trade and Ethnicity in the Straits of Melaka*, University of Hawai'i Press, Honolulu, 2008, pp. 18-19, 80-81.
17. Ibid., pp. 108, 124.
18. Joseph Chinyong Liow, *Piety and Politics: Islamism in Contemporary Malaysia*, Oxford University Press, New York, 2009, pp. xi, 192.
19. Milner, *The Malays*, pp. 14, 216, 219.
20. Banyan, "The Haze and the Malaise: Ethnic Politics Makes Malaysia's Transition to a Contested Democracy Fraught and Ugly," *The Economist*, London, September 10, 2011.
21. John Stuart Mill, *On Liberty*, Introduction by Gertrude Himmelfarb, Penguin, New York, (1859) 1974, p. 34; John Stuart Mill, *Considerations on Representative Government*, Digireads.com, Lawrence, Kansas, 1861, p. 162.
22. Barry Wain, *Malaysian Maverick: Mahathir Mohamad in Turbulent Times*, Palgrave Macmillan, New York, 2009, pp. 3-4, 8, 10-11, 25-26, 29; Crouch, Government and Society in Malaysia, pp. 156-157; Mahathir Mohamad, *The Malay Dilemma*, Marshall Cavendish, Tarrytown, New York, (1970) 2008.
23. Wain, *Malaysian Maverick*, pp. 86-87, 217, 219-220, 227, 236-237, 243.
24. Ibid., pp. 54, 85, 341; Hooker, *A Short History of Malaysia*, p. 272.
25. Crouch, Government and Society in Malaysia, pp. vii, 4-7, 56, 75, 150-151, 189, 192.
26. Ibid., p. 246.
27. 말레이시아 군대가 점유하고 있는 다른 암초들은 Mariveles Reef, Ardasier Reef, Erica Reef, and Investigator Reef다.

제5장 좋은 독재자

1. 싱가포르인들은 해수 담수화, 오폐수 재활용, 빗물 모으기와 같은 프로젝트를 통해 말레이시아에 대한 상수도 의존도를 크게 낮췄다.
2. Robert D. Kaplan, *Hog Pilots, Blue Water Grunts: The American Military in the Air, at Sea, and on the Ground*, Random House, New York, 2007, pp. 96, 98.
3. Owen Harries, "Harry Lee's Story," *The National Interest*, Washington, June 1999.

4. Lee Kuan Yew, *The Singapore Story*, Times Editions, Singapore, 1998, pp. 74, 77, 131.

5. Lee Kuan Yew, *From Third World to First: Singapore and the Asian Economic Boom*, HarperCollins, New York, 2000; Plutarch, *The Lives of the Noble Grecians and Romans*, trans. John Dryden (1683–1686), rev. Arthur Hugh Clough (1864), Modern Library, New York, 1992.

6. Lee, *The Singapore Story*, p. 23.

7. Ibid., pp. 202–203; Harries, "Harry Lee's Story"; Kaplan, *Hog Pilots, Blue Water Grunts*, p. 97.

8. Lee, *The Singapore Story*, pp. 207, 211, 228, 322, 324, 427.

9. M. C. Ricklefs, Bruce Lockhart, Alber Lau, Portia Reyes, and Maitrii Aung-Thwin, *A New History of Southeast Asia*, Palgrave Macmillan, New York, 2010, p. 337.

10. Lee, *The Singapore Story*, p. 539.

11. Ibid., pp. 474, 558, 608, 610–611.

12. Ibid., p. 640.

13. Ibid., p. 649.

14. Lee, *From Third World to First*, p. 47.

15. Niccolò Machiavelli, *The Prince*, trans. Russell Price, Cambridge University Press, New York, (1513) 1988.

16. Lee, *From Third World to First*, pp. 53, 106.

17. Ibid., pp. 57–58, 159.

18. Ibid., pp. 166, 173–174, 182–183, 185, 213.

19. Ibid., p. 452.

20. Ibid., p. 467.

21. Hugh White, *The China Choice: Why America Should Share Power*, Black, Inc., Collingwood, Australia, 2012, p. 12.

22. John Stuart Mill, *On Liberty*, Penguin, New York, (1859) 1974, p. 68.

23. Ibid., pp. 86–87.

24. Ibid.

25. Ibid., p. 69.

26. John Stuart Mill, *Considerations on Representative Government*, Digireads.com, Lawrence, Kansas, 1861, p. 121.

27. Isaiah Berlin, *Four Essays on Liberty*, Oxford University Press, New York, 1969, p. xlii.

28. Isaiah Berlin, "Two Concepts of Liberty," 1958, in ibid., pp. 124, 129–130.

29. Mill, *Considerations on Representative Government*, pp. 116, 118.

30. Ibid., pp. 143, 161.

31. Aristotle, *The Politics*, translated and with an introduction, notes, and glossary by Carnes Lord, University of Chicago Press, Chicago, 1984, pp. 66, 120.

32. Mill, *Considerations on Representative Government*, p. 124.

33. Leo Strauss, *On Tyranny: Including the Strauss-Kojeve Correspondence*, University of Chicago Press, Chicago, 1961, pp. 45, 55, 57.

제6장 미국의 식민주의적 책임

1. Jillian Keenan, "The Grim Reality Behind the Philippines' Economic Growth," www. TheAtlantic.com, Washington, D.C., May 7, 2013.
2. Ibid.
3. Stanley Karnow, *In Our Image: America's Empire in the Philippines*, Random House, New York, 1989, pp. 12, 119.
4. Robert D. Kaplan, *Imperial Grunts: On the Ground with the American Military, from Mongolia to the Philippines to Iraq and Beyond*, Random House, New York, 2005, pp. 136–137.
5. Max Boot, *The Savage Wars of Peace: Small Wars and the Rise of American Power*, Basic Books, New York, 2002, p. 125.
6. Karnow, In Our Image, p. 140.
7. Kaplan, Imperial Grunts, p. 139.
8. Karnow, In Our Image, p. 197.
9. Samuel K. Tan, *The Filipino-American War, 1899–1913*, University of the Philippines Press, Quezon City, 2002, p. 256.
10. Ibid.
11. Kaplan, *Imperial Grunts*, p. 140.
12. Ibid., pp. 140–141.
13. P. Kreuzer, "Philippine Governance: Merging Politics and Crime," Peace Research Institute, Frankfurt, 2009.
14. Karnow, *In Our Image*, p. 366.
15. John Minnich, "The Philippines' Imperatives in a Competitive Region," www. Stratfor.com, Austin, Texas, June 18, 2012.
16. Ibid.
17. 지도에 따라 스카버러 암초라고도 명명되는 스카버러 모래톱은 1784년 9월 12일 그 모래톱 중 하나에 부딪혀 배 안의 모든 이가 희생된 영국 동인도회사의 차茶 무역선 스카버러호의 이름에서 따왔다.
18. James Holmes and Toshi Yoshihara, "Small-Stick Diplomacy in the South China Sea," www.nationalinterest.org, Washington, D.C., April 23, 2012; Max Boot, "China Starts to Claim the Seas: The U.S. Sends a Signal of Weakness over the Scarborough Shoal," *Wall Street Journal*, New York, June 25, 2012.
19. 미스치프 암초는 1791년 헨리 스프래틀리와 그의 독일 국적 선원 중 한 명인 허버트 미스치프에 의해 발견되었다. 헨리 스프래틀리는 필리핀 서쪽 섬들의 이름을 따오게 된 19세기 영국 선원 리처드 스프래틀리와는 아무런 관계가 없다.

제7장 아시아의 베를린

1. Joseph Conrad, "Typhoon," *Typhoon and Other Stories*, G. P. Putnam's Sons, New York, 1902.
2. 타이완은 중국이 제기하고 있는 모든 영유권 주장을 함께 하고 있을 뿐만 아니라, 중국이 평화 협정을 체결한 몽골공화국에 대해서도 영유권을 주장하고 있다.
3. Kuan-Hsiung Wang, "The ROC's [Republic of China's] Maritime Claims and Practices with Special Reference to the South China Sea," *Ocean Development and International Law*, Routledge, London, 2010.
4. 타이완은 또한 스프래틀리 군도의 샌드 케이 인근 지역에 대해서도 관할권을 행사해왔다.
5. James R. Holmes, associate professor of strategy, Naval War College, in conversation at the Center for a New American Security, Washington, D.C., 2011.
6. Jonathan Manthorpe, *Forbidden Nation: A History of Taiwan*, Palgrave Macmillan, New York, 2005, pp. xi, 21–22, 25.
7. Ibid., pp. 80, 83–96.
8. Ibid., pp. 111–112.
9. Ibid., p. 225.
10. Bill Emmott, *Rivals: How the Power Struggle Between China, India, and Japan Will Shape Our Next Decade*, Allen Lane, London, 2008, p. 236.
11. Aaron L. Friedberg, *A Contest for Supremacy: China, America, and the Struggle for Mastery in Asia*, W. W. Norton, New York, 2011, pp. 218–219.
12. John J. Mearsheimer, *The Tragedy of Great Power Politics*, W. W. Norton, New York, 2001.
13. Joseph S. Nye Jr., *Soft Power: The Means to Success in World Politics*, Public Affairs, New York, 2004.
14. James R. Holmes, "Taiwan's Navy Gets Stealthy," *The Diplomat*, Tokyo, April 30, 2012.
15. Robin Kwong and David Pilling, "Taiwan's Trade Link with China Set to Grow," *Financial Times*, London, March 7, 2011.
16. Jay Taylor, *The Generalissimo: Chiang Kai-shek and the Struggle for Modern China*, Harvard University Press, Cambridge, Massachusetts, 2009, p. 399.
17. Jonathan Fenby, *Chiang Kai-shek: China's Generalissimo and the Nation He Lost*, Carroll & Graf, New York, 2003, pp. 12–13.
18. Theodore H. White, *In Search of History: A Personal Adventure*, Harper & Row, New York, 1978, pp. 116, 118, 150, 159, 176–177, 179, 182, 195–197; Taylor, The Generalissimo, p. 31.
19. Taylor, *The Generalissimo*, pp. 2, 12, 14.
20. Ibid., pp. 21–22, 51–52, 89–90.
21. Fenby, *Chiang Kai-shek*, pp. 501, 503; Taylor, The Generalissimo, p. 152.
22. Steven Pinker, *The Better Angels of Our Nature: Why Violence Has Declined*,

Viking, New York, 2011, p. 195.

23. Taylor, *The Generalissimo*, pp. 7, 192, 213-214, 220, 297: Pinker, *The Better Angels of Our Nature*, p. 195: Fenby, Chiang Kai-shek, p. 253.

24. Barbara W. Tuchman, *Stilwell and the American Experience in China, 1911-1945*, Macmillan, New York, 1970, pp. 93, 322, 379, 412, 464.

25. Ibid., p. 531: Fenby, *Chiang Kai-shek*, p. 380: Taylor, The Generalissimo, p. 400.

26. Taylor, *The Generalissimo*, pp. 411-412, 414, 419, 485, 487-488, 589.

제8장 자연 상태

1. Lyle Goldstein, "Chinese Naval Strategy in the South China Sea: An Abundance of Noise and Smoke, but Little Fire," *Contemporary Southeast Asia*, Institute of Southeast Asian Studies, Singapore, 2011.

2. Jonathan Holslag, "Seas of Troubles: China and the New Contest for the Western Pacifi c," Institute of Contemporary China Studies, Brussels, 2011.

3. David C. Kang, *East Asia Before the West: Five Centuries of Trade and Tribute*, Columbia University Press, New York, 2010, pp. 2, 4, 8, 10, 11.

4. Gideon Rachman, "Political Crises or Civil War Will Not Stop China," *Financial Times*, London, March 20, 2012.

5. Mark C. Elliott, *Emperor Qianlong: Son of Heaven, Man of the World*, Longman, New York, 2009, p. 126.

6. Aristotle, *The Politics*, trans. Carnes Lord, University of Chicago Press, Chicago, 1984, p. 153.

7. Kenneth N. Waltz, *Realism and International Politics*, Routledge, New York, 2008, pp. 59, 152, 200.

8. Harvey Mansfield and Nathan Tarcov, *Introduction to Machiavelli's Discourses on Livy*, University of Chicago Press, Chicago, 1996.

9. Paul Kennedy, "The Pivot of History: The U.S. Needs to Blend Democratic Ideals with Geopolitical Wisdom," *The Guardian*, London, June 19, 2004.

10. "East Asia and Pacifi c Economic Update (2010)," World Bank, Washington, D.C.

11. Clive Schofi eld and Ian Storey, "The South China Sea Dispute: Increasing Stakes and Rising Tensions," Jamestown Foundation, Washington, D.C., November 2009.

12. John C. Baker and David G. Wiencek, "Cooperative Monitoring in the South China Sea: Satellite Imagery, Confidence-Building Measures, and the Spratly Islands Dispute," Praeger, Westport, Connecticut, 2002.

13. Nick A. Owen and Clive H. Schofield, "Disputed South China Sea Hydrocarbons in Perspective," *Marine Policy* 36 (3), May 2011.

14. Ian Storey, "China's Diplomatic Engagement in the South China Sea," Institute of Southeast Asia Studies, Singapore, 2011.

15. M. Taylor Fravel, "Maritime Security in the South China Sea and the Competition over Maritime Rights," Center for a New American Security, Washington, D.C., 2012.

16. Peter A. Dutton, "Cracks in the Global Foundation: International Law and Instability in the South China Sea," Center for a New American Security, Washington, D.C., 2012.

17. Hillary Clinton, "Asia's Pacific Century," Foreign Policy, Washington, D.C., September/October 2011.

18. Aristotle, *The Politics*, p. 114.

19. Stanley A. Weiss, "Imagining 'Eastphalia,'" Strategic Review, Jakarta, January/March 2012.

20. Holslag, "Seas of Troubles."

21. Jacques deLisle, "China's Claims and the South China Sea," *Orbis*, Philadelphia, Fall 2012.

22. Robert Kagan, *The World America Made*, Alfred A. Knopf, New York, 2012.

23. Jonathan Holslag, *Trapped Giant: China's Military Rise*, Routledge Journals, Oxfordshire, 2011, pp. 31–35, 44–45, 48. Holslag's sources include the following: Park Sung-hyea and Peter Chu, "Thermal and Halinc Fronts in the Yellow/East China Sea," Journal of Oceanography (62); and Andrew S. Erickson, Lyle J. Goldstein, and William S. Murray, "Chinese Mine Warfare," China Maritime Study, U.S. Naval War College, Newport, Rhode Island, June 2009.

24. "China Enhances Its Maritime Capabilities," www.Stratfor.com, Austin, Texas, May 12, 2012.

25. Holslag, *Trapped Giant*, p. 56.

26. Ibid., p. 64, map and commentary.

27. John J. Mearsheimer, *The Tragedy of Great Power Politics*, W. W. Norton, New York, 2001, p. 401.

28. M. Taylor Fravel, discussion on the South China Sea, Center for a New American Security, Washington, D.C., 2011.

29. Robert B. Strassler, *The Landmark Thucydides: A Comprehensive Guide to the Peloponnesian War*, Free Press, New York, 1996, p. 16.

30. James Kurth, "Confronting a Powerful China with Western Characteristics," *Orbis*, Philadelphia, Winter 2012.

31. Michael Auslin, "Security in the Indo-Pacific Commons: Towards a Regional Strategy," American Enterprise Institute for Public Policy Research, Washington, D.C., December 2010.

32. Sumit Ganguly and Manjeet S. Pardesi, "Can China and India Rise Peacefully?," *Orbis*, Philadelphia, Summer 2012.

33. Hugh White, *The China Choice: Why America Should Share Power*, Black, Inc., Collingwood, Australia, 2012, p. 71.

에필로그: 보르네오의 빈민굴

1. Nigel Barley, *White Rajah: A Biography of Sir James Brooke*, Little, Brown, London, 2002; S. Baring-Gould and C. A. Bampfl yde, *A History of Sarawak: Under Its Two White Rajahs, 1839-1908*, Synergy, Kuala Lumpur, (1909) 2007.

2. *Monsoon: The Indian Ocean and the Future of American Power*, Random House, New York, 2010, 13장에서 인도네시아에 관해 상세히 다루었다.

찾아보기

옮긴이 김용민
성균관대에서 정치외교학을 공부했고, 중국 상하이의 푸단대학에서 경영학 박사학위를 받았다. 한국무역협회 상하이지부에서 일했고, 주홍콩대한민국총영사관에서는 선임연구원으로 근무한 바 있다. 지금은 주선양대한민국총영사관에서 정부 담당 영사를 맡고 있다. 2005년 '서울'의 중국어 표기 공모에서 '首尔'을 제안해 서울시장상을 받았다. 지은 책으로 『섬 안의 대륙』이 있다.

옮긴이 최난경
성균관대 정치외교학과를 졸업하고 인도네시아 가자마다대학에서 인류학 석사를 이수한 후 호주국립대학 정치사회변동학과에서 인도네시아 정치에 대한 논문으로 박사학위를 받았다. 홍콩시립대학 아시아국제지역학과에서 교수를 지냈고 지금은 네덜란드 라이덴대학에서 연구와 강의를 계속하고 있다.

지리 대전

1판 1쇄	2021년 4월 12일
1판 3쇄	2024년 1월 2일

지은이	로버트 D. 캐플런
옮긴이	김용민 최난경
펴낸이	강성민
편집장	이은혜
기획	노만수
마케팅	정민호 박치우 한민아 이민경 박진희 정경주 정유선 김수인
브랜딩	함유지 함근아 박민재 김희숙 고보미 정승민 배진성
제작	강신은 김동욱 이순호

펴낸곳	(주)글항아리	출판등록 2009년 1월 19일 제406-2009-000002호

주소	10881 경기도 파주시 심학산로 10 3층
전자우편	bookpot@hanmail.net
전화번호	031-955-8869(마케팅) 031-941-5158(편집부)
팩스	031-941-5163

ISBN	978-89-6735-893-8 03900

잘못된 책은 구입하신 서점에서 교환해드립니다.
기타 교환 문의 031-955-2661, 3580

www.geulhangari.com